Handbuch und Entwurfshilfe
Stadtplanung

Stefan Netsch

Jg. 1974, Stadtplaner und Regierungsbaumeister, Studium
der Stadtplanung in Koblenz und Stuttgart, Mitarbeit in
verschiedenen Büros in Deutschland und in den Niederlanden,
mehrjährige Tätigkeit als Dozent an Hochschulen in den
Niederlanden, gegenwärtig als wissenschaftlicher Mitarbeiter
am *Karlsruher Institut für Technologie* (KIT) und als Stadtplaner
in Stuttgart tätig.

Handbuch und Entwurfshilfe
Stadtplanung

Stefan Netsch

DOM
publishers

1 Vorwort

2 Planungssystematik

3 Schichten der Stadt

4 Anhang

Vorwort

Nachverdichtung und Revitalisierung in der Stadt

Umbau eines Hafengebiets zu einem neuen Wohn- und Arbeitsstandort

Ziel der Stadtplanung ist es, für eine nachhaltige städtebauliche Entwicklung der Städte zu sorgen. Wirtschaftliche, ökologische und soziale Anforderungen sind dabei ebenso zu berücksichtigen wie der Erhalt des ortsspezifischen baukulturellen Leitbilds und die Sicherung der natürlichen Ressourcen.

Diese Faktoren sind auch für den Stadtplaner im 21. Jahrhundert (meist handelt es sich dabei um Stadtplaner, die diese Berufsbezeichnung deutschlandweit aufgrund einer Eintragung in die Stadtplaner- und Architektenkammer führen können, aber auch um Fachleute aus den Bereichen Architektur, Bauingenieur- sowie Verkehrsingenieurwesen, Geografie, Landschafts- oder Raumplanung) Grundlage eines jeden Entwurfs. Doch die Herausforderungen an die Stadtplanung haben sich in den vergangenen Jahren entscheidend verändert. Stadtplanungsprojekte werden komplexer und entwickeln sich zunehmend im innerstädtischen Kontext. Die Städte streben weniger nach einer flächenhaften Erweiterung, sondern richten sich verstärkt auf die Weiterentwicklung ihrer bestehenden Stadtstruktur. Hintergründe hierfür sind die fehlenden Flächenpotenziale in innerstädtischen Bereichen und die gesteigerte Attraktivität der Stadt als Wohnstandort für eine breitere Bewohnerschaft. Durch wirtschaftliche und politische Transformationsprozesse frei gewordene Flächen in Form von Bahn-, Militär- oder gewerblich genutzten Arealen bieten bereits erschlossene Potenziale zur Weiterentwicklung der Städte, häufig in attraktiven zentralen Lagen.

Parallel zu der Entwicklung von urbanen Flächen trägt eine sich immer weiter differenzierende Gesellschaft zur Veränderung und Anpassung der Städte bei. Der demografische Wandel, neue Wohnmilieus oder Formen der Haushaltszusammenstellung führen zu einer Ausdifferenzierung des Wohnens und zu einer erhöhten Nachfrage nach Wohnraum in der Stadt. Verbunden ist dies häufig mit einer Erhöhung von Wohnkosten, was zu einer Verdrängung der einkommensschwächeren Bewohnergruppen führen kann.

Innerstädtische Bautätigkeiten können nicht nur wirtschaftliche Folgen haben, sondern sich auch räumlich, etwa durch eine hohe Dichte oder durch Wohnentwicklungen an ungünstigen Orten, bemerkbar machen. Eine Nachverdichtung geschieht auch an Orten, die entweder durch gewerbliche oder verkehrliche Nutzung beeinflusst werden, was in vielen Fällen zu einer technischen Lösung mit technischen Maßnahmen führt.

Bereits durch diese kurze Darstellung von aktuellen Themenfeldern der Stadtplanung wird erkennbar, wie viele Fachdisziplinen und beinflussende, aber auch limitierende Faktoren bei der Planung zu berücksichtigen sind und miteinander wirken. Jede Stadt setzt sich aus drei Schichten zusammen, die bei der Analyse und beim Entwurf in der Stadtplanung eine wesentliche Rolle einnehmen:

▶ Verkehr
▶ Bebauung
▶ öffentlicher Raum

Die Organisation dieser drei Stadtplanungsbereiche wird durch zahlreiche unterschiedliche Faktoren, etwa die historische Entwicklung der Stadt sowie wirtschaftliche, soziale, ökologische und geografische Gegebenheiten, bestimmt. Die vorliegende Entwurfshilfe zeigt die Einteilung der Stadt in die verschiedenen Schichten und ihre Zusammenhänge auf.

Wohnungsbau als beliebtes Objekt für Finanzspekulation

Wohnen an der Lärmschutzwand

Ein weiterer Fokus der Darstellung liegt auf den Wirkungsweisen der Planungssystematik. Um die Grundlagen der Stadtplanung in ihren Zusammenhängen zu erfassen, ist es notwendig, die Maßstäbe der Planung heranzuziehen. Sie bilden neben den Schichten der Stadt die Basis für städtische Zusammenhänge. Wenn man von einer Stadt oder einem Stadtquartier spricht, so handelt es sich nicht um selbstständige, voneinander unabhängige Bestandteile, sondern um Elemente, die sich in das Gesamtsystem *Stadt* einfügen. Dieses setzt sich aus einzelnen Bestandteilen zusammen, die sich in ihren Maßstäben unterscheiden (Stadtteil – Quartier – Gebäude) und ist gleichzeitig mit einem übergeordneten Netz innerhalb der Region verbunden. Die einzelnen Bestandteile der Stadt wie auch der Region besitzen auf ihren Maßstabsebenen spezifische Aufgaben.

Schwerpunkt des Handbuchs
▶ Vermittlung von Grundlagen der Stadtplanung und des Städtebaus durch die Darstellung von Planungsebenen und Maßstäben
▶ Vermittlung von Grundlagen der Technik der städtebaulichen Analyse und des Entwurfs
▶ praxisorientierter Überblick einzelner Schichten der Stadtplanung mit den Schwerpunkten Verkehr, Bebauung und öffentlicher Raum

Der Aufbau der Entwurfshilfe orientiert sich an einer Vorlesungsreihe, die der Autor über mehrere Jahre an der *Hogeschool Rotterdam* entwickelt hat. Durch eine überblicksartige Darstellung der wichtigsten Themenfelder der Stadtplanung soll dem Leser eine Unterstützung für die städtebauliche Analyse und

seine eigenen Entwürfe geboten werden. Hauptmotivation des Autors war es, die Vielschichtigkeit der Stadtplanung und die Zusammenhänge der einzelnen Schichten der Stadt für die Studierenden zu dokumentieren und ihnen gleichzeitig eine Systematik zu vermitteln, die sie befähigt, einzelne Abläufe zu verstehen und darstellen zu können.

Dank
Besonderer Dank gilt vielen Kolleginnen und Kollegen, die mich bei der Entstehung der Entwurfshilfe durch wichtige Hinweise, kritisches Lesen und Kommentieren sowie durch die Bereitstellung von Text- und Bildmaterial unterstützt haben. Für die redaktionelle Unterstützung habe ich Petra Suwalski, Karla Schilde, Svenja Becker und Stefan Wammetsberger zu danken.

Planungssystematik

2.1 Einordnung der Disziplin

Städte sind heterogene Gebilde, die durch den Menschen und seine Bedürfnisse geprägt und entwickelt werden. Die sich wandelnden Bedürfnisse sorgen für eine kontinuierliche Anpassung und Veränderung der Städte. Die Ursache und die Motivationen dafür sind vielschichtig, aber fast ausschließlich vom Menschen initiiert. Die Veränderung durch die Natur spielt nur noch im ungünstigen (Katastrophen-)Fall eine Rolle. Anlass zur Änderung des Stadtgefüges können wirtschaftliche oder technische Ursachen sein. Beispielsweise entwickelt eine Stadt Flächen für neue Nutzungen zum Wohnen, Arbeiten und zur Freizeitbeschäftigung oder um die Verkehrsinfrastruktur auf einen aktuellen Stand zu bringen. In gleichem Maße trägt auch die Stadtbevölkerung mit ihren Wohnwünschen, Freizeitbedürfnissen und Lebensentwürfen zu einer kontinuierlichen Anpassung der Stadt bei. Diese Veränderung drückt sich nicht allein in der Entwicklung oder Anpassung der Bebauung aus, sondern auch in der veränderten Nutzung und Bespielung der öffentlichen Räume.

Eine Stadt kann dabei niemals als alleinstehender Komplex, losgelöst von seiner direkten regionalen Umgebung, gesehen werden. Die räumlichen und funktionalen Verflechtungen in Form von Nutzungsabläufen und aufeinanderfolgenden Infrastrukturen können in die direkt umgebende Region hineinwirken. Durch diese Verbindungen verschmelzen die Stadt und ihre umliegenden Orte zu einer zusammenhängenden Stadtregion, wobei nicht nur der Blick auf das Wachsen von Bebauung und Infrastruktur gerichtet sein darf, sondern auch auf die Wechselwirkung mit der Landschaft und den Freiräumen.

Stadtregionen entwickeln sich häufig auch über politische und geografische Grenzen hinaus, meist aufgrund gemeinsamer geschichtlicher, wirtschaftlicher oder naturräumlicher Gegebenheiten. Diese regionale Ebene der Stadt nehmen Stadtbewohner und deren Besucher zunehmend mehr wahr, da die Nutzungen der Städte sich nicht mehr in der eigentlichen Stadt konzentrieren, sondern die einzelnen Funktionen sich kontinuierlich in die Region hinein entwickeln und dort verteilen. Dabei wird der wirtschaftlichen Positionierung der Regionen, besonders von politischer Seite, eine größer werdende Bedeutung beigemessen, die vor allem aus strategischen Marketinggründen für viele Städte ein Imageträger ist. Die Stadt präsentiert sich nicht mehr allein als Träger zukünftiger Entwicklungen, sondern als Teil der Region, in der sie der Hauptakteur ist.

Dadurch reduziert sich die Stadt nicht allein auf ihr hoch verdichtetes Zentrum mit Gebäuden, Straßen und der Nutzung durch ihre Bewohner, sondern sie verbindet sich mit den umgebenden kleineren Orten. Die bauliche Vielfalt wird erweitert, indem die Landschafts- und Naturräume miteinbezogen werden, die entscheidend die Attraktivität der Region bestimmen. Das Bild der Stadt wird so vervollständigt und in einem anderen Kontext erfasst.

Zur Erfassung der Komplexität der Stadt in der Region ist es notwendig, die verschiedenen vorhandenen Ebenen hinsichtlich ihrer funktionalen Zusammenhänge gesondert zu betrachten. Dies fordert eine Einteilung der Stadt in einzelne Planungsebenen, die von den jeweiligen Maßstäben ausgehen. Bestand wie auch zukünftige Planung sollten zusammenhängend betrachtet werden. Um die Darstellung der Stadt weiter zu präzisieren und ein zusammenhängendes Bild der Stadt entwickeln zu können, ist es notwendig, neben den Planungsebenen und dem Maßstab auch die einzelnen städtischen Funktionen und Nutzungen schichtweise zu dokumentieren.

Aufbau und Zusammenhang der einzelnen Ebenen

Das Aufgabenfeld der räumlichen Gesamtplanung lässt sich auf verschiedene Weise in einzelne Ebenen unterteilen. Der Unterschied zwischen diesen Ebenen liegt dabei in der grundsätzlichen Art der Erfassung der Stadt. Daher ist eine differenzierte Betrachtung aus Perspektive der Planungsebene, des Maßstabs und der Nutzung des Raums möglich. Im Einzelnen sind die folgenden drei Ebenen zu unterscheiden:

Planungsebenen:
Unterteilung der Planung in verschiedene Fachdisziplinen (Raum- / Regionalplanung – Stadtplanung – Städtebau), die sich besonders durch ihren planerischen und auch gestalterischen Willen und durch ihre Ziele voneinander unterscheiden, aber dennoch ineinandergreifen.

Maßstabsebenen:
Anordnung der verschiedenen Aufgabenbereiche (Region – Stadt – Stadtteil – Quartier – Baublock / Parzelle – Gebäude) in Abhängigkeit vom Betrachtungsmaßstab der Planung. Die Bereiche können bei der Bearbeitung einzeln betrachtet werden, allerdings ist mit dem darüber- oder darunterliegenden Maßstab ein direkter Bezug zu erkennen. Eine integrale Betrachtungsweise ist dabei vorausgesetzt.

Organisationsschema räumlicher Planung

Schichten der Stadt:
Die Flächen innerhalb einer Stadt lassen sich in drei Bereiche (Bebauung – Infrastruktur – öffentlicher Grün- und Freiraum) unterteilen. Diese Bereiche sind in allen Planungs- und Maßstabsebenen zu finden, allerdings mit unterschiedlicher gestalterischer Ausprägung und vielen planerischen Absichten.

Planungsebenen und ihre Wirkung
Die räumliche Planung von Städten und ihren umliegenden Regionen wird unterteilt in einzelne Planungsebenen. Diese Ebenen wirken sowohl in funktionaler, organisatorischer Hinsicht als auch im räumlichen Zusammenspiel miteinander. Dies bedeutet, dass beispielsweise Planungen auf Ebene der Region eine stärkere organisatorische Absicht haben und sich dennoch räumlich sogar in den einzelnen Stadtteilen widerspiegeln können. Im Einzelnen sind folgende Planungsebenen zu unterscheiden:

▶ Raumplanung
▶ Regionalplanung
▶ Stadtplanung
▶ Städtebau

Jede dieser Planungsebenen besitzt für die Weiterentwicklung der Stadt eine spezifische Funktion. Diese Funktion ist abhängig von den einzelnen Planungsbefugnissen und Intentionen. Unterschieden werden die Befugnisse zwischen einer eher rechtlichen, planerischen und gestalterischen Perspektive. Grundsätzlich ist der rechtliche Planungswille in allen Ebenen

vorhanden, bestimmt aber im Gegensatz zur planerischen und gestalterischen Absicht vor allem die großmaßstäbliche Raum- und Regionalplanung. Im Gegensatz zu dieser ist räumliche Planung und die tatsächliche Gestaltung besonders auf Ebene von Stadtplanung und Städtebau zu finden. Trotzdem besitzen die einzelnen Planungsebenen miteinander vergleichbare Parameter, die sich aber hinsichtlich ihrer Wirkung und Bedeutung voneinander unterscheiden:

▶ Abgrenzung der Planungsfläche zur räumlichen Definierung der zu beplanenden Fläche
▶ Wahl des Maßstabs zur Festlegung der inhaltlichen Aussagentiefe, dargestellt in textlicher und zeichnerischer Form
▶ Planungsträger zur Definition der jeweiligen Zuständigkeit und zur gesetzlichen Legitimation des Plans
▶ Entwicklungsperspektive der Planung zur Darstellung des zeitlichen Horizonts
▶ Aussage und Inhaltsbefugnisse der einzelnen Planungsebenen

Planungssystematik

Planungsebene	Abgrenzung der Planungsfläche	Wahl des Maßstabs	Planungsträger	Entwicklungs-perspektive	Aussage
Raumplanung	Ebene des Landes oder Bundes	1:50.000–1:100.000 und höher meist als Text	Bundes- und Landesebene (durch entsprechende Ministerien)	strategische Planungs-perspektiven (mehr als zehn Jahre)	rechtsbezogen
Regional-planung	Ebene der Region	1:10.000–1:50.000 Mischung aus Plan und Text	etwa Regional- oder Planungsverband (höhere Verwaltungsebene)	strategische Planungsentwicklung (mehr als zehn Jahre)	rechts- und planungsbezogen
Stadtplanung	Gesamtstadt, Stadtteil, Siedlung oder Quartier	1:1.000–1:10.000 überwiegend als Plan	Kommune	strategische Planungen (etwa zehn Jahre) bis zur konkreten Realisierung	rechts- und planungsbezogen
Städtebau	konkrete Planungsmaßnahme	1:500–1:1.000 überwiegend als Plan	Kommune	konkrete Realisierungsplanung	rechts- und planungsbezogen, mit gestalterischer Absicht

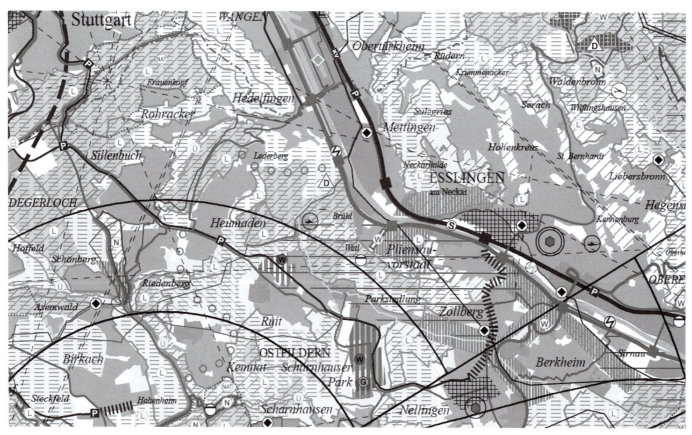

Regionalplan für den Südosten von Stuttgart (Ausschnitt)

Rolle und Position der Raum- und Regionalplanung

Raum- und Regionalplanung gehören zu einer Planungsebene, auf der leitende und steuernde Prozesse und nicht so sehr verbindlich fixierende Instrumente wirken. Die Wirkung beider Disziplinen ist weniger auf der kommunalen Ebene zu finden, sondern auf der hierarchisch höher angeordneten planerischen Ebene der Region, die ohne einen direkten gestalterischen Einfluss ist.

Die Betrachtung geht bei beiden Ebenen über die Stadt selbst hinaus und richtet sich mehr auf die Verflechtungen und Abhängigkeiten zwischen Stadt, Region und übergeordneter Planungseinheit (zum Beispiel Land). Die Regionalplanung nimmt dabei eine besondere Mittlerrolle zwischen den übergeordneten höheren Zielen und der Ebene der Stadt ein. Diese Ebene ist als Schnittstelle mit einem Gesamtkonzept (meist dem Regionalplan) zu verstehen und besitzt die Aufgabe, die verschiedenen Nutzungen zu organisieren und zu steuern.

Beide Ebenen, die Raum- und die Regionalplanung, haben das Ziel, langfristig Lebensbedingungen zu gewährleisten, die vielfältig sind, eine hohe Lebensqualität bieten und zukünftige Entwicklungen, beispielsweise im Bereich der Infrastruktur oder der Wirtschaft, ermöglichen. Betrachtet man die aktuellen Tendenzen im demografischen Bereich – wie die zurückgehenden Bevölkerungszahlen im ländlichen Raum und die zunehmende Überalterung – oder die Komplexität der wirtschaftlichen Veränderungen durch die Reduzierung des Energieverbrauchs und durch die Globalisierung, wird die Aufgabe der Raum- und Regionalplanung der Zukunft deutlich. Denn eine kleinräumige Lösung im Wirkungsbereich einer einzelnen Stadt oder Kommune wird nur ansatzweise auf diese Probleme reagieren können. Ein möglicher Lösungsansatz liegt sicherlich in der Kooperation der Planungsinstanzen auf den verschiedenen Ebenen.

Rolle und Position der Stadtplanung und des Städtebaus

Eine begrifflich eindeutige Abgrenzung oder Definition beider Planungsebenen, der Stadtplanung und des Städtebaus, ist schwierig, da sie sich überlappen oder in ähnlicher Weise als Begriff benutzt werden können. Gemeinsam ist beiden, dass sie auf der kommunalen Ebene die räumliche (Weiter-)Entwicklung steuern und hier besonders die baulichen Tätigkeiten umfassen. Die Bandbreite der Planungsinhalte variiert dabei von der eher zweidimensional orientierten Planung der Bodennutzung, mit dem Blick auf eine langfristige Verteilung und Organisation der Nutzung, bis hin zum dreidimensionalen Entwurf, beispielsweise bei der Gestaltung des Stadtraums. Eine weitere Bedeutung kommt der kontinuierlichen Stadterneuerung zu, da die meisten Städte im Wesentlichen bereits bestehen und sich zukünftig an die verändernden Bedürfnisse anpassen müssen. Die Planungen im Bestand nehmen im Gegensatz zur Stadterweiterung eine bedeutendere Rolle ein. In all diesen Fällen besitzt die rechtliche Organisation und Festlegung eine steuernde Funktion.

Hinsichtlich der zukünftigen Positionierung der Städte ist die Stadtentwicklung von großer Wichtigkeit, da diese nicht nur auf bauliche Defizite und akute Anforderungen reagiert, sondern auch durch den politischen Willen eine langfristige Planung zum Ziel haben kann. In diesem Fall kommt es zu einer Bündelung der bereits genannten zwei- und dreidimensionalen räumlichen und planerischen Aspekte mit den zukünftigen Investitionsplanungen der Kommune.

Trotz aller Überschneidungen können beide Begriffe, Stadtplanung und Städtebau, in unterschiedlicher Weise auch als eigenständige Berufsdisziplin begriffen werden, die jede ihre spezifischen Merkmale aufweist. Die Stadtplanung kann sich an der Entwicklung sowohl der räumlichen als auch der sozialen Strukturen der Stadt orientieren. Dabei steht die nachhaltige Bodennutzung auf städtischer Ebene im Vordergrund, um neben den sozialen, auch die wirtschaftlichen und ökologischen Belange zu organisieren und miteinander in Einklang zu bringen. Die Aufgabe des Städtebaus ist als Gestaltung von zusammenhängenden Gefügen – von Gebäuden, Quartieren oder ganzen Siedlungen – zu sehen. Besonders die Gestaltung des öffentlichen Raums durch beispielsweise Straßen, Plätze oder Parks stellt in Verbindung mit der baulichen Entwicklung eine wichtige Aufgabe des Städtebaus dar.

Beide Planungsebenen unterscheiden sich besonders in ihren spezifischen Zielen und Aufgabenstellungen, sind aber nie losgelöst voneinander zu betrachten, da sie ineinander greifen und voneinander abhängig sind. Tendenziell können beide Ebenen hinsichtlich ihrer planerischen und gestalterischen Aussage unterschieden werden. Dabei ist besonders der Zusammenhang zwischen zweiter und dritter Dimension von Bedeutung. So ist das Verhältnis zwischen Städtebau und Architektur weitaus enger als der Bezug derselben zur Stadtplanung, wobei die Ebene der Stadtplanung mehr als der Städtebau den integralen und strategischen Blick auf die Gesamtstruktur und die Entwicklung der Stadt richtet.

Planungssystematik

Masterplan für das ehemalige Flugfeld Aspern in Wien, 2006
(Entwurf: Tovatt Architects & Planners)

Ausblick

Planung stellt sich aufgrund der Zusammenhänge zwischen rechtlichen, räumlichen und gesellschaftlichen Komponenten als eine vielschichtige Aufgabe dar. Die kontinuierlichen Anpassungen und Veränderungen innerhalb der Stadt verlaufen parallel und sind dabei nicht auf die Ebene der Stadt begrenzt, sondern besonders auch in der Interaktion mit anderen Ebenen zu finden. Trotzdem ist die Erfassung der Abhängigkeiten und Wirkungsweisen in Grundstrukturen nachzuvollziehen und in den meisten Fällen lassen sich die einzelnen Themen als Nutzungen organisieren. Um diese in ihren Grundstrukturen präzise zu verstehen, ist es notwendig, verschiedene Methoden

der räumlichen Analyse und des Entwurfs kennenzulernen. Voraussetzung hierfür ist, neben der Kenntnis der einzelnen Techniken, ein Verständnis für die differenzierten Maßstabsebenen und Schichten der Stadt.

Nach der allgemeinen Einführung und Orientierung im Bereich der räumlichen Planung soll der Fokus der Betrachtung nun verstärkt auf die Aufgaben des Städtebaus und der Stadtplanung gerichtet werden. Die Ebene der Raum- und Regionalplanung wird im Zusammenhang mit der Betrachtung der Maßstäbe und Schichten immer wieder auftauchen, allerdings mit dem Ziel, den Gesamtzusammenhang und die notwendigen Abhängigkeiten bei der Planung und Organisation der Nutzungen im Auge zu behalten.

2.2 Maßstabsebenen

Die Wirkung einer Stadt und die Beziehungen zwischen den Nutzern, Funktionen und dem Raum werden im Stadtgefüge in unterschiedlicher Weise spürbar. In der städtebaulichen Planung wird durch verschiedene Maßstabsebenen eine Übersicht hergestellt, die es ermöglicht, die Stadt vom Niveau der detaillierten Ausführungsplanung bis hin zur regionalen Ebene darzustellen. Keinesfalls kann davon ausgegangen werden, dass die Vorgaben, beispielsweise auf der Ebene der Stadtregion oder der Gesamtstadt, schrittweise und aufeinanderfolgend bis in die Quartiers- oder Blockebene umgesetzt werden. Festlegungen von Maßnahmen sollten etwa auf der Ebene der Gesamtstadt entweder in die der Stadtregion oder in die eines Stadtteils übersetzt werden. Dennoch gibt es zwischen den einzelnen Ebenen sowohl direkte (planungsrechtliche) als auch indirekte (hinweisende) Abhängigkeiten. Dies bedeutet, dass ausführende Planungen auf die direkt höhere oder niedrigere Ebene Einfluss haben und nicht unberücksichtigt bleiben können, wobei andere mehr als Leitlinie die Struktur vorgeben, aber keine direkte Folge oder Forderung besitzen. Bei den städtebaulichen Planungen ist der Blick hinsichtlich der Maßstäbe von besonderer Bedeutung, da die Aussagetiefe und Art der zu wählenden Lösung vom Maßstab abhängig ist. So besitzt beispielsweise eine verkehrsplanerische Lösung auf regionaler Ebene mehr einen ordnenden und organisierenden Charakter, wohingegen sich eine Verkehrslösung auf Stadtteilebene zumeist auf eine konkrete Problemstellung, zum

Beispiel eine Parkraumbewirtschaftung oder den Umgang mit unsicheren Kreuzungssituationen, bezieht.

Zur Unterscheidung der verschiedenen Fragestellungen ist der Blick nach über- oder untergeordneten Maßstäben notwendig, um festzustellen, welche Auswirkungen die Problematik hat. Denkbar ist, dass die Wirkung zwar auf der Ebene des Stadtteils auftritt, allerdings durch eine Planung auf Gesamtstadtebene verursacht wird. Konkreter Planungsfall könnte die Umnutzung einer bisher genutzten Militärfläche in Büro- oder Einzelhandelsflächen sein, wodurch die Verkehrsbewegungen zunehmen und sich auch der Parkplatzmangel im Einzelfall lokal erhöhen kann. Diese Entwicklung führt in der Stadt zu zusammenhängenden räumlichen und funktionalen Konsequenzen. Städtische Nutzungen wie Verkehr, Wohnen, Gewerbe oder Freizeit können nicht voneinander isoliert betrachtet werden. Diese sind gemeinsam mit anderen zu sehen, wodurch Abhängigkeiten und Beziehungen entstehen, die das Nebeneinander möglich machen oder ausschließen. Die verkehrlichen Nutzungen besitzen unabhängig von der Ebene eine bedeutende Rolle in der Stadt, da einige Nutzungen und Funktionen wie gewerbliche Produktion oder speziell der Einzelhandel von der Erschließung durch Infrastrukturen besonders abhängig sind. Besonders das Parken besitzt beim Wohnen eine große Bedeutung, da besonders in älteren Stadtteilen zur damaligen Entstehungszeit der Bedarf an privaten und öffentlichen Stellplätzen eher niedrig oder gar nicht berechnet wurde und dem heutigen Motorisierungsgrad nicht entspricht.

Die Festlegung der Nutzung impliziert noch nicht, dass Bebauungsart, Typologie oder Dichte bereits abgeklärt sind. Diese Festlegungen erfolgen beispielsweise auf Ebene der Quartiere und möglicherweise auch auf der Stadtteilebene. Neben der Festlegung der Bebauung ist es notwendig, über die unbebauten privaten Freiflächen des Grundstücks und die Gestaltung der öffentlichen Freiflächen wie auch der Straße eine Aussage zu treffen.

Mit zunehmender Maßstabsebene wird die spezifische Aussagentiefe deutlicher und detaillierter. Die Aussagen werden besonders durch die räumlichen Folgen der einzelnen Nutzungen erkennbar. Die Inhaltstiefe nimmt dabei kontinuierlich zu und geht von der rein strukturellen Planung in die Ausarbeitung der Realisation über. Die einzelnen Ebenen sind in jegliche Planungsphase integral miteinzubeziehen, denn spezifische Entscheidungen auf einer Ebene besitzen räumliche wie planerische Auswirkungen auf andere Ebenen.

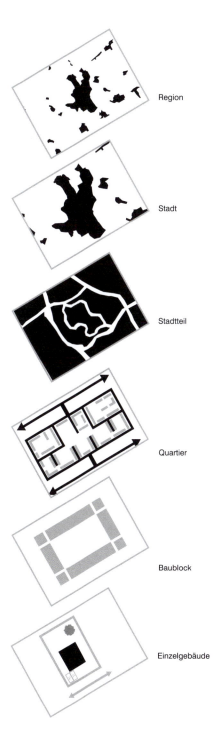

Region

Stadt

Stadtteil

Quartier

Baublock

Einzelgebäude

Übersicht der Maßstabsebenen

Planungssystematik

Gewerbegebiet und dörfliche Strukturen
in Mittelfranken

Region

Historischer Stadtkern in Nürnberg

Stadt

2.2.1 Darstellung der Maßstabsebenen

Die einzelnen Maßstabsebenen können in Region, Stadt, Stadtteil, Quartier, Baublock/Parzelle und Einzelgebäude unterschieden werden. Sie sind im Hinblick auf ihre planerischen
Inhalte und Zielsetzungen getrennt voneinander zu betrachten. Gemeinsam haben sie das Zusammenwirken der einzelnen Nutzungen und Funktionen, die im Städtebau zu finden
sind, wobei abhängig von den Maßstäben ihre Aussageeigen-
schaften unterschiedlich sind. Besonders der Unterschied und
Übergang von der Planung hin zur Gestaltung ist ein wesentliches Merkmal der verschiedenen Maßstabsebenen. So ist ausgehend von der rein planerischen Ebene der Region eine Transformation der räumlichen Aufgabe und Konkretisierung hin
zum Baublock festzustellen. Besonders die Organisation und
Verteilung der einzelnen Nutzungen im Zusammenhang mit
den verschiedenen Stufen der infrastrukturellen Versorgung
ist ein zentraler Punkt der Maßstabsebenen.

Region

Der Kern einer Region konzentriert sich zumeist um eine größere zentrale Stadt, die zur Orientierung und häufig auch zur
Identifikation dient. In unmittelbarer Nähe zu diesem Standort
können sich andere Orte in verschiedenen Größen befinden,
die abhängig von ihrer Hauptfunktion, wie etwa Wohnen, Arbeiten, Freizeit oder Gewerbe, ihre eigene selbstständige Position in der Region besitzen. Sie können die Wahrnehmung der
zentralen Stadt verstärken, ohne dabei eine Konkurrenz zu sein
und dadurch die gesamte Region und das damit verbundene
Image verdeutlichen.

Besonders durch infrastrukturelle Bezüge im Hinblick auf Verkehr und Versorgung wird die Funktion der Region deutlich.
Dadurch kann die Region viele Aufgaben erfüllen. Beispielsweise ist außerhalb der Kernstadt das Flächenangebot weitaus
größer, was besonders im Hinblick auf eine kommerzielle Nutzung, aber auch für die Naherholung von Bedeutung ist. Das
wirtschaftliche Wachstum der Stadt und der dementsprechend
notwendige Flächenbedarf können als Entwicklungsimpuls der
Region gesehen werden, der den regionalen Kontext erzeugt.
Nachteilig wirkt sich dadurch der steigende Flächenbedarf
aus und die daraus folgende Notwendigkeit, im ungünstigsten
Fall Ackerland zu überbauen. Zu prüfen ist hier, inwieweit bestehende und verfügbare Flächenpotenziale dazu genutzt werden können. Der Charakter der Region mit ihrem Bezugspunkt
wird besonders durch die gegenseitigen Wechselwirkungen
und den Austausch verschiedener Nutzungen bestimmt. Diese
Verbindungen der Nutzungen sind nicht allein auf Arbeit und
Gewerbe gerichtet, sondern nehmen auch die Bereiche Kultur,

Stadtteil Biesdorf-Süd in Berlin

Stadtteil

Wohnquartier Fischerkiez in Berlin

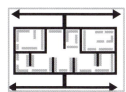

Quartier

Bildung und Freizeit ein. Die planerische Aufgabe in der regionalen Maßstabsebene bezieht sich besonders auf das abstrakte Festlegen und Organisieren von Nutzungen und Infrastruktur. Dabei liegen die Schwerpunkte vor allem auf der vorausschauenden langfristigen Betrachtung von Planungsabläufen und in der Darstellung der Folgewirkungen.

Stadt

Die Stadt hebt sich durch ihre wirtschaftliche Rolle, kulturelle Bedeutung und Nutzungsvielfalt von der Region ab und nimmt eine zentrale Stellung ein. Bei Betrachtung der Region besitzt die Stadt meist die Aufgabe des Identifikationsträgers. Eine der Hauptaufgaben der Maßstabsebene Stadt liegt darin, die interne Nutzung und infrastrukturelle Organisation der Stadt auf die der Region und umgekehrt abzustimmen. Hierbei ist nicht allein die Interaktion von Bedeutung, sondern auch die Erreichbarkeit zwischen den Stadtteilen in Verbindung mit der Region. Dadurch soll ein enges funktionales wie räumliches Geflecht zwischen dem Innen (der Stadt mit den Stadtteilen und Quartieren) und dem Außen (der Region mit dazugehörenden Besiedlungen) entstehen.

Die Ebene der Stadt ist eine Schnittstelle, an der rein planerisch wirksame Aspekte in die tatsächliche Umsetzung durch die bauliche Gestaltung der Siedlungsstruktur übergehen.

Die Struktur der Stadt ist in vielen Fällen nicht mehr klar räumlich abzugrenzen, sondern weitet sich tendenziell in der Fläche aus und bildet häufig eine Art »Zwischenstadt«. Die Thematik des Stadtrands und die wahrnehmbare Abgrenzung zwischen Stadt und Land sind somit Faktoren, die bei der Planung Beachtung finden sollten.

Die Aufgabe der Ebene Stadt liegt besonders im Ordnen und Organisieren der verschiedenen Nutzungen. Neben dieser Organisations- und Ordnungsfunktion gilt es, die Potenziale und Schwachstellen im Stadtgefüge zu erkennen und diese in der Weiterentwicklung zu optimieren. Gleichzeitig soll auf Stadtebene auch noch die räumliche Verknüpfung mit den Quartieren erfolgen. Dies geschieht zum einen im Hinblick auf die Erstellung von logischen Abfolgen und Nachbarschaften der Nutzungen und zum anderen mit der Abstimmung der verkehrlichen Infrastruktur. Dabei können besonders die unterschiedlichen öffentlichen Räume die Wahrnehmung und Erlebbarkeit der Stadt verstärken.

Stadtteil

Die einzelnen Stadtteile sind besonders durch historische Strukturen gekennzeichnet und grenzen sich durch unterschiedliche Nutzungen oder Verkehrsstraßen voneinander ab. Ihre Wahrnehmung und Nutzung wird jedoch zumeist durch

Planungssystematik

Wohnblöcke in Berlin-Prenzlauer Berg

Baublock

Solitärgebäude *Tour Total* in Berlin

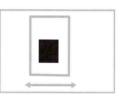

Einzelgebäude

die Bewohner bestimmt, wobei gemäß der Nutzungstrennung in neueren Stadtteilen, die nach dem Zweiten Weltkrieg entstanden sind, das Wohnen häufig eine dominierende Rolle hat und räumlich funktional von anderen Nutzungen getrennt ist. Dadurch entstehen im Stadtgebiet einzelne Funktionseinheiten, die beispielsweise eine klar zugeordnete Rolle (Wohnen, Gewerbe) besitzen. Direkte Aussagen über die Gestaltung der Stadtteile können abhängig vom Maßstab durch Bebauungs- und Nutzungsmuster der Struktur getroffen werden. Eine räumliche Grundordnung, die aufzeigt, wie die einzelnen Stadtteile besonders im Hinblick auf die Verteilung der Nutzungen, der Infrastruktur oder des öffentlichen Raums organisiert sind, ist ablesbar. Insbesondere sollten Stadtteilfunktionen wie größere öffentliche Räume, zum Beispiel Parkflächen, beachtet werden, weil dadurch Rückschlüsse auf die historische und räumliche Entstehung des Stadtteils gezogen werden können. Aussagen auf Ebene des Stadtteils werden weitgehend aus der Verteilung der Nutzungen im Stadtgebiet gezogen. Stadtstrukturell liefert diese Ebene erste Indizien über die Gestaltung und Anordnung der Bebauung in Zusammenspiel mit dem öffentlichen Raum. Neben der Aufgabe der verwaltungstechnischen Einteilung sind Stadtteile besonders in Großstädten Aktionsräume für die Bewohner im Sinne einer »Stadt in der Stadt«.

Quartier

Das Quartier stellt meist ein räumlich zusammenhängendes Gebiet dar, das häufig auf eine zeitlich gemeinsame Entstehung der Gebäude oder auf eine vergleichbare Nutzung zurückzuführen ist. Dieser Zusammenhang wird durch klare, räumlich definierte Grenzen deutlich, beispielsweise durch übergeordnete Straßenverläufe, Wasserläufe oder Grünzüge. Auch in der Gestaltung der einzelnen Baublöcke beziehungsweise der Einzelgebäude sind häufig ähnliche Merkmale hinsichtlich der Bebauungsart und der Bautypologie zu erkennen. Darüber hinaus stellt der öffentliche Raum eine Verbindung her, welche die Wahrnehmung des Quartiers stärkt.

In dieser Ebene ist es möglich, die einzelnen öffentlichen Räume genauer im Hinblick auf ihre Nutzung und Ausformung zu unterscheiden. So können beispielsweise Grünflächen hinsichtlich ihrer Nutzung als Spiel- oder Bolzplatz genauer definiert werden.

Durch ihren räumlichen Zusammenhang bedingt, durch die Bebauung oder den öffentlichen Raum, werden Quartiere als städtebauliche Einheit wahrgenommen. Sowohl in baulicher Hinsicht als auch bei Auswertung der Bevölkerungsstruktur kann dabei im Ergebnis von einem homogenen oder auch heterogenen Quartier gesprochen werden.

Die Maßstabsebene des Quartiers stellt den Übergang von der rein funktionalen Betrachtung der Nutzungen im Stadtgeflecht zur Wahrnehmung der baulichen Struktur dar. Auch werden auf dieser Ebene die einzelnen Funktionen und Aufgaben des öffentlichen Raums im Hinblick auf seine Nutzungen und Positionen näher definiert.

Baublock

Der Baublock stellt eine klar definierte räumliche Einheit dar und wird meist durch den Straßenraum begrenzt. Im Gegensatz zum Einzelgebäude nimmt man den dreidimensionalen Block, der sich auf einem oder mehreren Grundstücken befindet, als zusammenhängenden Komplex wahr. Ähnlich wie beim Einzelgebäude lassen sich die Nutzungen der Gebäude und die Organisation des Grundstücks häufig auch am Baublock ablesen. Doch liegt der signifikante Unterschied zwischen Baublock und Einzelgebäude besonders in der stadträumlichen Wirkung, wobei die Gestaltung eines Blockteils wahrgenommen wird, aber durch den Zusammenhang der einzelnen Gebäude weniger prägnant ist.

In der Regel besitzt der Baublock keine oder nur eine begrenzte Übergangszone zum öffentlichen Raum. Durch diesen Übergang wird zum einen der räumliche Aspekt verstärkt und zum anderen die Schnittstelle zwischen öffentlichem und privatem Raum in unterschiedlicher Weise hervorgehoben.

Baublöcke können als Ganzes realisiert werden, wobei das beabsichtigte Ziel ist, eine räumliche Situation in Zusammenhang mit dem Straßenraum herzustellen. Demgegenüber ist die Baublockentwicklung durch das additive Fügen von Einzelgebäuden eine Realisierung, die durch den zeitlich versetzten Bau räumlich erst spät wirksam wird. Im negativen Fall kann dies für mehrere Jahre zu Ansichten von Brandwänden und unerwünschten Öffnungen der Raumkanten führen.

Der Charakter des Baublocks wird nicht allein durch seine Wirkung zur Straße hin bestimmt, sondern auch durch die Bildung des Innenhofs. Anhand der Freibereiche im Inneren des Baublocks lassen die historischen Entwicklungen eine Wandlung vom klassischen Gewerbehof hin zum grünen Innenbereich erkennen, wobei diese Entwicklung jeweils abhängig vom städtischen Kontext ist. Daher sind in dichten städtischen Umgebungen noch stets Bebauungen im Innenbereich zu finden. Die Wirkung von Block, Innenhof und innen liegender Hofbebauung ist in besonderem Maße von den Abmessungen des Grundstücks oder auch der Art der Nutzung abhängig.

Die Aussage auf der Maßstabsebene des Baublocks beruht vor allem auf der Präsentation der stadträumlichen Kubatur und den Übergängen vom privaten zum öffentlichen Raum. Im Hinblick auf die übergeordneten Ebenen spielt hier der Übergang sowie der Unterschied zwischen diesen beiden Räumen erstmals eine Rolle, die beim Einzelgebäude weiter verstärkt wird.

Einzelgebäude

Die Betrachtung der Einzelgebäude ermöglicht einen gestalterisch detaillierten Blick, der zumeist einen Zusammenhang mit der direkten räumlichen Umgebung entstehen lässt. Hierbei spielen Faktoren wie das Verhältnis der Bebauung zum Straßenraum genauso eine Rolle wie der Anteil und die Gestaltung der privaten Grünflächen.

Ausnahmen bilden Einzelgebäude, die sich durch ihre Bedeutung (beispielsweise Kirchen oder Museen), ihre Kubatur (beispielsweise Hochhaus) oder ihre Position (beispielsweise exponiert) als Landmarke oder Orientierungspunkt vom übrigen Stadtgefüge abheben. Durch die Darstellung der Einzelbebauung können – mittels Analyse der Dichte, der Position auf dem Grundstück oder der Lage im Stadtgebiet – Rückschlüsse auf die Entstehungszeit gezogen werden. Durch die Analyse von Karten oder Luftbildern kann ermittelt werden, ob es sich eher um eine kleinstädtische Einzelhaussiedlung oder um eine klassische Zeilensiedlung der Nachkriegszeit handelt.

Die Einzelgebäude müssen in Verbindung mit der Parzelle und deren Gestaltung betrachtet werden, da diese zur Wahrnehmung des Gebäudes im räumlichen Zusammenhang beitragen. Hierzu gehören Faktoren wie die Nutzung des Grundstücks, die Versorgung mit Parkplätzen und die Organisation der Nebengebäude auf dem Grundstück. Diese Merkmale beeinflussen – gemeinsam mit dem Verhältnis des Gebäudes zum öffentlichen Raum – die übrige bauliche Struktur und deren Ausstrahlung. Das private Einzelgebäude ist meist nicht direkt angrenzend zum öffentlichen Raum positioniert, sondern besitzt eine private Zugangszone in verschiedener Ausformung (zum Beispiel: Garten, Weg, Einfahrt). Durch diesen räumlichen Abstand wird der Effekt des Einzelnen weiter verstärkt. Die Aussage auf Ebene des Einzelgebäudes ist sehr detailliert und beinhaltet bereits Informationen, die Rückschlüsse auf die Architektur, die Gestaltung des Gebäudes oder die Freiflächengestaltung ermöglichen. Es wird deutlich, dass bei genauer Analyse auch Informationen im Hinblick auf die Grundrisseinteilung abgelesen werden können.

Planungssystematik

2.3 Einflussfaktoren auf die Planung

Die Stadt ist ein diffiziles Gebilde, dessen Gesamtbild durch eine Vielzahl von Aspekten erzeugt wird. Dabei wird die Bandbreite an Nutzungen durch ihre Bewohner und Besucher kontinuierlich weiterentwickelt und durch neue Gebrauchsmuster ergänzt, oder es werden einzelne Funktionen und Nutzungen in der Stadt weniger stark frequentiert, weshalb sie an Bedeutung verlieren. Innerhalb des Städtebaus liegt der Fokus besonders auf den räumlich wirksamen Aspekten und Prozessen, wobei diese nicht isoliert sind, sondern stets gemeinsam mit anderen Faktoren, etwa wirtschaftlichen oder politischen Belangen, wirken. Planungsprozessen liegt immer eine individuelle Betrachtungsperspektive zugrunde, die durch die einzelnen Einflussfaktoren in unterschiedlichem Maße geformt wird. Die Planungsaufgabe, die Analyse der bestehenden räumlichen Situation sowie die Vorgaben der Planungsziele werden vom Bearbeiter interpretiert. Diese Interpretation steht wiederum den Einflussfaktoren gegenüber.

Grundlage jeder durchzuführenden Planung ist die bestehende räumliche Situation. Zwischen völligen Neuplanungen, die meist im ungeplanten Außenbereich, etwa bei Siedlungserweiterungen und Umstrukturierungen im Bestand stattfinden, und Umnutzungen oder Nachverdichtungen in bestehenden räumlichen Situationen ist dabei zu unterscheiden. Das Weiterentwickeln und Nachverdichten des Bestands gewinnt im Aufgabenfeld des Städtebaus zunehmend an Bedeutung. Die Problematik liegt besonders darin, wie mit der bestehenden räumlichen Situation, sowohl im Hinblick auf die bauliche Struktur als auch mit Faktoren wie Nutzungen und ihren Auswirkungen auf den Bestand, umzugehen ist. Bei Siedlungserweiterungen beschäftigt sich der Planer im Frühstadium der Planung besonders mit der Orientierung im freien, bislang unbebauten Raum und dabei etwa mit der Frage: Wie können Verbindungen oder Verknüpfungen zu natürlichen Gegebenheiten wie Topografie, Baumgruppen oder Gewässerläufen hergestellt werden? Besonders die verkehrliche und technische Erschließung des Gebiets sind hier Aspekte, die bei der Planung einer Nachverdichtung oder einer Erweiterung eine zentrale Rolle einnehmen. Das Resultat wird neben den räumlichen Vorgaben im Wesentlichen auch durch das Nutzungsprogramm, also die planerische Umsetzung der Zielvorgaben, bestimmt. Hier ist besonders zwischen Fragestellungen zu unterscheiden, die sich quantitativ, etwa in der Entwicklung einer bestimmten Anzahl von Wohnungen, oder qualitativ, etwa in der Realisierung eines vorgegebenen Nutzungsmixes, ausdrücken. Das gewählte Programm bestimmt die gesamte räumliche Wirkung wesentlich, da es Parameter wie Bauform, Dichte oder Nutzungsform bereits festlegt.

Planungsprogramme und Zielsetzungen werden neben der räumlichen Ausgangssituation vorrangig durch ökonomische Faktoren bestimmt. Dabei wird die Wirtschaftlichkeit nicht allein im Hinblick auf die Realisierungskosten berechnet, sondern auch auf die möglichen langfristigen Folgekosten, beispielsweise durch Unterhalt oder Pflege. Die Kosten einer Realisierung sind allerdings auch im Zusammenhang mit den möglichen Auswirkungen auf das Quartier oder den Stadtteil zu sehen. So ist etwa bei der Neuentwicklung einer Siedlungserweiterung die Herstellung einer übergeordneten Erschließungsstraße notwendig. Die Kosten entstehen dabei nicht direkt auf Maßstabsebene der Siedlung selbst, sondern auf einer maßstabshöheren Ebene, die zwar nicht Anlass der Planung ist, aber durch diese insgesamt profitieren kann.

Aufgrund der fortschreitenden Intensivierung der Landschaftsnutzung spielen neben den entstehenden Entwicklungskosten auch ökologische Gründe eine zunehmend größere Rolle. Hierzu gehören neben der Thematik der Reduzierung des Landschaftsverbrauchs gegenwärtig auch global übergeordnete Themen, die etwa das Klima oder den Wasserhaushalt betreffen. Neben dem Erhalt und der Förderung einer gesunden Lebensumgebung ist daher bei der Planung die frühzeitige Integration von ökologischen Aspekten in die Planungs- und Entwurfsarbeit zu beachten. Übergeordnet ist bei allen Planungen, egal auf welcher Ebene, neben den ökologischen Zielvorgaben auch der demografische Wandel (Bevölkerungsschrumpfung etc.) zu berücksichtigen, was nicht heißen soll, dass das Thema dann zur Planungsaufgabe wird, aber es muss als wichtige Einflussgröße in der Planung wahrgenommen werden.

Durch den erhöhten Nutzungsdruck und die damit entstehenden Zielkonflikte nimmt der Mensch bei der Planung eine immer zentralere Rolle ein. Der Bewohner kann sich im heutigen Planungsverfahren intensiver beteiligen und seine spezifischen Wünsche und Forderungen einbringen. Nicht zuletzt wird die Beteiligung und Information der Bürger an der Planung durch neue Medien wie das Internet potenziell leichter und transparenter. Besonders bei Projekten, welche die Bewohner direkt betreffen, etwa eine Gestaltung im Innenbereich oder diverse Verkehrs- und Gewerbeprojekte, sollten diese in einem sehr frühen Planungsstadium miteinbezogen werden, um einen tragfähigen Konsens zu finden, der die Entwicklungsdauer eines Plans positiv beeinflussen kann.

Die Stadtgesellschaft setzt sich aus einer Vielzahl verschiedener sozialer Gruppen zusammen, die ihre Belange und Wünsche – abhängig von der Planung – einbringen möchten. Die Beteiligung der Bürger kann aber nicht allein als Pflichtaufgabe gesehen werden, sondern ist als wichtiger Faktor im Planungsprozess zu betrachten, um etwa die Planung mit der Akzeptanz der Bürger zu einer Realisierung zu bringen und eine gemeinsame Basis zu entwickeln.

Neben den Bedürfnissen und Wünschen des Stadtbewohners sind lokale kulturelle und gesellschaftliche Aspekte wichtig. Manche Städte besitzen eine größere Akzeptanz gegenüber Neuerungen, andere hingegen verschließen sich diesen. Die Ursachen hierfür sind zum Teil in der Historie zu finden, aber auch im politischen Umgang mit Themen, die eine Stadt verändern können. Die Position der politischen Ebene ist bei der Projektentwicklung von besonderer Bedeutung. Sie kann Initiator oder Verhinderer sein, abhängig von der Motivation und den Ausgangspunkten. In jedem Fall wird beides, positiv wie negativ, letztlich durch die politische Ebene legitimiert. So können etwa sozial orientierte Stadtregierungen einen größeren Fokus auf die Entwicklung von sozial geförderten Wohnungen legen. Besonders in Städten, die unter einem hohen Entwicklungsdruck stehen, ist ein Gegengewicht zu ökonomischen Mechanismen nötig, das möglichst alle Perspektiven der Bewohner bei Entscheidungen miteinbezieht.

Die Realisierung von städtebaulichen Projekten benötigt sehr lange Vorlaufzeiten. Im Gegensatz zu später folgenden Bauprojekten können sich diese bei größeren Maßnahmen häufig sogar über mehr als zehn Jahre erstrecken. Dies setzt zum einen eine durchdachte und auch anpassungsfähige Planung voraus, die auch mit Verzögerungen oder inhaltlichen Veränderungen ausführbar ist, und zum anderen eine kontinuierliche politische Ebene, welche die Planung über mehrere Jahre trägt. Neben einer stabilen Planungsautorität spielt die wirtschaftliche Planbarkeit eine wesentliche Rolle. Dabei gilt es bei beiden Komponenten auf die frühzeitige Entwicklung einzelner Realisierungsphasen zu achten, die in sich selbst abgeschlossen und nicht abhängig von Folgephasen sind.

Nicht alle Planungsfaktoren treten gleichzeitig oder gleich intensiv auf, sondern wechseln, abhängig von der Planungsaufgabe, in ihrer Bedeutung und Wirkung.

Übersicht der Einflussfaktoren auf die Planung

Planungssystematik

2.4 Beteiligte am Planungsprozess

Die Entwicklung und Entstehung von städtebaulichen Projekten geschieht bei der Bearbeitung nicht autonom, sondern setzt einen Prozess der Kooperation verschiedener Planungsbeteiligter voraus. Ziel dieses Prozesses ist es, neben der Integration aller Interessen durch die Projektbeteiligung, auch einen möglichst großen Konsens zu formen, um in der Ausführung und Realisierung des Projekts eine breite Akzeptanz zu finden. Innerhalb des Planungsprozesses sind die Beteiligten an eine spezifische Rolle gekoppelt. Es kann dabei zwischen mehreren Gruppen differenziert werden:

▶ der Kommune, die zwischen planender Verwaltung mit einzelnen Fachressorts und der beauftragenden Politik getrennt betrachtet werden muss,

▶ dem Planer, der abhängig von der Fragestellung des Projekts, hauptsächlich Lösungswege und Projektvorgänge entwickelt,

▶ dem Auftraggeber (öffentlich oder privat), der meist eine konkrete Fragestellung besitzt und aus diesem Grund auch Projekte anstoßen kann,

▶ und den Bürgern, denen bei allen rechtlich wirksamen Planungen Einsicht in die Unterlagen gegeben wird und für die in Zukunft ein erweitertes Mitspracherecht zu erwarten ist.

Kommune

Position und Aufgabe der Kommune ist die Verbindung der politischen Entscheidungskompetenz, zum Beispiel im Gemeinderat, und der Verwaltung, welche die Planung zu lenken und zu kontrollieren hat. Der Anstoß einer Planung kann von beiden Instanzen ausgehen. Dies ist abhängig davon, ob sich die Planung aus einer programmatischen politischen Entscheidung heraus ergibt oder eine planerische Notwendigkeit aufgrund eines Sachstands existiert. Unterscheiden kann man auch zwischen dem zukunftsgerichteten, proaktiven Handeln und dem Reagieren auf akute Fragen.

Die eigentliche Planung von Entwürfen und Konzepten kann durch die eigene Verwaltung selbst ausgeführt werden oder durch beauftragte private Büros. Von wesentlicher Bedeutung ist hierbei die kommunale Kompetenz, um Planungen auch rechtlich und im Hinblick auf wirtschaftliche Förderinstrumente zu legitimieren. Die Kommune hat die Aufgabe der kontrollierenden Umsetzung.

Planer

Der Planer besitzt im Prozess, abhängig vom Prozesszeitpunkt, verschiedene Funktionen und Aufgaben. Prinzipiell ist seine Aufgabe, umsetzbare und adäquate Lösungen zum jeweilig passenden Zeitpunkt methodisch im Prozess einzusetzen. Der Planer übernimmt häufig die Rolle eines Suchenden, der die meist noch nicht klar definierte Aufgabe schrittweise aus verschiedenen Betrachtungspunkten zu analysieren und zu bewerten versucht. Dabei wird oft in Teamverbänden gearbeitet, die sich aus verschiedenen Planungsdisziplinen (Architektur, Landschaftsarchitektur, Verkehrsplanung etc.) zusammensetzen und häufig eng mit einem kommunalen Projektteam zusammenarbeiten. Darüber hinaus ist das Bereitstellen von Informationen, etwa im Hinblick auf die bestehende Situation oder beabsichtigte Planungen, von Bedeutung. Mittels einer qualitativen Beurteilung sollen dabei mögliche positive wie negative Konsequenzen dargestellt werden. Daraus resultierend kann der Planer, sowohl realistische als auch utopische sowie negative Entwicklungen prognostizieren und ihre Folgewirkungen anhand von verschiedenen Szenarien darstellen. Alternativ hierzu können auch Testplanungen die möglichen Folgen veranschaulichen. Der Planer sollte, trotz seiner persönlichen Auffassung, unabhängig in seinen Empfehlungen sein und alle Pros und Kontras seiner Entscheidung abwägen. Durch diese Gegenüberstellung und Bewertung wird die fundierte Begründung einer Entscheidung herbeigeführt, so dass diese auch für den Bürger transparent und nachvollziehbar ist.

Auftraggeber

Der Auftraggeber, die öffentliche Hand in Form von Land, Kommune oder eines anderen Organs, aber auch private Investoren, Wohnungsbaugesellschaften etc., kann ausgehend von seiner Aufgabenstellung verschiedenartige Aufträge vergeben. Beide Gruppierungen, öffentliche und private Auftraggeber, bringen in die Planung ihre Intention und ihre Voraussetzungen ein. Das Primärinteresse der Kommunen liegt in der Regel in der Beachtung der Belange der Bürger und weniger in der wirtschaftlichen Optimierung der eigenen Grundstücke. Private Auftraggeber sind mit einer Grundposition besonders am Erhalt oder an der Weiterentwicklung ihres Eigentums interessiert. Beide Seiten besitzen zwar Einflussmöglichkeiten auf den Planer, sind aber doch von der Art und Aussage seiner Bearbeitung abhängig. Sie besitzen steuernde und kontrollierende Befugnisse und können so auf Ergebnisse Einfluss nehmen.

Bürger

Eine besondere Rolle in der städtebaulichen Entwicklung besitzt der Bürger, denn selbst ohne direkten Einfluss als Auftraggeber können Planungen von seinem Meinungsbild beeinflusst werden. Prinzipiell wird dem Bürger bei allen rechtlich wirksamen Planungen die Möglichkeit der Einsicht gegeben, und abhängig vom Prozess besitzt er auch ein Mitspracherecht. Dieses Recht zur Äußerung der Meinung und Einflussnahme wird gegenwärtig zunehmend bei der Entwicklung von Projekten wahrgenommen. Dieses Verhalten ist auch bei größeren Projekten in ähnlicher Weise zu beobachten, obwohl dort die Position der Bürger weniger einheitlich ist und das Gegenziel weniger konkret definiert werden kann. Meist entsteht ein Problem dadurch, dass der Bürger seine eigene Meinungsposition nicht zu einer breit gefächerten Betrachtungsweise hin öffnet, bei der auch andere Aspekte Beachtung finden. Hintergrund dabei sind häufig persönliche Gründe des Bürgers selbst. Zu erwarten ist trotzdem, dass Bürger in der Zukunft aus politischer Sicht ein erweitertes Mitspracherecht bei Planungen erhalten. Dadurch können Beschlüsse von einer breiten Masse getragen werden und die Politik erhält im günstigsten Fall eine größere Unterstützung. Vorbild für diese Planungsmethodik kann das niederländische Poldermodell sein – eine organisierte Kooperation von Arbeitgebern, Gewerkschaften und unabhängigen, von der Regierung ernannten Mitgliedern im niederländischen Wirtschaftsrat –, das die Konsensfindung aller Beteiligten am Planungsprozess zum Ziel hat. Nachteilig können sich hierbei allerdings die lange Planungsphase und auch die fehlende Planungssicherheit auswirken.

Neben den genannten Hauptakteuren besitzt die Gruppe der Interessensverbände eine beratende Funktion. Dabei ist zu beachten, dass sich diese Gruppierungen meist auf einen Parameter in der Planung fokussieren. Man kann diese Art von Beteiligung in zwei Gruppen differenzieren: die generelle und nicht projektbezogene Gruppe, die sich auf einen spezifischen Aspekt, beispielsweise aus dem Umwelt- oder Naturbereich, richtet, und die Gruppierung, die sich aus einem bestimmten Anlass heraus spontan gründet. Diese Gruppen setzen sich häufig aus direkt betroffenen Bürgern zusammen, die einen lokalen Sachverhalt als ihr Interesse und Anliegen sehen.

Wie beim Planungsprozess selbst sind auch bei den Akteuren keine feststehenden Vorgehensweisen oder Themen zu finden. Auf jede spezifische Fragestellung wird flexibel in wechselnden Konstellationen reagiert.

2.5 Analyse

Städtebauliche Entwicklungen in Form von Neuplanungen im Außenbereich oder durch Planungen im Innenbereich finden stets in einem räumlichen und funktionalen Umfeld statt. Die vorhandene räumliche Situation erfordert eine fundierte und breit gefächerte Analyse, die als Grundlage notwendig ist, um eine Bewertung des Bestands vornehmen und eine mögliche Lösung begründen zu können.

Bestandserhebung und spätere Analyse werden in verschiedenen Teilbereichen, etwa bezogen auf die räumliche und gestalterische Wirkung durchgeführt, und können auch wirtschaftliche und soziale Teilaspekte berücksichtigen. Der Schwerpunkt der jeweiligen Analyse ist dabei abhängig von der Art der Aufgabenstellung und dem zu wählenden Betrachtungsmaßstab, der auch den Untersuchungsraum mitbestimmt. Besonders die Folgen und Auswirkungen einer Planung für die bestehende Umgebung können durch eine Analyse frühzeitig Konfliktpunkte in der Planung dokumentieren. Dabei sind die einzelnen Untersuchungsaspekte nicht isoliert, sondern im Hinblick auf ihre Wechselwirkung integral zu betrachten.

Die Analyse des Untersuchungsgebiets leitet sich auch aus der Art der städtebaulichen oder planerischen Aufgabe ab. Zu unterscheiden ist eine konkrete von einer offenen, nicht definierten Aufgabenstellung. Bei einem konkreten Vorhaben ist bereits bei der Bestandserhebung und späteren Analyse das konkrete Planungsziel deutlich und dies beeinflusst auch die Aussage des Analyseergebnisses.

Schritte innerhalb einer Analyse

Der Fokus einer konkreten Planungsaufgabe liegt zumeist im räumlichen und inhaltlichen Definieren eines Planungsrahmens zur Erfüllung der Zielvorgaben. Die Analyse bei offenen Fragestellungen hingegen hat mehr den Charakter der weiteren genaueren Definition der Planungsfrage und die genaue räumliche Umsetzung erfolgt erst in späteren Schritten.

Planungssystematik

Zu unterscheiden ist insbesondere der Wirkungsbereich oder auch die Maßstabebene einer Planung. Thematisch können Planungen, wie beispielsweise für Großevents, die Stadt und Region in einzelnen Maßstabebenen beeinflussen. In diesem Fall ist das Hauptthema klar, doch die Formulierung der Wirkungen wird in den verschiedenen Ebenen dargestellt.

Diesen positiv auf die Zukunft gerichteten Planungsintentionen, die idealerweise in der Erhebung und Analyse ablesbar sind, stehen die möglicherweise auftretenden Fehlentwicklungen entgegen. In diesem Fall sind Probleme und Konflikte erkennbar. Die Beispiele sind dabei vielfältig und reichen von Leerständen über Fehlnutzungen bis hin zu verkehrlichen Problempunkten. Häufig muss bei der Analyse zunächst mit Hypothesen und Vermutungen gearbeitet werden, um mögliche Fehlentwicklungen darstellen zu können.

Erhebung und Analyse sollten alle Aspekte einer Planung behandeln und die einzelnen Sachverhalte und Folgen beleuchten. Durch die Abwägung der Wechselwirkungen und Zielkonflikte werden die einzelnen Faktoren in einen anderen Kontext gestellt. Trotz des Anspruchs der Erstellung einer möglichst wertfreien Betrachtung, die alle Perspektiven der am Planungsprozess Beteiligten umfasst, ist eine persönliche Fokussierung durch den Bearbeiter nicht auszuschließen. Diese beeinflusst den weiteren Verlauf in ähnlicher Weise wie beispielsweise die Aufgabenstellung selbst.

2.5.1 Durchführung einer Analyse

Städtebauliche Planungen sind als ein Prozess zu betrachten, der sich in einzelne Phasen untergliedert. Der Beginn jeder Planung sollte die Bestandsaufnahme und Analyse des Plangebiets sein. Diese Phase bildet die Ausgangsbasis, um im weiteren Verlauf den Bestand auf denkbare Entwicklungsmöglichkeiten hin bewerten zu können. Inhaltlich setzt sich der Planer in der ersten Phase vor allem mit der Wahrnehmung der bestehenden räumlichen Situation und den Nutzungen unter Berücksichtigung der Zielvorgaben und der Planungsabsicht auseinander. Aufbauend auf der Bewertung können Rückschlüsse gezogen werden, welche die Grundlage von Konzepten darstellen. Die weitere Bearbeitung und Nutzung der Erkenntnisse kann vielfältig sein und zu konkreten Handlungsmaßnahmen, Szenarienbildungen und Entwurfsausarbeitungen führen.

Die mögliche Arbeitssystematik kann sich im Hinblick auf die jeweilige Planungssituation, Fragestellung oder Zielvorgabe unterscheiden, wobei die einzelnen Arbeitsschritte und Analysetechniken flexibel eingesetzt werden können.

Analysesystematik

Das Stadtgeflecht setzt sich aus verschiedenen sektoralen Einzelthemen wie Nutzung, Bebauung, Verkehr, öffentlicher Raum, Landschaftsraum etc. zusammen, die bei der Bestandsaufnahme eine Vielzahl von Informationen und Erkenntnissen liefern. Im Wesentlichen decken diese Einzelthemen alle räumlichen wie funktionalen Komponenten der Planung ab. Darüber hinaus werden auch Aspekte, welche die Planungen in einen Kontext mit der Gesamtstadt setzen, berücksichtigt. Ähnlich verhält sich dies bei Themen mit Bezug zu natürlichen Gegebenheiten oder rechtlichen Aspekten, die bei der Bestandserhebung und Analyse von gleicher Bedeutung für die zukünftige Planung sind, aber zumeist über das Plangebiet selbst hinauswirken. Sie tragen weniger aktiv zur Planung bei und können deshalb als Rahmen gesehen werden. Die sektoralen Themen werden zu Beginn nicht bewertet und zu diesem Zeitpunkt der Analyse noch nicht im Hinblick auf weitere planerische Rahmensetzungen interpretiert. Es ist nötig, zuerst die einzelnen Themen isoliert zu betrachten, sowie alle Sachverhalte faktisch darzustellen und unabhängig für sich zu erheben. Neben der getrennten Betrachtung der einzelnen Themen stellt die Verknüpfung und Überlagerung dieser eine weitere Stufe der inhaltlichen Analyse dar. Es resultieren Ergebnisse in Form von Abhängigkeiten, Bindungen und Folgerungen.

Der Analyse der sektoralen Einzelthemen folgt eine Bewertung, wodurch Defizite und Konflikte, aber auch positive Eigenschaften und Potenziale des Plangebiets dargestellt werden. Durch die qualitative Bewertung und Darstellung des Plangebiets wird eine thematische Weiterentwicklung ermöglicht. Die zu Beginn des Projekts oder Entwurfs aufgestellten Planungs- und Zielvorgaben sind dabei miteinzubeziehen, da diese ähnlich wie die Analyseresultate eine Grundlage der Überlegungen bei der Bewertung der Analyse sind. Durch die Gegenüberstellung mit der Aufgabenstellung werden neue Rückschlüsse gewonnen, die vermeiden, dass sich die Entwicklung von der ursprünglichen Entwurfsaufgabe loslöst. Es entstehen nun Erkenntnisse, die einerseits aus der Bestandserhebung und Analyse resultieren und andererseits abgewogen werden im Hinblick auf die Aufgabenstellung der Ausgangssituation.

Die zu entwickelnden Erkenntnisse der Analyse sind abhängig von der Intention der Analyse. Man kann beispielsweise zwischen einer räumlichen (endogenen / exogenen) Betrachtungsweise oder einer konfrontierenden Betrachtung (SWOT-Analyse: **S**trengths, **W**eaknesses, **O**pportunities, **T**hreats) unterscheiden, die besonders Konflikte und Perspektiven darstellt. Inhaltlich kann die Analyse aus verschiedenen Blickrichtungen durchgeführt werden. Beispielsweise fokussiert die endogene und exogene Analyse vorrangig auf die Wechselwirkung zwischen Plangebiet und Umgebung. Die Darstellung der möglichen Auswirkungen der Planung auf die Umgebung des Plangebiets kann sich auch auf das gesamte Stadtgebiet erstrecken, was abhängig von der Wirkungsweise des Projekts ist.

Den Auswirkungen der Planung steht der Einfluss der direkten Umgebung auf das Plangebiet gegenüber. Dies bedeutet, dass die Planungsumgebung, abhängig vom gewählten Betrachtungsmaßstab, die Planung etwa im Hinblick auf zukünftige Nutzungen und andere Bindungen beeinflussen kann. Bei beiden Herangehensweisen sind die strukturellen Verknüpfungen und die zu erzielende räumliche Einbindung auf die Intention der planerischen Aufgabenstellung abzustimmen.

Neben der Darstellung der räumlichen Wirkung können die Ergebnisse auch in Form einer SWOT-Analyse dargestellt werden. Diese Analyse fokussiert die Betrachtung der Gegensatzpaare *Stärken – Schwächen* und *Chancen – Risiken*. Es ist denkbar, dass diese Faktoren bereits vor der Analyse bekannt waren oder erst durch die Überlagerung mit anderen sektoralen Ebenen deutlich wurden. Stärken und Schwächen sind Indikatoren des Ist-Zustands. Im Planungsverlauf sollten die Stärken weiterentwickelt werden oder zumindest auf dem heutigen Niveau erhalten bleiben. Demgegenüber müssen die Schwächen, wie beispielsweise räumliche Mängel oder funktionale Defizite im Plangebiet, in der weiteren Konzeption behoben oder zumindest strukturell verbessert werden.

Für die Planung besitzt das Paar *Chancen – Risiken* gegenüber dem Aspekt *Stärken – Schwächen* einen hypothetischen Grundcharakter. Erstgenannte Faktoren sollen mögliche Zukunftsperspektiven aufzeigen. Sie stellen sowohl in positiver wie in negativer Weise realistische Entwicklungen dar, die auf den Erkenntnissen der Analyse basieren. Chancen können durch das Erkennen bestehender Defizite im Plangebiet formuliert werden. Dies bedeutet, dass gegenwärtige Schwächen zwar negativ bewertet sein mögen, aber durch den erkannten Handlungsbedarf eine positive Entwicklung in Gang gesetzt werden kann.

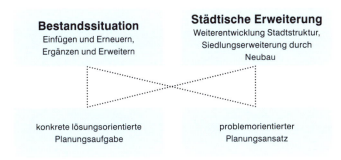

Unterschiedliche Planungsaufgaben

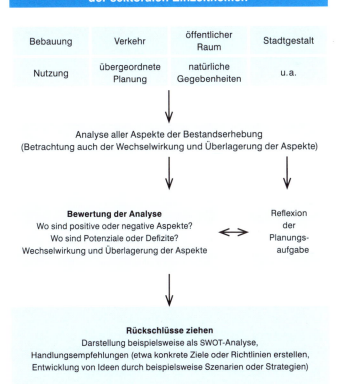

Durchführung einer Analyse

Planungssystematik

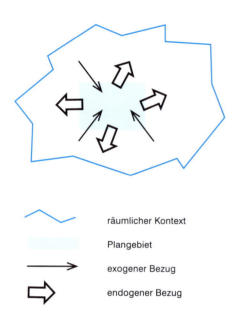

∿	räumlicher Kontext
▨	Plangebiet
→	exogener Bezug
⇨	endogener Bezug

Wirkungen der endogenen und
exogenen Analyse

Bei der Betrachtung der Analyseergebnisse ist auch der umgekehrte Fall zu berücksichtigen: Bisherige Stärken können zu einer Gefahr werden, falls eine Planung die möglichen negativen Entwicklungen außer Acht lässt.

Zur Darstellung der Konfrontation können die Gegensatzpaare der SWOT-Analyse *Stärken – Schwächen* und *Chancen – Risiken* auch gekreuzt dargestellt werden. *Stärken – Risiken* sind dabei ähnlich zu betrachten wie *Schwächen – Chancen*.

Die Abwägung spielt bei beiden Paaren eine entscheidende Rolle und gibt auch stets das subjektive Bild des Bearbeiters wieder. So ist es ist prinzipiell möglich, dass scheinbare Potenziale gleichzeitig eine Gefahr darstellen können. Im Wesentlichen ist dies von der Perspektive des Betrachters abhängig.

Beispielsweise kann ein hochwertiger Baumbestand innerhalb eines Planungsgebiets aus Sicht eines Investors eine Restriktion im Hinblick auf die Entwicklung darstellen, wohingegen dieser aus ökologischer Sicht oder aus Bewohnerperspektive positiv betrachtet werden kann. Die Interpretation der Resultate ist daher eine Frage der Perspektive des Bearbeiters, sorgt aber in der Abwägung der einzelnen Belange für diversifiziertere und variantenreichere Ergebnisse.

Inhaltlich sind die Erkenntnisse der Analyse, unabhängig ob diese nun in endogener/exogener Weise oder als SWOT-Darstellung durchgeführt wurde, die Basis der weiterführenden Konzeption der Planung. In dem folgenden Schritt der Konzeption wird die Grundlage für die thematische und inhaltliche Weiterentwicklung des Entwurfs beziehungsweise des Projekts gelegt und der prozesshafte Ablauf betrachtet. Entscheidend ist dabei, auf welche Weise, die Analyse durchgeführt wird. Dabei kann abhängig von der Konzeptionsentwicklung die Art der Beurteilung der Resultate zu verschiedenen Zielformulierungen und Vorgehensweisen führen.

Es existieren unterschiedliche Instrumente, die im Wesentlichen die Art der später folgenden Konzeptionen beeinflussen und somit auch auf die Planungsabsicht reagieren können. Die Konzeptionen können sich inhaltlich beispielsweise durch die folgenden drei Richtungen in ihrer Bearbeitung und Aussage unterscheiden.

Zeitrahmen als konzeptionelle Basis

Der Faktor der zeitlichen Umsetzung ist bei der Beurteilung der Analyse und der Entwicklung einer Konzeption von erheblicher Bedeutung. Abhängig von der Komplexität des Verfahrens oder der Planung sind verschiedene Parameter in Bezug auf die zeitliche Umsetzung relevant. So können Besitzverhältnisse, der Einfluss der Bürger oder auch Finanzierungsmodelle Planungen zeitlich entscheidend beeinflussen. Dies erfordert, bei der Konzeptionierung eines Projekts frühzeitig in verschiedenen Abschnittsphasen zu denken. Besonders bei Projekten, die einen größeren räumlichen Einfluss und Auswirkungen haben, ist diese Art der Planung notwendig, da die Realisierungen zeitlich versetzt stattfinden. Neben der sorgfältigen Projektkonzeption ist das Einkalkulieren von zeitlichen Unabwägbarkeiten, wie Finanzierungslücken oder Bewohnerinitiativen als Faktor zu berücksichtigen. Es ist nicht ungewöhnlich, dass Planungen über einen Zeitraum von mehr als zehn Jahren andauern, bevor entscheidende bauliche Maßnahmen getroffen werden.

2

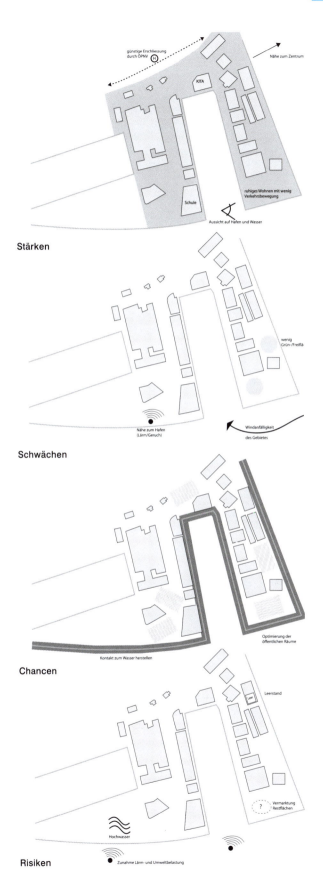

Stärken

- ruhige Wohnumgebung in Hafennähe
- räumliche Nähe zum Stadtzentrum von Rotterdam
- günstige Erschließung durch öffentlichen Nahverkehr
- wenig Verkehrsbewegung durch Außenringerschließung
- Schule und Kindertagesstätte vorhanden

Schwächen

- überwiegend Wohnnutzung, wenig Mischung
- wenig Grünflächen vorhanden
- wenig differenziertes Wohnungsangebot
- Nähe zum Hafen (Lärm- und Geruchsbelastung)
- Gebiet ist sehr windanfällig

Chancen

- Optimierung des öffentlichen Raums im Hinblick auf Grüngestaltung
- Kontakt / Zugang zum Wasser herstellen

Risiken

- Zunahme Lärm- und Umweltbelastung
- Restflächen schwer zu vermarkten
- drohender Leerstand und Imageverlust
- Bereich ist hochwassergefährdet

Oben
Darstellung einer SWOT-Matrix,
bezogen auf das Gebiet Müllerpier
(Lloydkwartier), Rotterdam

Rechts
Darstellung einer SWOT-Analyse in Planform
für das Gebiet Müllerpier (Lloydkwartier),
Rotterdam

Planungssystematik

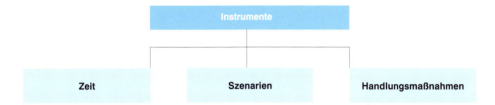

Instrumente zur Konzeptionsentwicklung
der weiteren Planung

Aufgrund dieser Zeitspanne sind die Projekte allen möglichen Veränderungen ausgesetzt: Nicht allein die politische und wirtschaftliche Situation kann sich ändern, sondern auch fachlich können neue Einsichten zu einem Überdenken des Projekts führen. Die Wahrscheinlichkeit, dass sich die Umstände ändern, ist in diesem Planungshorizont recht groß, weshalb die Projekte in zeitlich begrenzte Phasen organisiert sein sollten, wobei jede Phase in sich abgeschlossen und unabhängig von einer anderen ist.

Darstellung verschiedener Szenarien

Abhängig von der Aufgabenstellung ist es denkbar, dass die Analyse keinen konkreten Entwurf zum Ziel hat, sondern durch die Entwicklung verschiedener Szenarien mögliche Richtungen und Tendenzen aufzeigen soll. Dadurch können künftige Entwicklungen abgeschätzt werden, um Strategien oder Maßnahmen an diese Erkenntnisse anzupassen. Hierbei sollen Szenarien verschiedene zukünftige Alternativen abbilden. Mithilfe dieser Vielfalt von denkbaren Wegen können Weichenstellungen oder Vorentscheidungen getroffen werden, die richtungsweisend wirken. Verschiedene Faktoren, welche die Szenarien beeinflussen und steuern, können durch die unterschiedliche Gewichtung eine Bandbreite von Resultaten erzeugen.

Szenarien sind ein wirkungsvolles Instrument zur hypothetischen Entwicklung von Zukunftsplanungen. Durch die flexible Veränderung von Einflussgrößen und Kontext können die Planungsfolgen in einem breiten Rahmen abgeschätzt werden. Die Bewertung der Resultate kann quantitativ oder qualitativ ausfallen, sollte aber durch die verschiedenen Einflussfaktoren ein transparentes Bild der denkbaren Lösungen wiedergeben.

Konkrete Handlungsmaßnahmen

Die Resultate der Analyse können auf direkt formulierte Handlungsmaßnahmen übertragen werden. Innerhalb einer Planung ist die Formulierung der Handlungsmaßnahmen auf verschiedenen Niveaus möglich. Diese unterscheiden sich im Hinblick auf ihre Dringlichkeit voneinander. Denkbar ist das Formulieren von Maßnahmen, die zur direkten Behebung eines konkreten Problems oder einer Fragestellung notwendig sind. Dies ist beispielsweise dann nötig, wenn aus der Analyse heraus ein Missstand klar deutlich wird und eine konkrete Lösung zu diesem Zeitpunkt formuliert werden kann. Auf der anderen Seite kann durch die Feststellung eines Defizits, das sich langfristig als negativ erweisen könnte, auch eine Handlungsempfehlung ausgedrückt werden. Im Gegensatz zu den vorab gezeigten Konzeptionsmethoden werden im Fall der Handlungsmaßnahmen konkrete Eingriffe vorgestellt und in ihrer Wirkung formuliert. Es geht dabei nicht nur um die Feststellung des Sachverhalts, sondern vielmehr um die konkrete Verbesserung und Veränderung der Situation.

Die Resultate der Bewertung der Analyse sowie mögliche Konzeptionen können durch zeichnerische und textliche Darstellungen präsentiert werden. Die Entscheidung für die gewählte Darstellung ist sowohl vom Adressaten beziehungsweise der Zielgruppe als auch von der Forderung des Auftraggebers abhängig. Darüber hinaus spielt die Frage- und Problemstellung des Projekts eine wesentliche Rolle dabei, in welcher Form die Ergebnisse präsentiert werden. Daneben besitzt auch der Bearbeiter durch seine Wahl der Darstellung die Möglichkeit, den Auftraggeber oder Betrachter der Planung in die von ihm gewünschte Richtung zu lenken.

Bebauung	Verkehr	Öffentlicher Raum	Frei-/Grünraum
· Bebauungstruktur · Brüche, Übergänge, Restriktionen · Randbereiche · Kubatur der Bebauung, Stadteingänge	· Individualverkehr · ÖPNV · Fußgänger · Radverkehr · ruhender Verkehr	· Straßen, Wege · Plätze · Parks, Promenaden · Wasserflächen	· Grünzüge/-anlagen · Gewässer (Fluss, Bach etc.) · Naturräume (Wald etc.)
Nutzung	**Übergeordnete Planung**	**Natürliche Gegebenheit**	**Gestaltungsmerkmale**
· verschiedene Arten · unterschiedliche Art der Intensität · Leerstände · Mischungen auf Gebäudeebene	· Fachplanungen · Rechtsplanungen · sonstige Bindungen	· Klima · Topografie · Bodenart · solare Ausrichtung	· Stadtbild · Silhouette · Blickbezüge · typische Materialien

Sektorale Einzelthemen der Analyse (Auszug)

2.5.2 Sektorale Einzelelemente der Analyse

Die städtebauliche Analyse umfasst eine Vielzahl einzelner Elemente, die bei der Erhebung und Wahrnehmung des Plan- oder Stadtgebiets von Bedeutung sind. Um systematisch die notwendigen Daten, Fakten und Erkenntnisse in die zukünftige Planung miteinzubeziehen, können die einzelnen Themen getrennt voneinander betrachtet und sowohl zeichnerisch als auch textlich dokumentiert werden.

Bebauung/Gestaltung

Bei der Betrachtung der Bebauung muss zum einen zwischen den möglichen Aussagen hinsichtlich der Maßstäbe und zum anderen zwischen der Darstellung von baustrukturellen und gestalterischen Merkmalen unterschieden werden. Der jeweilige Betrachtungsmaßstab ist dabei abhängig von der gestellten Planungsaufgabe. Prinzipiell spielt die Dichte der Bebauung, die als Körnung der Bebauungsstruktur dargestellt wird, eine Rolle. Hierbei wird durch die Größe, Orientierung und Anordnung der Bebauung deutlich, ob es sich um eine homogene oder heterogene Struktur handelt. Diese Feststellung kann erste Eindrücke im Hinblick auf die Nutzung, Entstehungszeit oder den Gebäudetypus liefern.

Bei kleinräumlicher Darstellung der Bebauung, beispielsweise als Einzelgebäude oder in der Gruppe organisierter Gebäude, sind Aspekte wie die Bauweise oder die Kubatur entscheidend. Durch einen vergrößerten Maßstab wird nicht nur die jeweilige Nutzung deutlich, sondern auch die Organisation und Einteilung der Grundstücke. Bei der Betrachtung der Gestaltung spielen die Ausstrahlung sowie die Wahrnehmung der Bebauung eine wesentliche Rolle. Hierbei ist es wichtig, zu erkennen, wie sich die Bebauung in die Struktur einfügt. So spielen charakteristische Gebäude im Stadtgefüge meist eine tragende Rolle, beispielsweise durch ihre Silhouette oder durch ihre Verbindung mit dem öffentlichen Raum. Ortstypische Merkmale, wie die Materialwahl oder die Positionierung der Gebäude, können so bei zukünftigen Planungen Berücksichtigung finden.

Im Zuge der Untersuchung der Stadtmorphologie werden nicht nur die räumlichen Einheiten deutlich, sondern vor allem auch die Störungen der Struktur in Form von Brüchen, Lücken oder fehlenden Übergängen.

Verkehr

Die Analyse der verschiedenen Verkehrsarten hat zum Ziel, die einzelnen Verkehrsnetze zu ermitteln. Da die verschiedenen Netze in der Gesamtstadt einem hierarchischen System folgen und damit einer gewissen Rangordnung unterliegen, fällt die Betrachtungsweise je nach Verkehrsart unterschiedlich aus. So muss etwa eine Stadtautobahn im Hinblick auf Dimensionierung, Gestaltung und ihre Auswirkungen auf die Umgebung anders betrachtet werden als die Entwicklung eines Erschließungssystems auf Quartiersebene. Aufgaben und Kapazitäten der jeweiligen Verkehrsarten unterscheiden sich dabei völlig. Bei der Gestaltung von Straßenräumen liegt häufig der Problempunkt bei verkehrlichen Planungen, denn zum einen muss die zu planende Straße eine technisch festgelegte Kapazität aufnehmen können, die durch Berechnungen ermittelt wird und somit einen räumlichen Flächenbedarf zur Folge hat. Zum anderen hat diese technische Entscheidung für die Funktionalität des Straßenraums auch Auswirkungen auf die Gestaltung.

Planungssystematik

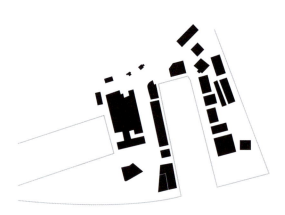

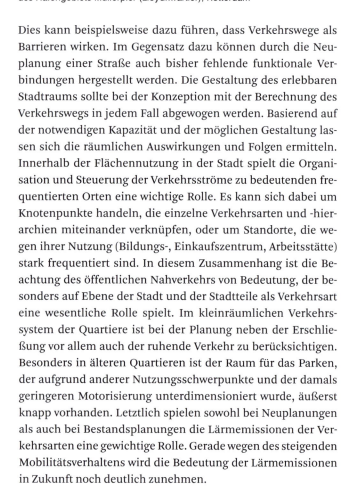

Darstellung der Bebauungsstruktur am Beispiel
des Hafengebiets Müllerpier (Lloydkwartier), Rotterdam

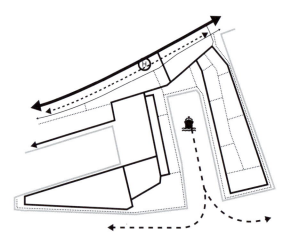

Darstellung verkehrliche Erschließung

Dies kann beispielsweise dazu führen, dass Verkehrswege als Barrieren wirken. Im Gegensatz dazu können durch die Neuplanung einer Straße auch bisher fehlende funktionale Verbindungen hergestellt werden. Die Gestaltung des erlebbaren Stadtraums sollte bei der Konzeption mit der Berechnung des Verkehrswegs in jedem Fall abgewogen werden. Basierend auf der notwendigen Kapazität und der möglichen Gestaltung lassen sich die räumlichen Auswirkungen und Folgen ermitteln. Innerhalb der Flächennutzung in der Stadt spielt die Organisation und Steuerung der Verkehrsströme zu bedeutenden frequentierten Orten eine wichtige Rolle. Es kann sich dabei um Knotenpunkte handeln, die einzelne Verkehrsarten und -hierarchien miteinander verknüpfen, oder um Standorte, die wegen ihrer Nutzung (Bildungs-, Einkaufszentrum, Arbeitsstätte) stark frequentiert sind. In diesem Zusammenhang ist die Beachtung des öffentlichen Nahverkehrs von Bedeutung, der besonders auf Ebene der Stadt und der Stadtteile als Verkehrsart eine wesentliche Rolle spielt. Im kleinräumlichen Verkehrssystem der Quartiere ist bei der Planung neben der Erschließung vor allem auch der ruhende Verkehr zu berücksichtigen. Besonders in älteren Quartieren ist der Raum für das Parken, der aufgrund anderer Nutzungsschwerpunkte und der damals geringeren Motorisierung unterdimensioniert wurde, äußerst knapp vorhanden. Letztlich spielen sowohl bei Neuplanungen als auch bei Bestandsplanungen die Lärmemissionen der Verkehrsarten eine gewichtige Rolle. Gerade wegen des steigenden Mobilitätsverhaltens wird die Bedeutung der Lärmemissionen in Zukunft noch deutlich zunehmen.

Öffentlicher Raum

Der öffentliche Raum ist die Gesamtheit aller Straßen, Wege, Plätze, Wasserflächen und Parks im Stadtgefüge. Es handelt sich um Flächen, die frei zugänglich sind und sich durch ihre verschiedenen Nutzungen (etwa Verkehr, Erholung, Aufenthalt, Einkaufen), ihre Gestaltung, ihre Lage in der Stadt und ihre räumliche Bedeutung voneinander unterscheiden.

Die geplante Nutzungsfunktion des öffentlichen Raums bestimmt grundsätzlich das Verhalten der Benutzer. Bewegungsflächen werden demzufolge häufig so organisiert, dass sich der Nutzer von einem zum anderen Ort möglichst effektiv und frei bewegen kann. Bei Flächen zum Spielen und zur Erholung wird hingegen besonderes Augenmerk auf die Herstellung einer bestimmten Aufenthaltsqualität gelegt oder das Vorhandensein unterschiedlicher Freizeitnutzungen. Daraus lässt sich ableiten, dass die Qualitäten und die Gestaltung dieser Orte vorrangig durch die Nutzungsart des Raums und den Benutzer selbst bestimmt werden.

Neben den räumlichen Eigenschaften von Orten spielen die Bewegung in der Stadt und der dafür benötigte Flächenbedarf bei der Planung eine entscheidende Rolle. So sind alle Verkehrs- und Bewegungsarten in einer Art und Weise organisiert, dass sie in einer Abfolge von verschiedenen Räumen stattfinden, die in einem System miteinander funktionieren. Beispiele dafür sind die Verbindung einer Stadtautobahn mit einer Haupterschließung, einer Quartierserschließung und einem Wohnweg oder eine Kombination von Plätzen, Straßen, Fußwegen und Grünflächen im Innenstadtbereich.

▬▬▬ Haupterschließung		▨ Wohnen	
▪-▪-▪ Tramerschließung		▢ Wohnen mit Erdgeschoss	
Ⓗ Tramhaltepunkt		▨ Bildung	
▬▬ Gebietsverkehr		▨ Kultur	
⋯⋯ Fußweg		■ gemischte Nutzung	
▬▬ Rad- und Fußweg			
⛴- ➤ Wassertransport			
▬▬ Kai			
▨ Grünanlage			
▨ Sportanlage/Spielplatz			
〜〜 Fluss			

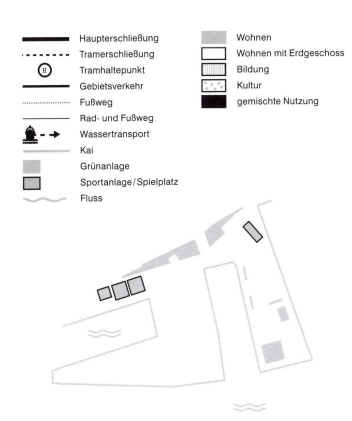

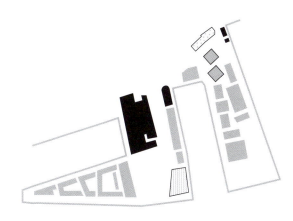

Darstellung öffentlicher Grünräume

Darstellung der Nutzungsverteilung

Besonders optimal gelingt die Organisation der öffentlichen städtischen Räume, wenn ein direkter Übergang oder Anschluss an die übergeordneten Landschaftsräume der Region hergestellt werden kann.

Der öffentliche Raum bildet den Gegenpol zu den privat genutzten Flächen, wobei häufig räumliche Situationen entstehen, welche die jeweilige Zuordnung erschweren. Dies ist der Fall, wenn private Flächen öffentlich zugänglich gemacht werden oder so erscheinen, als ob sie für jedermann zugänglich sind. Dann wird zumeist eine Zuordnung wie beispielsweise halböffentlicher Raum verwendet, wobei diese Bezeichnung ungenau ist und das Zweifeln darüber ausdrückt, ob die Fläche nun im öffentlichen oder privaten Besitz ist.

Im Stadtgefüge besitzen die verschiedenen öffentlichen Räume eine ordnende Funktion. Sie sind als Verbindung zwischen den einzelnen Nutzungen zu sehen. Die Analyse wird dabei, bezogen auf die jeweilige Maßstabsebene, im Hinblick auf die unterschiedlichen Nutzungsfunktionen oder Typologien der öffentlichen Räume ausgeführt. Dies erfolgt mit dem Ziel, eine Bedeutung für die Ebenen darzustellen. Besonders Grünflächen prägen das Erscheinungsbild der Stadt. Die Art und Bedeutung kann dabei vielfältig sein. So besitzen Parks, abhängig von ihrer Bedeutung für die Maßstabsebene, eine völlig unterschiedliche Nutzbarkeit als beispielsweise Friedhöfe. Beide sind durch ihr Erscheinungsbild vergleichbar, aber in ihrer Nutzung völlig unterschiedlich. Kleingärten besitzen traditionsgemäß ihre Position im Stadtgefüge und werden gegenwärtig tendenziell stärker nachgefragt, was auf eine Änderung der Lebensstile der Stadtbewohner zurückzuführen ist. Denn die Nutzung eines Kleingartens in Verbindung mit einer Wohnung kann auch als städtisches Alternativmodell, beispielsweise zum Haus mit Garten in der Peripherie der Stadt, gesehen werden.

Grün- und Freiraum in der Landschaft

Den öffentlichen städtischen Freiräumen stehen die Landschaftsräume gegenüber, die in einer räumlichen Abfolge teilweise bereits im Stadtgefüge zu finden sind und zumeist den Übergang in die Region bilden. Ein fließender und direkter Übergang beider Räume ineinander ist in Verbindung mit einer attraktiven Wegeführung positiv zu bewerten. Im Hinblick auf die Nutzung im Landschaftsraum steht die Erholung im Vordergrund, wobei die Intensität durch Bespielung oder Anzahl der Nutzer nach außen hin deutlich abnimmt. Durch den eher natürlichen und zumeist weniger geplanten Charakter der Grünflächen außerhalb der Stadt werden dabei auch die Nutzungsmöglichkeiten weniger formell geplant.

Aus ökologischer Sicht bietet die Verbindung der verschiedenen öffentlichen Räume auch für Flora und Fauna eine positive Abfolge von Lebensräumen. In diesem Zusammenhang sind auch Wasserflächen zu nennen, die in vielfältiger Art und Weise in der Stadt in Erscheinung treten: punktuell als Teich oder See oder linear als Bach- oder Flusslauf. Häufig besitzen Gewässer, wie beispielsweise Flussläufe, nicht nur eine ökologische oder Erholungsfunktion, sondern auch die eines Infrastrukturwegs. Dies kann einerseits zu Nutzungskonflikten führen, andererseits aber auch den Reiz der Nutzung verstärken.

Planungssystematik

Die Lage am Wasser prägt die Nutzungsart des Quartiers.
Oben: Hafengebiet Müllerpier (Lloydkwartier), Rotterdam

Wohnkomplex Delfshaven in Rotterdam, Fertigstellung 2011
(Entwurf: Studio Sputnik)

Nutzungen

Innerhalb der Stadt ist zwischen flächenhaften Nutzungen wie Wohnen, Gewerbe, Industrie, Grünflächen und Verkehr zu unterscheiden. Eher punktuelle Nutzungen, meist in Form eines Einzelgebäudes oder Komplexes, können in eine soziale, kulturelle oder kirchliche Funktion differenziert werden. Abhängig vom Analysegebiet und Maßstab werden Nutzungen als Fläche oder einzelne Gebäude dargestellt. Von besonderem Interesse ist bei der Analyse der Nutzungen, wie diese am Standort verteilt sind, wie weit einzelne Nutzungsarten voneinander entfernt sind, ob sie geballt auftreten oder welche Nutzung beispielsweise eine trennende oder schützende Funktion hat.

Da die Nutzungen in der Stadt nicht starr fixiert sind, bekommt die Transformation von Flächen eine zunehmend bedeutendere Funktion. So wird seit etwa 20 Jahren die Flächeninanspruchnahme durch die Weiterentwicklung und Anpassung innerstädtischer Industriegebiete wie auch Militärareale reduziert. Stadträumlich gesehen handelt es sich hier zumeist um Insellagen, die nicht oder nur eingeschränkt zugänglich sind. Durch die Auflassung kann in vielen Fällen eine Öffnung erreicht werden, wodurch entgegen der bisher trennenden Wirkung ein räumliches und funktionales Potenzial für die Stadt entwickelt werden kann.

Bei der Planung von Nutzungen ist besonders auf deren Verträglichkeit und Vereinbarkeit untereinander und mit der direkten Nachbarschaft zu achten. Häufig treten Konflikte durch Lärm- oder auch Geruchsbelastungen auf. Die Konflikte entstehen nicht immer durch die Nutzungen selbst, sondern können auch aus deren Folgen, beispielsweise durch eine Verkehrserzeugung oder eine Parkplatzproblematik, resultieren. Aus der rein faktischen Darstellung der Nutzungsverteilung, ergeben sich Erfordernisse, die entweder durch die räumlichen Vorgaben des Plangebiets oder durch die quantitativen Ansprüche begründet sind.

Übergeordnete Planungen und Bindungen

Unabhängig vom Maßstab wirken Planungen niemals nur auf einer Planungsebene. Sie sind immer im Verhältnis mit anderen Planungen und anderen Maßstabsebenen zu betrachten. Bei Planungen in bestehenden Strukturen oder durch Erweiterungen ist es notwendig, in der Analyse auch zu prüfen, ob es bereits parallel existierende Planungen gibt, die neue Entwicklungen in irgendeiner Art beeinflussen. Beispielsweise sind Planungen aus räumlicher Sicht häufig an vielen Orten in der Stadt denkbar und möglich, aber es gilt, die Folgen abzuwägen, die bei der gesamtstädtischen Standortsuche und Bewertung in der Stadt oder Region auftreten können. Die Prüfung bestehender Planungen und möglicher vertraglicher Bindungen ist bereits Teil einer ersten Bestandaufnahme. Durch deren Analyse können frühzeitig unerwünschte Entwicklungen im Hinblick auf Aspekte wie beispielsweise Nutzung oder Bebauungstypologie ausgeschlossen werden.

Ähnlich wie die Bindung aus Planungen sind die bestehenden Grundstücksverhältnisse ein Faktor, der von Bedeutung ist. Durch die Betrachtung der Grundstücke wird festgestellt, welche Flächen unmittelbar überplant werden können oder welche erst zeitlich versetzt zur Verfügung stehen. Dies ist im Entwurf besonders für die Abschnittsbildung und die Entwicklung der verschiedenen Realisierungsphasen wichtig.

Bindungen können sowohl durch bestehende Planungen als auch durch Fachplanungen anderer Disziplinen vorliegen. Dabei wirken sich besonders Umweltbelange oder auch der Umgang mit Regenwasser auf die Gestaltung der Freiflächen aus. Die Kommunen selbst können zusätzliche Bindungen in Planungen integrieren, die auf speziellen lokalen Problematiken oder Wünschen basieren.

Die frühzeitige Prüfung von bestehenden Planungen in der Analyse kann zur Vermeidung von Fehlplanungen beitragen, aber auch wichtige Planungsgrund- und ansätze für den späteren Entwurf liefern.

Natürliche Gegebenheiten

Darunter versteht man die naturräumlichen Bindungen, die man in einem Plangebiet vorfindet und die nur unter größten Umständen oder durch den Einsatz erheblicher finanzieller Mittel verändert werden können. Dazu zählen Faktoren wie Boden, Klima, Wasser oder die Topografie des Plangebiets. Die Basis einer Entwicklung bildet die Bodenbeschaffenheit, welche die Art der möglichen Nutzung oder Bebauung hinsichtlich ihrer Tragfähigkeit beeinflusst. Dabei spielen Aspekte wie die Beschaffenheit des Bodens genauso eine Rolle wie kontaminierter Boden oder ein zu hoher Grundwasserstand. In beiden Fällen müssen Sondermaßnahmen getroffen werden, die entweder Nutzungen oder Konstruktionen ausschließen oder besondere Lösungen erfordern.

Ähnlich beeinflusst die Topografie den Planungsprozess. Neben dem Kostenfaktor der Erschließung des Grundstücks sind bei sehr großen Neigungen auch klimatische Bedingungen bei der Planung relevant. Beispielsweise besitzt die Orientierung der Bebauung bei einem Nordhang eine ungünstige Besonnung, oder es sind Kaltluftschneisen zu beachten, die durch Neuplanungen versperrt werden können.

Wasser tritt nicht allein als Grundwasser auf, sondern auch als Oberflächengewässer in stehender und fließender Form. Fließende Oberflächengewässer können Flüsse (in verschiedene Kategorien hinsichtlich der Nutzung unterteilt), Kanäle und Bäche sein. Bei stehenden Gewässern wie Teichen oder Seen ist die Nutzung teilweise sehr unterschiedlich. Die Bandbreite reicht von einem Ort der Naherholung bis zu einem Biotop.

Zusätzlich können temporäre Wasserspeicher wie Mulden oder Rigolen, die zur Entlastung bei Starkregen dienen, räumlich und gestalterisch wirken.

Bestehende Grünstrukturen und Bepflanzungen tragen zur Differenzierung und Vielfalt des Planungsumfelds bei. Sie können aber bei Neuplanungen ein restriktives Element sein, wenn sie hinsichtlich ihrer Größe oder Wertigkeit erhalten bleiben müssen. Andererseits bilden sie einen positiven Standortfaktor, da sie natürlich gewachsen erscheinen.

Die Besonnung und Ausrichtung des Grundstücks spielt nicht nur im Zusammenhang mit der Topografie eine Rolle. Die Orientierung der Baukörper sollte auch aus energetischen Gesichtspunkten soweit wie möglich optimiert sein.

Ähnlich verhält es sich mit dem städtischen Kleinklima, das durch Faktoren wie den Verkehr, aber auch die zunehmende Versiegelung beeinflusst wird.

Diese vielfältigen Merkmale lassen sich nur in geringem Maße bei Neuplanungen ändern, sind aber bei der Entwicklung eines hochwertigen Standorts miteinzubeziehen. In der Analysephase ist es deshalb nötig, die bindenden und nur schwer zu verändernden Randbedingungen zu dokumentieren, da diese Neuplanungen stark einschränken oder sogar verhindern können.

Planungssystematik

2.6 Entwurf

Entwerfen ist ein Prozess, der durch den systematischen Einsatz verschiedenster Entwurfsmethoden zu einem Resultat führt. Faktoren wie Kreativität, Intuition oder beispielsweise die Fähigkeit, aktuelle Tendenzen und Strömungen der Gesellschaft aufzunehmen, spielen im Entwurfsprozess zwar eine wichtige Rolle, sind aber nicht allein ausschlaggebend für die Qualität eines Entwurfs. Da Planung stets in einem räumlichen Kontext stattfindet, wird die Weiterentwicklung eines Gebiets oder einer Stadt, trotz aller innovativer Erkenntnisse, vor allem durch die bestehende Situation eines Standorts wie auch seiner Historie maßgeblich beeinflusst. Darüber hinaus spielen Aspekte wie die direkte (naturräumliche) Umgebung oder das soziale Umfeld des Plangebiets eine entscheidende Rolle.

Die Schwierigkeit beim Entwerfen liegt insbesondere darin, sich von bestehenden sowie altbekannten Mustern und Strukturen zu lösen, um andere Perspektiven zu erkennen und neue Lösungen zulassen zu können. Im Entwerfer selbst spielt sich dabei ein geistiger Konflikt ab – zwischen rationellen Entscheidungsfaktoren, die aus konkreten Entwurfsvorgaben resultieren und der kreativen Umformung bekannter Lösungswege, die neue Möglichkeiten und Denkrichtungen aufzeigen.

Die Herausforderung beim Entwerfen liegt demzufolge darin, einen strukturierten Prozess zu durchlaufen, ergänzt durch Querdenken und Perspektivenwechsel. Um Alternativen wahrzunehmen und bewerten zu können, ist dieser kontinuierliche Wechsel notwendig. Querdenken erfordert nicht nur die Fähigkeit, eine Entwurfsaufgabe im Kontext seiner Umgebung, der Aufgabenstellung und der übrigen Einflussfaktoren zu betrachten. Neben den bekannten Verknüpfungen und Verbindungen spielt in dieser Phase besonders der Vorausblick auf mögliche Folgen der Planung eine Rolle.

Entwerfen besteht aus der Entwicklung einer geistigen Konstruktion, die darüber hinaus bildhaft – in Form von Skizzen und Zeichnungen – allgemein zugänglich gemacht werden muss. Der Prozess der Visualisierung begleitet den Entwurfsvorgang kontinuierlich und sorgt für eine Reflexion der einzelnen Entwurfsschritte und Ideen. Der Vorteil dieser Dokumentation liegt in der Herstellung einer Denk- und Diskussionsgrundlage, die als wichtige Gesprächsbasis im Austausch mit den übrigen Projektbeteiligten dient. Eine weitere positive Nebenerscheinung der bildhaften Darstellung der einzelnen Resultate eines Entwurfsprozesses ist, dass auch bereits verworfene Ideen und Lösungsvorschläge dokumentiert sind und so die Möglichkeit gegeben ist, diese nach Bedarf wieder in den Prozess einfließen zu lassen.

Inhaltlich wird der Entwurf von den Erkenntnissen der zuvor erfolgten Analyse, den gesetzten Zielvorgaben und im Besonderen von den persönlichen Erfahrungen wie auch der Kreativität und der Intuition des Bearbeiters beeinflusst. Der Faktor Kreativität umfasst dabei die eigenständige und individuelle Entwicklung von Lösungen, basierend auf der persönlichen Interpretation der bestehenden Umgebung und der Aufgabenstellung. Kreativität spielt im Prozess des Entwerfens eine wesentliche Rolle, wenn das Ergebnis mehr als nur eine bekannte Standardlösung oder eine Kombination bestehender Entwürfe sein soll. Diese Standardlösungen sind häufig dann das Resultat, wenn man einen Entwurfsprozess nach einem bekannten Schema durchläuft und Abweichungen nicht zulässt. Um sich von diesen bekannten Schemata loslösen zu können, ist das intuitive Verändern der Betrachtungsperspektive nötig.

Neben dem Bewusstsein über die eigene Perspektive hat die Integration von anderen Meinungen und Ideen in den Entwurfsprozess einen großen Einfluss auf das Ergebnis, weil damit ein objektiver Blick auf das Plangebiet erhalten bleibt.

Darüber hinaus spielt die Erfahrung des Bearbeiters beim Entwerfen eine wesentliche Rolle. Diese kann den Entwurfsprozess positiv oder negativ beeinflussen, je nachdem, wie sehr sich der Entwerfer von »erfahrungsgemäß« in der Ausführung aus verschiedensten Gründen unrealistisch erscheinenden Ideen und Lösungen in seiner Entwurfsfreiheit einschränken lässt. Denkbar ist, dass dadurch besonders kreative Lösungen oder Denkansätze unterdrückt werden. Erfahrung kann aber auch dazu führen, dass kostspielige oder problematische Entwürfe in einer frühen Entwurfsphase zurückgestellt werden. Zugleich können allerdings Problemstellen eines Projekts frühzeitig behoben werden.

Entwerfen ist keine natürliche Gabe, sondern eine Fähigkeit, die man erlernen und durch kontinuierliches Trainieren verbessern kann. Voraussetzung ist neben dem Erstellen einer tragfähigen Analyse und Konzeption auch eine Offenheit, die Problem- oder Fragestellung aus verschiedenen Positionen zu betrachten und Standpunkte der einzelnen Beteiligten einnehmen zu können, um ein gemeinsamen Resultat zu erreichen. Diese Perspektivenvielfalt ist nötig, da die Stadt durch die unterschiedlichen Nutzer selbst in vielfältiger Art und Weise genutzt und betrachtet wird.

2.6.1. Techniken des städtebaulichen Entwerfens

Für die Bearbeitung städtebaulicher Entwürfe und Konzeptionen steht eine Vielzahl von Methoden und Instrumenten zur Verfügung. Die Bandbreite der Ansätze ist notwendig, da neben der persönlichen Einstellung des Entwerfers auch externe projektbezogene Einflüsse für den Entwurf relevant und damit verschiedene Methoden der Bearbeitung erforderlich sind.

Die unterschiedlichen Aufgaben- und Problemstellungen steuern den Entwurf bereits frühzeitig, so dass – abhängig von der Projektgröße – auf Ebene des einzelnen Gebäudes oder der gesamten Stadt gedacht werden muss. Die verbindlichen Festlegungen, die erfüllt werden müssen, sind auf Gebäude- oder Stadtebene wenig vergleichbar, da der Unterschied besonders in der Absicht zwischen Realisierung und Planung liegt.

Zum Teil besitzen die Aufgaben einen sehr speziellen Entwurfskontext, wie der Umgang mit kontaminiertem Boden bei Kasernenkonversionen oder die Durchführung von Sanierungsverfahren im Innenstadtbereich zeigen. Die damit verbundenen notwendigen Fachkenntnisse können nur schwer von einem einzelnen Entwerfer abgedeckt werden. Ähnliches gilt für die Beherrschung aller Maßstabsebenen, da diese meist an zugeordnete Gesetzgebungen gekoppelt sind. Ein Teil dieser Aufgaben kann zentral durch ein einzelnes Büro geleistet werden. Zusätzlich zu den Entwurfsaufgaben werden zunehmend Kooperationen eingegangen, da die zu bearbeitenden Projekte häufig die räumlich-planerische Arbeit übersteigen und sich der Entwerfer mit interdisziplinären Themen wie einem geeigneten Stadtmarketingkonzept oder erweiterten Formen der Bürgerbeteiligung, auseinandersetzen muss.

Neben den vorgegebenen Bindungen werden die denkbaren Schritte eines Entwurfs vor allem durch den räumlichen Kontext des Entwurfsorts beeinflusst, der durch die in der Analyse ausfindig gemachten Merkmale bestimmt ist und der auf eine spezifische Art der Partizipation hindeutet, je nachdem, ob es sich um einen Innenstadtbereich oder um eine Arrondierung am Stadtrand handelt.

Daneben hat das eigentliche Entwurfsziel einen wesentlichen Einfluss auf die gewählte Methodik. Bei der Wahl des geeigneten Instruments und der entsprechenden Methodik ist deshalb zu beachten, ob es einen präzisierten bis in die Detaillierung ausgearbeiteten Entwurf zu erarbeiten gilt, oder ob es das Ziel ist, möglichst alle Folgen und Konsequenzen, sowohl positiv wie negativ darzustellen.

Verschiedene Ansätze zur Durchführung eines Entwurfs

Die wesentliche Arbeit beim Entwerfen besteht neben der Analyse und der Entwicklung von Konzepten in der Lösungsfindung. Die Lösungen sind gleichzusetzen mit den Ideen des Entwerfers. Unabhängig von der Komplexität der Fragestellung wird es für jede Frage mehrere Lösungswege geben, die alle Randbedingungen erfüllen können. Ähnlich wie die Gewichtung der Bedingungen im Prozess sind auch die Lösungsmöglichkeiten abzuwägen und zu bewerten. Abwägungen und Bewertungen sind Teil eines jeden Entwurfsprozesses, wobei diese nicht nur am Ende zur Überprüfung der Ausgangssituation durchzuführen sind, sondern auch innerhalb des Entwerfens als Instrumente eingesetzt werden können. Es entsteht eine logisch aufeinander aufbauende Kette von Problemformulierung – Lösungsvorschlag – Ideenfindung. Dabei ist das Repertoire der denkbaren Techniken unbegrenzt und wird durch den Entwerfer kontinuierlich weiterentwickelt. Entscheidend ist, eine der jeweiligen Fragestellung angepasste Methodik anzuwenden. Möglicherweise führt auch eine Kombination aus verschiedenen Methoden zu einem Lösungsansatz. Die folgenden acht Ansätze zur Durchführung eines Entwurfs liefern eine Übersicht der häufig genutzten Methoden. Sie sind nicht vollständig, sondern sollen eine Auswahl der Bandbreite zeigen.

Spontaner Einfall

Für Nichtentwerfer erscheint der spontane Einfall zumeist als plausibelste Erklärung für die Entwicklung eines Entwurfs. Er wird häufig mit Kreativität gleichgesetzt. Meist stecken jedoch in den Entwürfen strukturierte und auf einer bestimmten Systematik basierende Grundlagen, die weniger auf eine spontane Idee zurückzuführen sind. Spontane Ideen sind selten die inhaltlichen Träger einer komplexen Entwurfslösung, können allerdings dazu dienen, eine grobe Richtung in den Entwurf zu bringen. So kann etwa ein Leitgedanke entstehen, der im weiteren Entwurfsprozess ein übergeordnetes Thema bildet und an dem sich andere Teilaspekte orientieren. Hierbei wird die Rangordnung der Entwurfsaspekte deutlich: Es können nicht alle Aspekte gleichwertig behandelt werden, sondern der Entwerfer fokussiert auf etwas Bestimmtes. Spontane Ideen können ein Entwurfsmittel sein, das durch intellektuelle Verknüpfungen mit anderen Themen oder durch den Versuch, gewohnte Denkstrukturen zu verlassen, zustande kommt. Häufig liegt der Beginn einer spontanen Idee auch in der Annahme einer undenkbaren Lösung und ihrer möglichen Folgen.

Planungssystematik

Brainstorming

Besonders zu Beginn eines Entwurfsprozesses, wenn die Randbedingungen nur in groben Zügen bekannt sind, erweist es sich als sinnvoll, durch Diskussion und Kritik gemeinsam die ersten Ansätze zu entwickeln. Durch die Diskussion der verschiedenen Beteiligten kann nach dem Verknüpfen unterschiedlicher Ideen und Gedankenanstöße das Spektrum der Ideen und Möglichkeiten vergrößert werden. Darüber hinaus können innerhalb der Diskussion erste Tendenzen und Richtungen auf ihre Tragfähigkeit hin untersucht werden. Aufgabenstellungen, die einen größeren Maßstab wie beispielsweise die Gesamtstadt umfassen, profitieren von dieser Arbeitsweise ganz besonders. Durch das Brainstorming können die verschiedenen Perspektiven und Meinungen evaluiert und Planungsgedanken erweitert werden. Nicht nur zu Entwurfsbeginn ist der kritische Austausch sinnvoll, sondern auch im weiteren Verlauf des Entwerfens sollte dieser Schritt wiederholt werden, da ansonsten die Gefahr besteht, dass der einzelne Entwerfer seine Arbeit zu sehr aus der eigenen Perspektive betrachtet und dabei andere Aspekte und wichtige Merkmale zu wenig beachtet.

Ebenencheck

Die gestellte Aufgabe bezieht sich zumeist auf einen festgelegten Maßstab. Dies kann beispielsweise den Entwurf eines Stadtquartieres oder eine innerstädtische Baublockverdichtung bedeuten. Die Wirkung dieser Entwürfe wird primär im Hinblick auf ihre eigene Maßstabsebene betrachtet. Obwohl sich die einzelnen Entwürfe auf die benachbarten Ebenen auswirken, wird diesen in der Entwurfsphase häufig weniger Beachtung geschenkt. Da der Zusammenhang zwischen den Ebenen oft vergessen wird, bleibt die Frage offen, welche Folgen eine Entwurfsentscheidung auf die anderen Ebenen hat. Zur Klärung inwieweit ein Entwurf (auch auf den anderen Maßstabsebenen) sinnvoll ist, können innerhalb des Entwurfsprozesses die wichtigsten Merkmale wie Nutzung, Bebauung, Verkehr, Infrastruktur etc. auf ihre Wirkung und Funktion in den übrigen Maßstäben überprüft werden. Die Überprüfung kann hierbei allein dem Zweck dienen, die Flächenbedürfnisse in den anderen Ebenen nachzuweisen, beispielsweise durch die überschlägige Skizzierung mithilfe einer Detailzeichnung. Dadurch werden die Folgen in den einzelnen Ebenen schneller deutlich; innerhalb des Entwerfens können auf diesem Wege andere Perspektiven entstehen, die bei Betrachtung der einzelnen Ebene möglicherweise übersehen worden wären.

Beispiele zur Inspiration

Städtebauliche Aufgaben sind in Bezug auf ihren Ort und ihre räumlichen Umstände einzigartig. Ein Vergleich hinsichtlich Analysethemen wie Gebäudekonstellation, Nutzung oder Erschließung ist bei den einzelnen Beispielen deshalb nur sehr bedingt möglich. Allerdings kann es hilfreich sein, sich vergleichbare städtebauliche Entwurfsprojekte anzusehen und diese in Bezug auf ihren Inhalt und die jeweilige Arbeitsweise des Entwerfers zur Lösungsfindung zu studieren und zu analysieren. Denn zum einen sind entsprechende Entwurfsthemen und Fragestellungen häufig im Hinblick auf ihre Problematik vergleichbar und zum anderen hilft es, den prozesshaften Umgang mit einer Frage zu betrachten, da in diesem Fall wichtige Hinweise dafür gefunden werden können, wie man sich einer Fragestellung beziehungsweise einer städtebaulichen Aufgabe annähert. Weniger zielführend ist es, Lösungsbeispiele auf die eigene Entwurfsaufgabe zu übertragen, da sich die Randbedingungen und Erfordernisse häufig zu sehr unterschieden. Der Sinn der Analyse von Beispielen liegt besonders im Erkennen von Grundideen und in der Methodik der Umsetzung.

Bekannte Bausteine

Im frühen Entwurfsstadium ist es hilfreich, mit bekannten Stadtbausteinen in räumlicher Hinsicht zu arbeiten, um die Folgen, Vorteile oder Probleme des jeweiligen Grundstücks deutlich zu machen. Das Austesten verschiedener Bausteine ist vor allem dann sinnvoll, wenn es sich um kleinräumliche Entwürfe handelt, die beispielsweise auf der Ebene eines Stadtquartiers oder eines Baublocks angesiedelt sind. Neben den zu ermittelnden Randbedingungen können mithilfe bekannter Stadtbausteine auch Rückschlüsse über die Möglichkeiten der Bebaubarkeit des Grundstücks im Hinblick auf die Baumasse gezogen werden. Besonders im Rahmen der innerstädtischen Nachverdichtung spielt die Anzahl der zu realisierenden Quadratmeter eine wichtige Rolle, will man die Finanzierung des Projekts im Hinterkopf behalten. Die einzelnen Bausteine können in der frühen Entwurfsphase in einem ersten Massenmodell ausgetestet werden. Durch den Einsatz eines Modells werden die verschiedenen Auswirkungen, welche die denkbare Bebauung möglicherweise mit sich bringt, genauer betrachtet und dokumentiert. Darüber hinaus hat die Darstellung in Form eines Modells auch den Vorteil, dass bei zu erwartender Bürgerbeteiligung plastische und für den Bewohner nachvollziehbare Resultate dargestellt werden können.

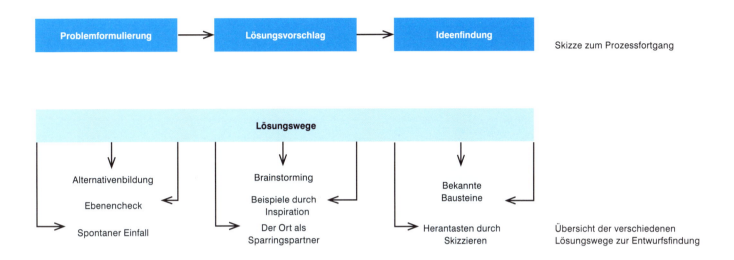

Skizze zum Prozessfortgang

Übersicht der verschiedenen
Lösungswege zur Entwurfsfindung

Herantasten durch Skizzieren

Der Entwerfer drückt zunächst seine Gedanken und Ideen in Form einer zweidimensionalen Zeichnung aus. Durch das Skizzieren enstehen erste Entwurfsansätze und Lösungen. Das Herantasten mithilfe der Visualisierung eines städtebaulichen Projekts auf dem Papier dient sowohl der räumlich analytischen Auseinandersetzung mit dem Entwurfsort als auch der zeichnerischen Entwicklung von Lösungen und Gestaltungsmöglichkeiten. Neben der Erzeugung erster denkbarer Resultate ist das Ziel dieser Phase, sich den Entwurfsort zu eigen zu machen. Durch das zeichnerische Herantasten können spontane Ideen entstehen, die die Proportionen und Bezüge räumlich darstellen. Die Herausforderung liegt darin, die Ergebnisse der zweidimensionalen Skizzen in die dritte Dimension zu übertragen und somit eine räumliche Sichtweise herzustellen. Der Nachteil dieses Entwurfsschritts besteht darin, dass sich im Kopf des Entwerfers schnell fertige Bilder festsetzen können, welche die weitere Bearbeitung beeinflussen und die Ideenfindung einschränken. Verstärkt wird der Effekt durch den Computereinsatz, indem dreidimensionale Eindrücke entstehen, die in einer früheren Planungsphase mehr Resultate suggerieren, als tatsächlich existent sind. Ähnliche Ergebnisse können auch durch das Bauen von Massenmodellen erzielt werden.

Der Ort als Sparringspartner

Ein entscheidener Entwurfsparameter ist die intensive Auseinandersetzung mit dem Entwurfsort. Um etwa den Gebäudebestand und die Nutzungsbezüge genauer zu betrachten, sollte jeder Ort nicht nur auf Basis von Plänen analysiert werden, sondern es sind Begehungen notwendig. Häufige und zu verschiedenen Tageszeiten getätigte Begehungen sind gerade für innerstädtische Gebiete von besonderer Bedeutung, da diese im Verlauf des Tages auf unterschiedliche Weise genutzt werden. Die Wahrnehmung der Identität eines Orts und seiner individuellen Ausstrahlung kann dem Entwerfer, der meist ein Außenstehender ist, helfen, einen ersten Ansatz für die Ausarbeitung eines Entwurfsgedankens zu finden. In einem nächsten Schritt werden die verschiedenen Entwurfsansätze gemeinsam mit den bearbeiteten Problemstellungen ausgearbeitet und weiterentwickelt. Persönliche Erfahrung in der Bearbeitung unterschiedlicher Aufgabenstellungen mit wechselnden Maßstabsebenen hilft, Prozessabschnitte, die häufig die Basis formen, kürzer zu fassen, womit eine intensivere Beschäftigung mit anderen Aspekten möglich wird. Hierbei sollte jedoch beachtet werden, dass sich ähnelnde Fragen nicht zu pragmatisch gelöst werden und wiederum andere durch Querdenken mögliche Ideen nicht verworfen oder zu wenig beachtet werden.

Planungssystematik

Alternativenbildungen

Entwerfen führt selten zu einer Lösung, die alle Erfordernisse und Sachzwänge erfüllt. Zu den festgestellten Randbedingungen kommt in jedem Fall die jeweilige persönliche Perspektive – die des Entwerfers kann sich von der des Auftraggebers unterscheiden. Und auch Sachverhalte, die eigentlich bereits bei der Aufgabenstellung genannt werden sollten, werden oft erst bei der weiteren Ausarbeitung deutlich. Ursache hierfür ist die Auseinandersetzung mit dem fortgeschrittenen Entwurf und den hinzugewonnenen Erkenntnissen, die auch bei der Betrachtung der Resultate eine Rolle spielen und den Entwerfer anregen, seine gefundene Lösung noch einmal zu überdenken. Letztlich trägt auch die Kritik anderer Entwerfer dazu bei, neue Aspekte in den Entwurf einfließen zu lassen.

Das Bilden von geeigneten Alternativen, ausgehend vom Entwurfsvorschlag, ist von der gewählten Entwurfsmethode unabhängig und kann prinzipiell jederzeit im Entwurfsprozess erfolgen. Meist gelangt der Entwerfer in einer fortgeschrittenen Phase der Planung an einen Punkt, an dem er die gestellte Aufgabe beantworten kann, allerdings stellt sich seine Lösung vielfältig dar und lässt mehrere Alternativen zu. Diese Varietät ist prinzipiell gewünscht und auch sinnvoll, denn anhand der Darstellung der verschiedenen Lösungsmöglichkeiten kann die Herangehensweise dokumentiert werden. Die Entwurfslösung besitzt nun mehrere Alternativen, die auf Basis der gestellten Randbedingungen / Kriterien geprüft werden. Dadurch wird deutlich, an welcher Stelle die Entwurfsalternative eine Schwachstelle hat oder gar nicht funktioniert.

Die Randbedingungen müssen bei der Prüfung der Alternativen in einem hierarchischen System aufgestellt werden. Durch diese Rangfolge kann eine Gewichtung stattfinden, welche die Möglichkeit gibt, zu entscheiden, ob eine Alternative, den notwendigen Ansprüchen gerecht wird, oder ob Faktoren gegen das Weiterentwickeln der Idee sprechen. Diese Vorgehensweise macht deutlich, ob die prinzipiellen Anforderungen erfüllt werden, oder ob es gravierende Defizite gibt.

Denkbar ist auch, dass ein Entwurfsprozess verschiedene Prüfungs- und Bewertungsphasen durchläuft. Beispielsweise kann in der ersten Phase die Einordnung der Nutzung zu verschiedenen Alternativen führen, wobei sich jede Nutzungsart in der späteren Planung weiterentwickelt. Daraus folgt, dass sich nach der Entscheidung über die Nutzungsalternativen auch die Bebauungsstruktur oder Dichte jeder Nutzungsart als Alternative weiterentwickelt. Resultat ist ein breit gefächertes Angebot an denkbaren Varianten. Zu beachten ist, dass diese Methode nur zur Lösung von Teilfragen anzuwenden ist, etwa der Frage nach der Nutzungsart und damit verbundenen Konsequenzen. Ein wesentlicher Vorteil der Alternativenbildung liegt darin, dass die Entscheidungsprozesse des Entwerfers für Außenstehende transparenter werden, indem ein schrittweises Vorgehen die Gedankengänge des Entwerfers dokumentiert. Mithilfe der gezogenen Rückschlüsse kann deutlich gemacht werden, welche der Alternativen am günstigsten ist. Dabei ist zu beachten, dass die beste Lösung nicht unbedingt die sein muss, die bei der Alternativenbildung das beste Resultat erzielt. Die Beteiligten am Planungsprozess haben durch ihre eigenen Interessen und Perspektiven Einfluss auf das Resultat. Sie müssen ihre persönlichen Interessen und die gelieferten Resultate gegeneinander abwägen, um zu einer Lösung zu kommen. Die Abwägung der Ergebnisse kann zu einem eindeutigen Resultat führen, wird aber, da verschiedene Interessen vorhanden sind, zumeist auch noch einer Bewertung unterzogen.

Abwägen und Bewerten

Entwürfe und Konzepte sind keine fertigen Produkte, die es originalgetreu umzusetzen gilt, selbst wenn diese die beste Lösung darstellen. Sie sind vielmehr als Vorschläge zu sehen, die versuchen, die Problemstellung zu beantworten, die Forderungen und Wünsche der Planungsbeteiligten zu erfüllen und konform mit städtebaulichen Grundprinzipien zu sein. Dazu zählen etwa der sorgsame Umgang mit dem Boden und das Bedenken möglicher negativer Folgen für die Natur oder die Bewohner. Das Abwägen im Entwurfsprozess ist als Darstellung der verschiedenen Interessen und ihrer Folgen zu verstehen. Das rationale Aufzeigen der Konsequenzen in einer für alle verständlichen Form ist daher von besonderer Bedeutung.

Die Bewertung hat zum Ziel, dass sich ein Entwurf herausbildet, der alle Anforderungen erfüllt. Sie trägt auch dazu bei, die Eigenschaften dessen zu präzisieren und in der weiteren Bearbeitung prüfbar zu machen. Um Alternativen und Entwürfe bewerten zu können, ist es deshalb notwendig, verschiedene Kriterien zur Orientierung aufzustellen. Dabei gilt es, zwischen quantitativen Merkmalen, die etwa die Anzahl der Gebäude oder die zu vermarktende Fläche beinhalten und den qualitativen Aspekten, die den Unterschied zwischen einer günstigen und einer ungünstigen Lösung ausmachen, zu differenzieren. Der erste Aspekt lässt sich präzise in Zahlen ausdrücken und ist im Gegensatz zum zweiten als wenig subjektiv zu betrachten.

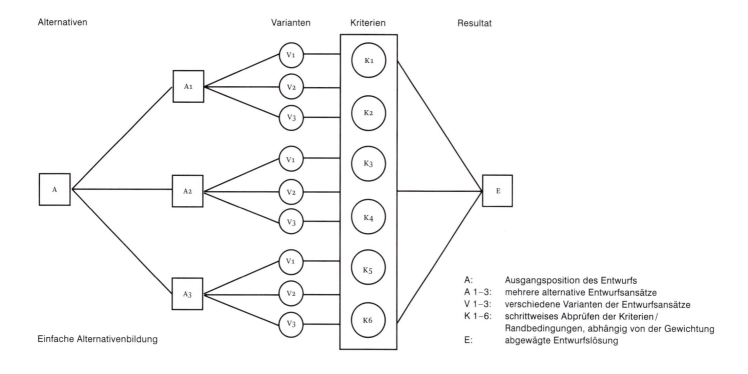

Alternativen · Varianten · Kriterien · Resultat

A: Ausgangsposition des Entwurfs
A 1–3:   mehrere alternative Entwurfsansätze
V 1–3:   verschiedene Varianten der Entwurfsansätze
K 1–6:   schrittweises Abprüfen der Kriterien /
          Randbedingungen, abhängig von der Gewichtung
E: abgewägte Entwurfslösung

Einfache Alternativenbildung

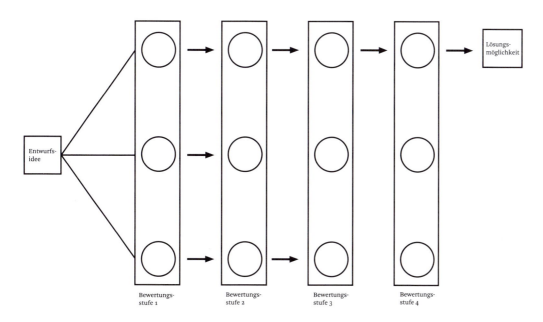

Bewertungs-stufe 1 · Bewertungs-stufe 2 · Bewertungs-stufe 3 · Bewertungs-stufe 4

Mehrstufiges Bewertungsschema
mit Ausschluss

Planungssystematik

	Variante A1	Variante A2	Variante A3	Variante A4
Leitidee	+ +	+	–	——
städtebauliche Einbindung	–	——	+	+ +
Stadtplanung	+	–	+ +	——
Städtebau	–	——	+ +	+
ökologische Qualität	+ +	–	+	——

Tabellarisches Bewertungsschema
mit positiven und negativen Aspekten

In qualitativer Hinsicht lassen sich bei der Betrachtung eines städtebaulichen Entwurfs zahlreiche Aspekte feststellen, die eine Bewertung möglich machen:

▶ Leitidee (Wie deutlich lässt sich der grundsätzliche Entwurfsgedanke aus dem Plan herauslesen?)
▶ städtebauliche Einbindung in das Gefüge der Stadt
▶ gestalterische und räumliche Qualität
▶ funktionale, gestalterische und ökologische Qualität der Freiräume
▶ Erfüllung der funktionalen Anforderungen und Nutzungsqualität
▶ räumliche und funktionale Qualität der Erschließungsanlagen: fahrender und ruhender Individualverkehr, Rad- und Fußwegeverbindungen
▶ ökologische Qualität, Umweltverträglichkeit, Vereinbarkeit mit Naturschutzbelangen
▶ Wirtschaftlichkeit (Realisierbarkeit) und Nachhaltigkeit, Folgekosten

Dies sind nur einige der möglichen Kriterien, die zur Bewertung herangezogen werden können. Abhängig von der jeweiligen Aufgabe unterscheiden sich diese in ihrer Art und ihrer Gewichtung. Auch die einzelnen Kriterien können, wenn nötig, als Ausschlusskriterien eingesetzt werden.

Um eine Übersicht der verschiedenen Alternativen zu erhalten, ist eine Bewertung der Kriterien notwendig. Dabei können verschiedene Methoden gewählt werden, beispielsweise eine Beurteilung auf der Basis von sehr positiv (++), positiv (+), neutral (0), negativ (-) oder sehr negativ (--). Ähnlich kann dies mit Zahlen durchgeführt werden von +2 bis -2. Es ist nicht ratsam, die Bewertungsmatrix viel weiter auszudehnen. Dies ist lediglich dann sinnvoll, wenn sich die einzelnen Bewertungsschritte weiter differenzieren lassen und auf alle Kriterien anwendbar sind. Eine kompakte Übersicht ist im Sinne einer schnellen Erfassung der Resultate hilfreich bei der Bewertung.

3.1 Verkehr

Autogerechte Planungen haben seit dem Umbau der Städte in den Fünfziger- und Sechzigerjahren einen wesentlichen Einfluss auf die städtische Entwicklung im Hinblick auf die Verteilung der Nutzungen sowie die Organisation und die Gestaltung des Stadtlebens genommen. Besonders die Zunahme der Verkehrsintensität hat in der Stadt zu einer Erweiterung der flächenhaften Ausweitung des Verkehrs geführt und eine Zunahme der Bedeutung der einzelnen Verkehrsknotenpunkte im Stadtgefüge mit sich gebracht. Die Wirkung und Funktionalität der urbanen Knotenpunkte wird durch eine Kombination mit anderen Nutzungen, beispielsweise durch den Einzelhandel oder durch die öffentliche Verwaltung, verstärkt.

Innerhalb der Verkehrsplanung sind besonders die Verkehrsintensität, welche die Anzahl und Häufigkeit der Verkehrsbewegungen beschreibt, und die Verkehrskapazität, welche die maximalen Bewegungen im Raum erfasst, von Bedeutung. Beide Faktoren drücken sich räumlich in der Planung aus und besitzen in aktuellen Planungsvorhaben eine zentrale Aufgabe. Dabei sind Position und Rolle der Stadtplanung für die jeweilige Nutzungsplanung in Relation zum erforderlichen Raumbedarf zu setzen. Eine gute Erreichbarkeit ist nicht nur für Gewerbetreibende oder den Einzelhandel wichtig, sondern betrifft auch den privaten Nutzer, beispielsweise bei seiner Wahl eines Wohnstandorts oder der Organisation seines Alltags.

Von der Nutzbarkeit und Leistungsfähigkeit des verkehrlichen Knotenpunkts abhängig ist auch der Anschluss beziehungsweise das Umsteigen zwischen den einzelnen Verkehrsarten. Der Verkehr innerhalb der Stadt lässt sich dabei in drei verschiedene Kategorien unterteilen:

▶ **Öffentlicher Verkehr:** Zu den öffentlichen Verkehrsmitteln zählen S-Bahn, U-Bahn, Busse und Straßenbahnen.

▶ **Motorisierter Verkehr:** Der motorisierte Verkehr umfasst den Verkehr, der durch motorisierte Kraftfahrzeuge entsteht. Bei diesem wird unterschieden zwischen der Beförderung von Personen oder Gütern.

▶ **Nicht-motorisierter Verkehr:** Diese Verkehrsart fasst die Bewegung von Radfahrern und Fußgängern zusammen.

Alle drei Verkehrsarten haben gemein, dass sie innerhalb des Stadtgefüges einen ihrer Funktion entsprechenden Flächenanspruch besitzen, der in der Planung zu berücksichtigen ist.

Aufgrund ihrer Verkehrswirkung und der dabei entstehenden räumlichen Bedeutung für die Stadt können die drei genannten übergeordneten Kategorien in folgende Unterarten des Verkehrs eingeteilt werden:

▶ **Durchgangsverkehr:** Beim Durchgangsverkehr verläuft die Bewegung durch einen Stadtteil oder die Gesamtstadt hindurch. Die Dimensionierung der Straßen erlaubt eine hohe Kapazität und Frequenz des Verkehrs. Um den Durchfluss des Verkehrs zu optimieren, sind die Verkehrsräume häufig von der übrigen Nutzung getrennt.

▶ **Quellverkehr:** Der Quellverkehr ist eine Verkehrsart, die in einer definierten Raumeinheit, beispielsweise in einem Stadtteil, beginnt und diese wieder verlässt.

▶ **Zielverkehr:** Der Zielverkehr wird im Gegensatz zum Quellverkehr von außen in eine definierte Raumeinheit geführt.

▶ **Binnenverkehr:** Der Binnenverkehr bezeichnet die Gesamtheit aller Verkehrsbewegungen, die in einer definierten Raumeinheit entstehen und diese nicht verlassen.

▶ **Außenverkehr:** Als Außenverkehr wird der Verkehr benannt, der sich zwischen Umlandquellen und -zielen ergibt.

▶ **Gebrochener Durchgangsverkehr:** Dies ist der Verkehr, der sich durch einen definierten Raum mit einem kurzen / untergeordneten Aufenthalt hindurchbewegt.

▶ **Rückfließender Zielverkehr:** Als rückfließender Zielverkehr wird der von außen in eine definierte Raumeinheit geführte Verkehr genannt, der später wieder zu seiner Quelle zurückkehrt. Ein Beispiel hierfür ist die Bewegung der Pendler von ihrem Zuhause (Quelle) zur Arbeitsstätte (Ziel).

▶ **Rückfließender Quellverkehr:** Im Gegensatz zum rückfließenden Zielverkehr beginnt der rückfließende Quellverkehr in einer definierten Raumeinheit, beispielsweise einem Stadtteil, und verlässt diesen, um später (zeitversetzt) zur Quelle zurückzukehren.

Die einzelnen Verkehrsarten werden in Hierarchieebenen organisiert, die auf einer bestimmten Ebene (Region, Gesamtstadt, Quartier etc.) wirken. Auf der jeweiligen Maßstabsebene besitzt der Verkehr unterschiedliche Bedeutungen und Aufgaben. Die einzelnen Hierarchieebenen sind von der Verkehrsintensität und der räumlich-funktionalen Anbindung zu den angrenzenden Nutzungen abhängig. Die Koppelung der Verkehrsarten sowie die räumliche Bedeutung und Intensität wirken sich auf Dimensionierung der Straßen, Trassen oder Haltestellen aus.

Schichten der Stadt

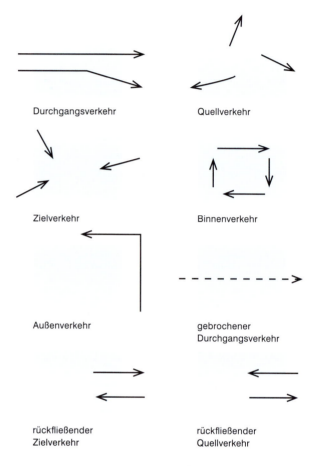

Durchgangsverkehr

Quellverkehr

Zielverkehr

Binnenverkehr

Außenverkehr

gebrochener
Durchgangsverkehr

rückfließender
Zielverkehr

rückfließender
Quellverkehr

Räumliche Verteilung der Verkehrsarten

Verkehrshierarchie und Erschließungsstrukturen

Darstellung der Hierarchieebenen

Die Struktur der Stadt ist organisiert in Planungsebenen (siehe *2.2.1 Darstellung der Maßstabsebenen* und Abbildung rechte Seite), auf denen jeweils unterschiedliche räumliche Nutzungen und funktionale Abläufe stattfinden. Die Verflechtung und die Prozesse aus den einzelnen Ebenen wirken gemeinsam und sind wiederum voneinander abhängig. Die Unterschiede in der Organisation von der regionalen Verkehrsebene über die Stadt- bis zur Quartiersebene liegen in der jeweils spezifischen Planungsaufgabe. Auf übergeordneten Maßstabsebenen, wie der regionalen oder der städtischen Ebene, steht das Ordnen des Verkehrs im Vordergrund. Dabei geht es um die Lenkung und Differenzierung der verschiedenen Verkehrsströme und Verkehrsarten. Hierbei können bereits viele Nutzungskonflikte vermieden werden. Ein Beispiel dafür ist der Schwerlastverkehr, der zwar für die Industrie notwendig ist, allerdings möglichst nicht an oder durch Wohngebiete(n) geführt werden sollte, da dies zu einer Belastung der Wohnnutzung führen würde.

Auf der nächstfolgenden Maßstabsebene der Stadt wird die Organisation behandelt; dabei wird das Ordnen des Verkehrs in seinen einzelnen Ausformungen betrachtet. Dies bedeutet, dass die Planung der Verkehrsarten an die räumlichen und funktionalen Eigenschaften der konkreten Situation angepasst werden muss. Hierbei stehen eher die räumliche Wirkung und die Funktion des Verkehrs im Vordergrund, beispielsweise die Dimensionierung einer Verkehrstraße im Verhältnis zu der angrenzenden Nutzung oder die Anpassung eines Verkehrsknotenpunkts an die Bedürfnisse der umliegenden Nutzungen.

Planungen und Eingriffe in den Verkehr werden innerhalb der Stadt besonders auf Ebene des Stadtquartiers oder der Nachbarschaft deutlich. Dort besteht die Planungsaufgabe im Lösen von konkreten Aufgabenstellungen oder Konflikten. Es wird umsetzungsorientiert nach Lösungen gesucht, die zum einen Missstände beheben sollen und zum anderen – besonders im Hinblick auf Sicherheit und Ordnung – die räumliche Situation optimieren sollen.

Alle Ebenen besitzen gemeinsame Merkmale und Anforderungen. So ist beispielsweise die Erreichbarkeit für den einzelnen Nutzer eine Grundvoraussetzung. Diese Erreichbarkeit muss auf die Bedürfnisse und Anforderungen im Hinblick auf Kapazität und Intensität ausgerichtet sein. Auf allen Ebenen wirkt sich der Verkehr durch einen räumlichen Flächenbedarf aus.

Durch den Verkehr wird das Stadtgefüge gegliedert; er trägt einerseits zu der Organisation der einzelnen städtischen Funktionen bei und kann andererseits auch eine Barriere zwischen den Nutzungen bilden.

Auf sämtlichen Ebenen erfolgt eine Differenzierung der Verkehrsarten in motorisierten Individualverkehr (MIV), öffentlichen Personennahverkehr (ÖPNV) sowie Fuß- und Radverkehr. Hierbei gibt es, abhängig von der Ebene, Unterschiede in der Wahrnehmung und Bedeutung der Verkehrsarten. So wird die Aufgabe auf der Ebene der Regionalplanung in Bezug auf den Radverkehr besonders in der großräumlichen Vernetzung über Regionalparks und Grünzüge liegen, wogegen auf der Ebene des Stadtquartiers eher konkrete Ziel- und Quellverkehre untergebracht und organisiert werden müssen.

Bei der Bewertung und Planung der einzelnen Verkehrsarten und Transportmöglichkeiten sollten darüber hinaus folgende Aspekte miteinbezogen werden:

▶ unterschiedliche Geschwindigkeiten der Fortbewegung
▶ Zugänglichkeit im Hinblick auf die Bereitstellungsdichte
▶ Folgen für den erforderlichen Flächenbedarf durch den Bau von Straßen, Trassen oder Wegen sowie durch notwendige Sicherheitsabstände zu Nutzungen, Aufstellflächen für Feuerwehr oder auch Lieferzonen
▶ Organisation und Konzentration des ruhenden Verkehrs für Autos oder Fahrräder
▶ Anpassungsfähigkeit und Flexibilität des Verkehrsmittels
▶ räumliche Integration in die Stadtstruktur

Erschließungsstrukturen

Die Erschließungsstrukturen der Stadt umfassen die Gesamtheit des Wegenetzes aller Verkehrsarten. In diesem Zusammenhang können sich die einzelnen Strukturen überlagern oder sie sind völlig getrennt voneinander organisiert. So bilden selbstständige Fußwege durch eine öffentliche Parkanlage ein ähnliches eigenes, getrennt voneinander organisiertes Netz, das mit dem einer Straßenbahn vergleichbar ist. Eine Wohnstraße hingegen, die sowohl von dem privaten Autofahrer, dem Fußgänger und dem Radfahrer gleichzeitig genutzt werden kann, stellt eine Überlagerung der einzelnen Erschließungsstrukturen dar. Bei dem Beispiel der Wohnstraße ist zudem zu beachten, dass die Straßenbreite die Erreichbarkeit zur Versorgung (beispielsweise Müllfahrzeuge) oder in Notsituationen (zum Beispiel Krankenwagen oder Feuerwehr) gewährleistet.

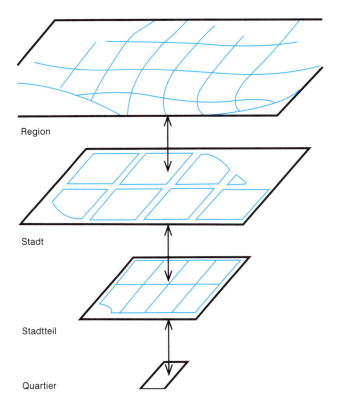

Region

Stadt

Stadtteil

Quartier

Übersicht der Maßstabebenen

Schichten der Stadt

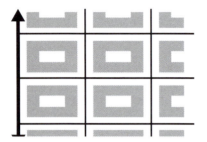

Raster mit orthogonal ausgerichteten Straßen

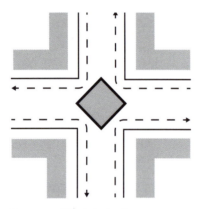

Kreuzung mit Verkehrsinsel

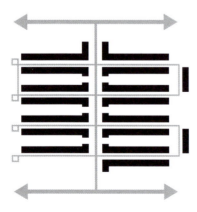

Achsiales Raster

Innerhalb einer bestehenden Stadtstruktur sind die folgenden Erschließungstypologien zu finden:

Rasternetz

Das Rasternetz ist eine Anordnung von in der Regel orthogonal ausgerichteten Straßen. Diese können zum Teil eine unterschiedliche Bedeutung, bezogen auf die Verkehrskapazität, haben, oder sie sind im Sinne der Verkehrsberuhigung im Querschnitt bewusst kleiner dimensioniert. Das Netz bietet den Vorteil einer effizienten Erschließung für alle Verkehrsteilnehmer und kann auch auf Behinderungen oder Störungen flexibel reagieren. Weitere Vorteile sind die flächenhafte Zugänglichkeit für den öffentlichen Personennahverkehr und die Möglichkeit der Ausbildung von Platzsituationen. Aus stadträumlicher Sicht bietet das Rasternetz eine günstige Orientierung im städtischen Gefüge, die im Besonderen durch die Ausbildung von Ecksituationen gefördert wird. Schwierig lässt sich die Steuerung und Verteilung des Verkehrs beeinflussen, was ungewünschte Situationen durch nicht beabsichtigte Verkehrsströme zur Folge haben kann. Auch kommt es zu einer Vielzahl von Kreuzungspunkten, die ganz besonders für Fußgänger eine Gefahrenstelle bilden. Desweiteren kann sich die Anordnung der Parkflächen räumlich negativ auf den Straßenquerschnitt auswirken, da die parkenden Fahrzeuge als Barriere zwischen dem Fußweg und der Straße wirken.

Achsiales Netz

Das achsiale Netz wird häufig bei der Erschließung von Wohngebieten mit Reihenhäusern oder ähnlichen Typologien wie Doppelhäusern oder auch Einzelhäusern eingesetzt. Zumeist werden die einzelnen Abschnitte ausgehend von einer direkten Straßenachse durch Stiche oder Erschließungsschleifen erschlossen. Bei dem achsialen Netz handelt es sich um eine sehr effiziente und übersichtliche Erschließungstypologie, die günstig für den öffentlichen Personennahverkehr in Form von Bussen ist. Auch Fuß- und Radwege lassen sich hier räumlich gut mit dem Freiraum verbinden. Problematisch ist bei diesem System jedoch die Wirkung der Hauptachse zwischen den einzelnen Wohngebieten. Diese kann aufgrund ihrer stark trennenden Funktion als Barriere wirken. Hierbei wird auch die Problematik der Positionierung von öffentlichen Gebäuden, zum Beispiel eines Kindergartens, deutlich, da sich die Positionierung in beiden Fällen, entlang der Hauptachse wie auch entlang der Wohnwege, nachteilig auswirkt.

Verästelungsnetz

Bei diesem System lässt sich keine eindeutige Orientierung ausmachen. Es treten unterschiedliche Elemente aus verschiedenen Systemen auf, die entweder bewusst so geplant sind, um die Nachteile der anderen zu kompensieren, oder um auf eine spezifische räumliche Situation zu reagieren. Der Vorteil des Systems liegt in der günstigen räumlichen Verbindung der Wege mit der bestehenden Umgebung, da es flexibel auf diese eingehen kann und sich nicht dogmatisch an einer Organisationsform orientieren muss. Als nachteilige Effekte sind die längeren Erschließungswege und die damit verbundene fehlende Orientierung im Straßensystem für Ortsfremde zu nennen. Eine Erschließung durch beispielsweise Busse erscheint hier eher schwierig.

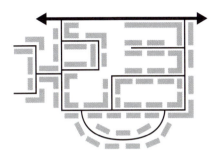

Raster mit Verästelung

Innenringnetz

Der zentrale Bereich, der auch autofrei gestaltet werden kann, wird von einem inneren Ring umgeben. Innerhalb dieses Rings können sich öffentliche Einrichtungen befinden, die vorteilhaft ohne Kreuzung und Querung einer Straße fußläufig erreicht werden können. Erschlossen wird dieser innere Ring durch eine Verkehrsstraße, die in das Gebiet führt. Vom Ring aus gehen untergeordnete Sammel- oder Anliegerstraßen ab, die auch als Schleifen ausgebildet sein können. Nachteilig kann sich der Innenring auswirken, indem er die räumliche Trennung zwischen den Funktionen innerhalb und außerhalb des Rings verstärkt. Durch das konzentrierte Verkehrsaufkommen erscheint der Ring als Barriere.

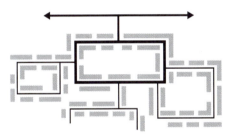

Raster mit Innenringnetz

Außenringnetz

Die Umkehrung des Innenringnetzes hat zur Folge, dass sich die Haupterschließung, also die stark befahrene Straße, außen befindet, was den Vorteil der weitgehenden Autofreiheit im Inneren des Systems mit sich bringt. In diesem Fall ist eine Funktionsmischung räumlich denkbar. Der Außenring verursacht allerdings sehr lange Wegeführungen, die einen erhöhten Park-Suchverkehr nach sich ziehen können. Die Problematik liegt auch darin, dass die öffentlichen Einrichtungen meist nur über Anliegerstraßen erreichbar sind. Wie bei allen Erschließungsstrukturen gilt auch hier, sowohl auf die Anforderungen aller Verkehrsarten zu achten, als auch die Infrastruktur so sparsam wie möglich zu bemessen, da der Bau von Trassen und Straßen auf lange Sicht hin einen kontinuierlichen Kostenfaktor durch die erforderliche Instandhaltung für die Kommunen darstellt.

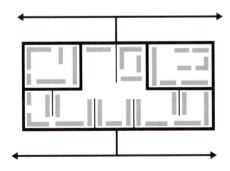

Raster mit Außenringnetz

Autogerechter Infrastruktururbanismus der Sechzigerjahre: Die Zoobrücke schlängelt sich durch das rechtsrheinische Köln.

3.1.2 Entwurfselemente im Straßenverkehr

Gestaltung und Dimensionierung eines Straßenquerschnitts sind abhängig von der jeweiligen Nutzung und der räumlichen Situation. In der Innenstadt können Einkaufsmöglichkeiten und Dienstleistungseinrichtungen günstigerweise direkt neben Verkehrsknotenpunkten liegen, wohingegen ein Wohnquartier oftmals nur durch den Anliegerverkehr frequentiert wird. In beiden Fällen haben die umgebende Nutzung und die Verkehrsintensität Einfluss auf den Straßenraum. Im System der Verkehrshierarchie werden die verschiedenen Anforderungen an den Straßenraum durch folgende Nutzer bestimmt:

▶ Fußgänger, unterteilt nach Altersgruppe und der mit dem Gehen verbundenen Tätigkeit (Arbeitsweg, Spazieren, ...)
▶ Radfahrer, unterschieden nach dem Ziel und dem Zweck (etwa sportlich orientiertes Radfahren)
▶ Parken, bestimmt durch Bedarf, Organisation, Orientierung
▶ ÖPNV, geprägt durch Art (Bus, Bahn), Zugang (Haltestellen) und den räumlichen Bedarf (zum Beispiel Trasse)
▶ motorisierter Individualverkehr, beeinflusst durch Kriterien wie die Geschwindigkeit oder die geplante Mischung mit anderen Verkehrsarten

Die benötigte Flächenaufteilung wird neben der angrenzenden Nutzung besonders durch die Trennung oder auch Mischung der Verkehrsarten bestimmt. Um eine hohe Kapazität und Intensität sowie gleichzeitige Verkehrssicherheit zu erreichen, ist es notwendig, die Fahrbahn sowohl baulich als auch optisch abzugrenzen. Die gemeinsame Nutzung der Fahrbahn ist meist nur in Wohngebieten zu finden, wo der Verkehr weniger intensiv ist und besonders ortsgerichtet geschieht.
Straßenräume lassen sich im Hinblick auf ihre Funktionalität in drei verschiedene Gruppen unterteilen. So ist neben der Erschließungsaufgabe der Straße besonders die Aufenthaltsqualität des Straßenraums von Bedeutung. Eine weitere Aufgabe liegt in der Verbindungsfunktion der Straße, die sich vor allem auf die beiden Parameter Verkehrsintensität und -kapazität bezieht. Die Nutzung des Straßenraums umfasst nicht nur die Aufnahme des fließenden und des ruhenden Verkehrs. Auch Aspekte wie eine entsprechende Begrünung des Freiraums, ein geeignetes Radwegenetz, die Aufenthaltsqualität (Spielen der Kinder etc.) sind bei der Planung zu berücksichtigen. Für die Nutzung sind vor allem Querungsmöglichkeiten wichtig.

Die einzelnen Nutzungsansprüche des Straßenraums ergeben eine Unterteilung in die folgenden Straßentypologien (Auszug aus der RASt 06 – Richtlinien für die Anlage von Stadtstraßen) im städtischen Raum. Die Angaben zu den Querschnitten sind beispielhaft und müssen im Entwurf an die jeweiligen örtlichen Gegebenheiten angepasst werden.

▶ Wohnwege (Spielwege etc.)*
▶ Wohnstraßen*
▶ Sammelstraßen*
▶ Quartiersstraßen*
▶ dörfliche Hauptstraßen
▶ örtliche Einfahrtsstraßen*
▶ örtliche Geschäftsstraßen
▶ Hauptgeschäftsstraßen
▶ Gewerbestraßen
▶ Industriestraßen
▶ Verbindungsstraßen

im Folgenden zeichnerisch dargestellt

Die Organisation der verschiedenen Typen hängt von der Funktion des Straßenraums, den spezifischen Nutzungsansprüchen sowie von der Trennung oder Mischung der einzelnen Verkehrsarten ab. Bei der Ermittlung des notwendigen Straßenquerschnitts ist ein Abwägen zwischen der berechneten Dimensionierung und der räumlichen Wirkung nötig. Neben den Faktoren Kapazität und Gestaltung sind auch Querungsmöglichkeiten oder der Übergang zwischen den Verkehrsarten vom öffentlichen zum privaten Raum im Entwurf zu berücksichtigen. Daher sollten die Berechnungen stets im Zusammenhang mit dem räumlichen Kontext und den Folgen gesehen werden.

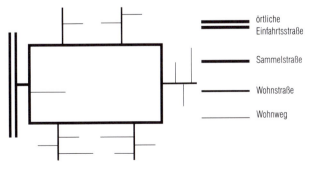

Hierarchie und Ordnungsschema der verschiedenen Straßentypologien

Schichten der Stadt

Wohnwege

Wohnstraßen

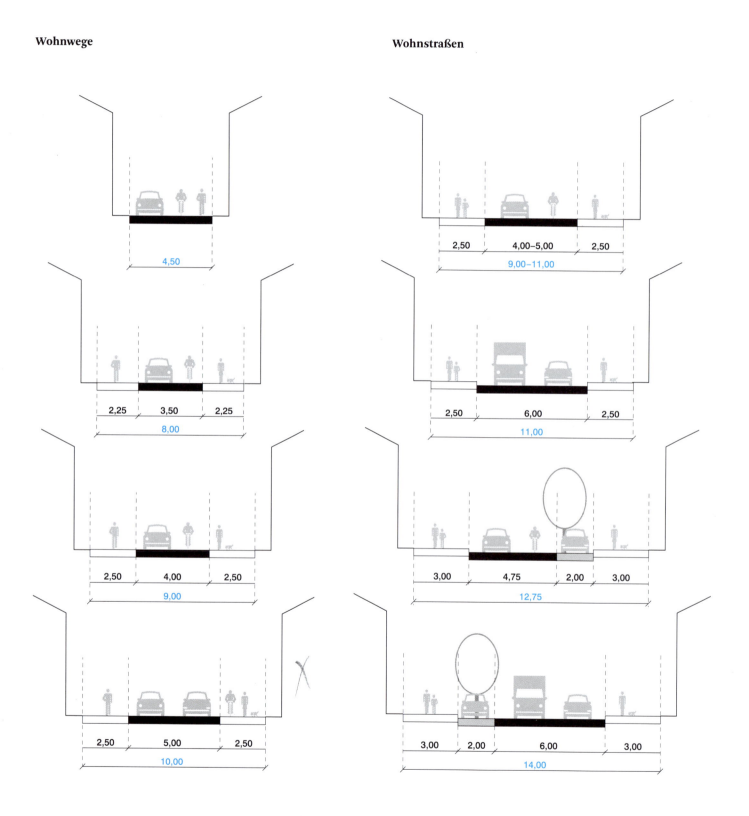

LEGENDE

─────── private Fläche

F: Fahrbahn mit Schutzstreifen
für Radfahrer / Fußgänger

KFZ: Fahrbahn für Kraftfahrzeuge

P: Parkstreifen

Z   Gesamtbreite

Wohnstraßen (Fortsetzung)

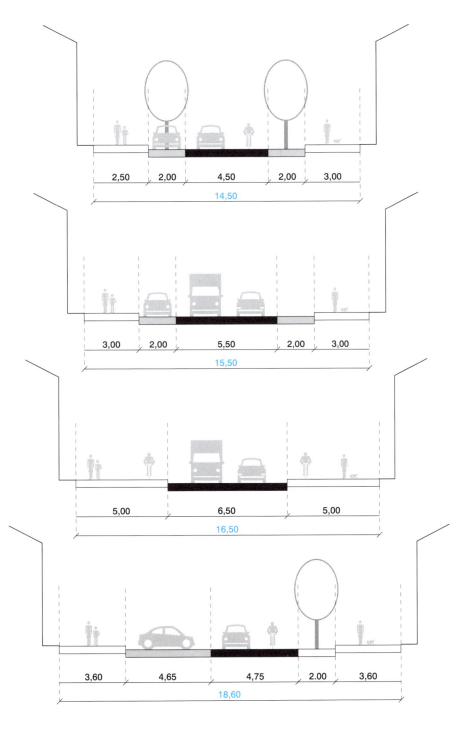

| 2,50 | 2,00 | 4,50 | 2,00 | 3,00 |
| 14,50 |

| 3,00 | 2,00 | 5,50 | 2,00 | 3,00 |
| 15,50 |

| 5,00 | 6,50 | 5,00 |
| 16,50 |

| 3,60 | 4,65 | 4,75 | 2,00 | 3,60 |
| 18,60 |

Wohnweg mit Erschließung über Treppen

Wohnweg mit seitlich angeordneten Parkbuchten

Innerstädtischer Wohnweg

LEGENDE

—————— private Fläche

F: Fahrbahn mit Schutzstreifen
für Radfahrer / Fußgänger

KFZ: Fahrbahn für Kraftfahrzeuge

P: Parkstreifen

Z Gesamtbreite

Sammelstraßen

Quartierstraße mit seitlichen Parkbuchten

Einfahrtsstraße mit Mittelstreifen (unbegrünt)

Einfahrtsstraße mit begrünter Straßenbahntrasse

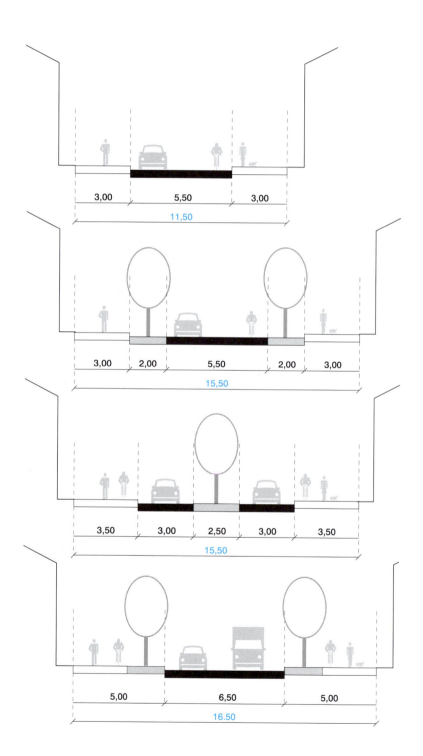

Quartiersstraßen

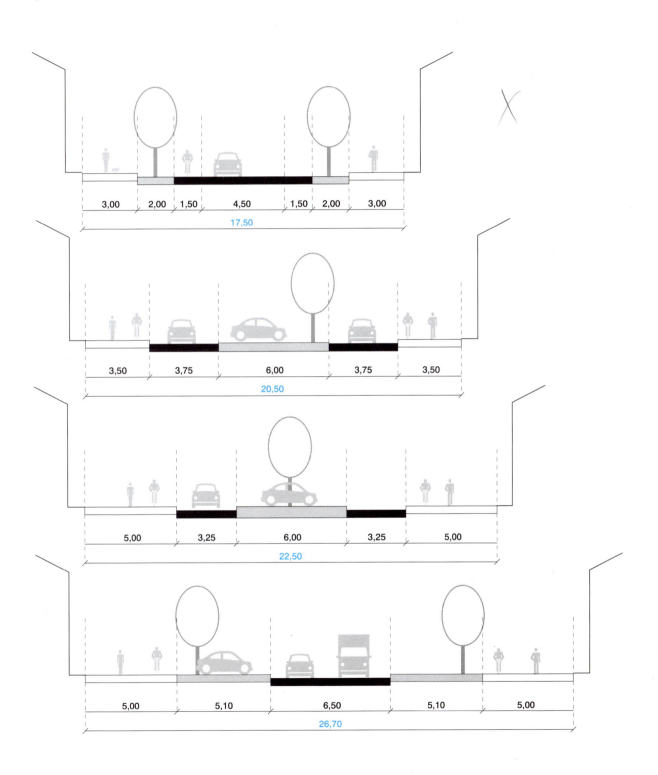

| 3,00 | 2,00 | 1,50 | 4,50 | 1,50 | 2,00 | 3,00 |
| 17,50 | | | | | | |

| 3,50 | 3,75 | 6,00 | 3,75 | 3,50 |
| 20,50 | | | | |

| 5,00 | 3,25 | 6,00 | 3,25 | 5,00 |
| 22,50 | | | | |

| 5,00 | 5,10 | 6,50 | 5,10 | 5,00 |
| 26,70 | | | | |

Schichten der Stadt

Emanzipation des Drahtesels: doppelspuriger Fahrradweg, flankiert von Bürgersteig, Grünstreifen und Straße

——— private Fläche

F: Fahrbahn mit Schutzstreifen
für Radfahrer / Fußgänger

KFZ: Fahrbahn für Kraftfahrzeug

P: Parkstreifen

Z Gesamtbreite

3

Örtliche Einfahrtsstraße

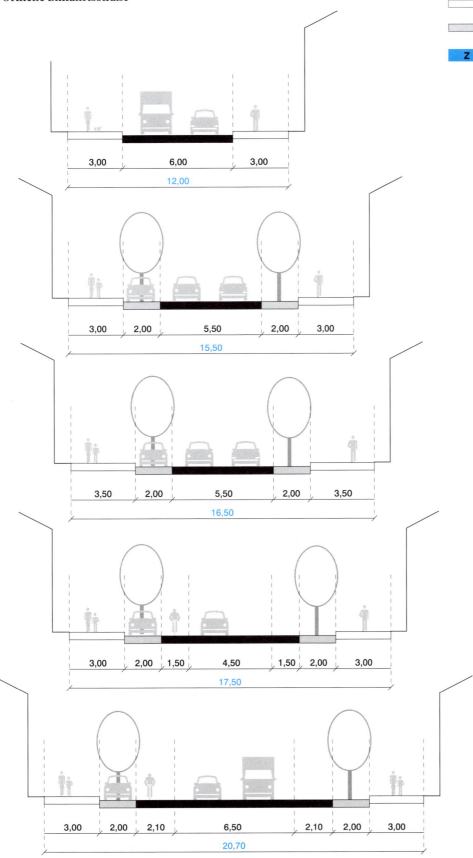

Urbaner Straßenraum ohne Architektur: Die doppelreihige Platanenallee bildet einen natürlichen Tunnel.

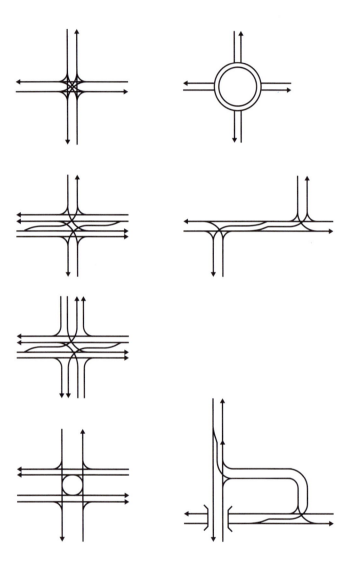

Skizzen verschiedener
Ausformungen von Knotenpunkten

Knotenpunkte

Als Knotenpunkt im Straßenverkehr werden Orte bezeichnet, an denen sich entweder mehrere Verkehrswege kreuzen, oder ein Verkehrsweg in einen anderen mündet. Verkehrsknotenpunkte dienen der Gliederung und Organisation des fließenden Verkehrs. Sie werden durch die räumliche Lage in der Stadt, die zu organisierenden Verkehrsarten, die Verkehrsintensität, die lokale räumliche Situation und durch die Sicherheit bestimmt. Um eine gute Orientierung und ein zügiges Ein- und Abbiegen der Verkehrsteilnehmer zu ermöglichen, sollten Knotenpunkte deutlich erkennbar und übersichtlich angelegt sein.

Neben den zwei wesentlichen Grundformen, den Einmündungen und den Kreuzungen, findet eine Unterscheidung hinsichtlich der Lage der einzelnen Verkehrsebenen in plangleiche, teilplanfreie und kreuzungsfreie Knotenpunkte statt: Erstere stellen die am häufigsten in der Stadt anzutreffende Art der Kreuzungen und Einmündungen dar. Alle Verkehrsarten bewegen sich bei plangleichen Knotenpunkten auf derselben Ebene. Der Verkehr erfolgt gleichzeitig (beispielsweise Auto- und Radverkehr) oder abwechselnd (Kreuzen durch Fußgänger). Im Gegensatz dazu findet der Verkehr bei kreuzungsfreien Knotenpunkten auf unterschiedlichen Straßenniveaus, zum Beispiel in Form von Autobahnkreuzen und -dreiecken, statt. Durch das Ein- und Ausfädeln der Verkehrsteilnehmer ohne verkehrsbedingten Halt können hohe Fahrgeschwindigkeiten erhalten bleiben und Staus wie auch Unfälle vermieden werden, was bei hohem Verkehrsaufkommen, gerade auf Stadtautobahnen, von großer Bedeutung ist. Neben diesen beiden Grundformen stellen die teilplanfreien Knotenpunkte eine Zwischenform dar, bei der die einzelnen Verkehrsströme auf unterschiedlichen Ebenen geführt werden, wobei sich Ein- und Ausfahrbereiche an einer übergeordneten Straße und plangleiche Teilknotenpunkte an einem untergeordneten Verkehrsweg befinden. Ein Beispiel dafür ist eine Straße für Kraftfahrzeuge, die vom Fußweg durch Brücken oder Tunnel teilweise getrennt verläuft.

Ein wichtiges Kriterium bei der Planung von Knotenpunkten ist die Anbindung an den öffentlichen Verkehr. Haltestellen sollten von der Straße aus günstig anzufahren und möglichst verkehrssicher sein. Daneben ist darauf zu achten, dass Knoten in nicht zu dichten Abständen geplant werden. Daher sollte in Straßennetzen, die lediglich der Erschließung von beispielsweise Wohngebieten dienen, ein Radius von 100 bis 300 Metern gewählt werden. Dieser kann bei übergeordneten Straßen bei 200 bis 600 Metern liegen.

Kreisverkehr

Als Sonderform des Knotenpunkts kann der Kreisverkehr betrachtet werden, der sich im Hinblick auf Kapazitätsaufnahme, Sicherheit und Wirtschaftlichkeit auch im Stadtgebiet als Alternative zum klassischen Knotenpunkt herausgebildet hat. Bei ähnlichem Flächenanspruch wie ein vergleichbarer Kreuzungspunkt sind Kreisverkehre langfristig gesehen wesentlich leistungsfähiger und kostengünstiger. Positiv wirken sich hier vor allem die niedrigen Unterhaltskosten aufgrund der Einsparungen im Betrieb, beispielsweise durch den Verzicht auf Lichtanlagen, aus. Neben der Wirtschaftlichkeit liegt der Vorteil der Kreisverkehre besonders in der erhöhten Verkehrssicherheit durch die Vermeidung von Konfliktpunkten und der daraus resultierenden Unfallgefahr. Dies gilt besonders für die niedrige Geschwindigkeit bei Einmündungen und für die Sicherheit der Fußgängerüberwege.

Kreisverkehre werden hinsichtlich ihrer Kapazität und ihrer Belastungsgrenzen definiert. So ist zu unterscheiden, ob es sich um ein-, zwei- oder mehrstreifige Zufahrten in den Kreisverkehr handelt und wie viele Kreisfahrbahnen vorhanden sind. Die Anzahl der Zufahrten und Fahrbahnen hat ihre Auswirkungen auf die maximale stündliche Kapazität. Diese beläuft sich bei Minikreisverkehren, die meist innerorts zu finden sind, auf bis zu 1.200 Fahrzeuge je Stunde. Minikreisverkehre besitzen einen Gesamtdurchmesser von 13 bis 22 Metern, wobei die Breite der Kreisfahrbahnen vier bis fünf Meter misst und die Mittelinsel überfahrbar ist. Kleinere Kreisverkehre mit einstreifiger Kreisfahrbahn können über 2.000 Fahrzeuge pro Stunde aufnehmen. Durch den Bau von zwei Kreisfahrbahnen kann die Leistungsfähigkeit erhöht werden. Diese Lösung ist innerorts mit einem Durchmesser zwischen 26 bis 45 Meter zu finden, bei zweistreifigen Kreisfahrbahnen muss der Außendurchmesser des Kreises dann mindestens 40 Meter betragen. Größere Kreisverkehre mit einer deutlich höheren Kapazität sind selten im Stadtinneren zu finden. Ihre Dimensionierung erfordert häufig einen Durchmesser von über 60 Metern und die Planung von mehreren Zufahrtsstreifen sowie Kreisfahrbahnen. Diese Abmessungen beziehen sich lediglich auf den Außendurchmesser, bestehend aus den Fahrstreifen und der Mittelinsel. Ergänzend dazu wird ein räumlich von der Fahrbahn getrennter, umlaufender Fußweg geplant. Bei größeren Kreisverkehren ist innerhalb des Kreisverkehrs eine gesonderte Führung für Radfahrer erforderlich. Die Querung mehrstreifiger Zufahrten ist für Fußgänger selten möglich.

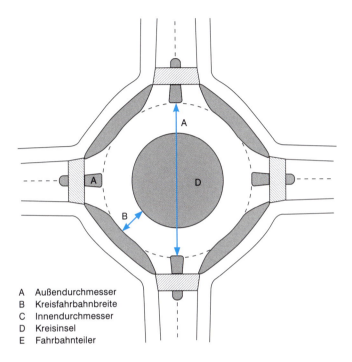

A   Außendurchmesser
B   Kreisfahrbahnbreite
C   Innendurchmesser
D   Kreisinsel
E   Fahrbahnteiler

Allgemeine Merkmale und Faktoren
eines Kreisverkehrs

Einsatzgrenzen / Element	Minikreisverkehr	Kleiner Kreisverkehr
Mindestwert	13,00 m	26,00 m
Regelwert	—	30,00–35,00 m
Obergrenze	22,00 m	40,00 m
Fahrstreifenbreite		
Zufahrt B_Z		3,25–3,75 m
Ausfahrt B_A		3,50–4,00 m
Eckausrundung		
Zufahrt R_Z	8,00–10,00 m	10,00–14,00 m
Ausfahrt R_A	8,00–10,00 m	12,00–16,00 m
A Außendurchmesser	13,00–22,00 m	26,00/30,00/35,00/ > 40,00 m
B Breite der Kreisfahrbahn	4,00–6,00 m	6,50/7,00/8,00/9,00 m

Dimensionierung von Kreisverkehren
im Stadtbereich (nach RASt 06)

Schichten der Stadt

Art des Gebäudes (Auswahl)	Stellplätze / Wohneinheit
Einfamilienhaus	1–2
Mehrfamilienhaus	1–1,5
Büro- und Verwaltungsgebäude	1 je 30–40 m² / Nutzfläche
Einzelhandel (bis 700 m² Verkaufsfläche)	1 je 30–50 m² / Nutzfläche
Einkaufsmarkt (über 700 m² Verkaufsfläche)	1 je 10–30 m² / Nutzfläche

Überschlägige Richtwerte für die Stellplatzanzahl: Die rechtliche Regelung erfolgt durch die jeweiligen Landesbauordnungen.

Ruhender Verkehr (Parken)

Das Pendant zum fließenden Verkehr bilden parkende, haltende und nicht fahrbereite Fahrzeuge im öffentlichen Straßenverkehr, denen in der Stadt genügend Raum in Bezug auf Parkflächen und dementsprechende Einrichtungen zur Verfügung gestellt werden muss. Einen wichtigen Arbeitsbereich der Stadtplanung stellt deshalb die Lösung und Organisation des Parkens dar. Sowohl bei Neuplanungen als auch bei Nachverdichtungen ist der Stellplatzbedarf abhängig von der geplanten Nutzung, der städtebaulichen Dichte und der städtebaulichen Umgebung. So sind beispielsweise in Wohngebieten mit Reihenhäusern je Wohneinheit zwei Stellplätze einzuplanen, dagegen reduziert sich dieser Bedarf im städtischen Innenbereich auf einen pro Wohnung. Der Grund dafür ist zum einen das geringere Flächenangebot in der Stadt, das nicht den nötigen Bedarf an Parkplätzen decken kann, und zum anderen die Kompensierung durch ein gut ausgebautes ÖPNV-Angebot.

Das Parken in der Stadt erfolgt im Straßenraum, gesammelt auf Parkplätzen oder in Tiefgaragen und Parkhäusern. Unabhängig von der Anzahl der Stellplätze bewegt sich die Breite eines Stellplatzes zwischen 2,00 und 2,50 Metern und die Länge inklusive des Überhangstreifens zwischen 5,00 und 6,00 Metern. Weitere Planungsparameter sind:

- ▶ Orientierung und Anordnung der parkenden Fahrzeuge (längs oder schräg)
- ▶ Abstände der parkenden Fahrzeuge zu festen Hindernissen (Stützen, Wände etc.)
- ▶ räumliche Organisation der Fahrerschließung
- ▶ Flächenbedarf des Stellplatzes und der zur Erschließung notwendigen Zufahrt

Die Anordnung der Stellplätze, die Breite der Fahrgasse und deren Aufteilung (ein- oder zweispurig) wirken sich auf die Gesamtfläche des Parkplatzes aus. Ein eher ungünstiger Fall, wegen des Flächenbedarfs je Stellplatz, ist die Längsausrichtung bei Einrichtungsverkehr. Dagegen sind schräge Anordnungen (60 Grad) mit einer Erschließung in eine Richtung oder eine beidseitige Queraufstellung wesentlich effektiver im Flächenbedarf für das Ein- und Ausparken. Ein Spezialfall ist die Bereitstellung von Behindertenstellplätzen. Diese sollten mindestens 3,50 Meter breit sein, um den seitlichen Ein- und Ausstieg für Rollstuhlfahrer zu ermöglichen. Günstiger wäre eine Erhöhung der Stellplatzbreite auf vier Meter.

Unsichtbares Parken: Deutschlands längste Tiefgarage liegt unter der Neubebauung des Kölner Rheinauhafens.

Schichten der Stadt

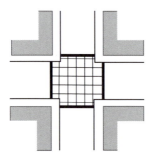

Aufpflasterung eines Bereichs

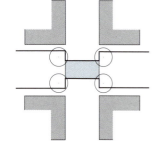

Engstelle zur Querung

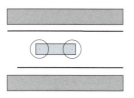

Querungshilfe durch Mittelinsel

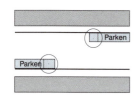

Engstelle durch seitliches Parken

Möglichkeiten zur Verkehrsberuhigung

Verkehrsberuhigung

Bei der Durchführung von geeigneten Maßnahmen zur Verkehrsberuhigung werden im Wesentlichen zwei Ziele angestrebt: Zum einen gilt es, den Schleich- und Suchverkehr gebietsfremder Verkehrsteilnehmer im Quartier zu verringern, zum anderen soll insgesamt die Verkehrsgeschwindigkeit im Planbereich minimiert werden. Beide Ziele tragen im Wohnumfeld sowohl zur Erhöhung der Verkehrssicherheit als auch zur Lebensqualität der Bewohner bei. Desweiteren kann die Qualität des Standorts für Einzelhandels- und Dienstleistungsunternehmen positiv beeinflusst werden.

Die Notwendigkeit einer verkehrsberuhigenden Maßnahme kann bereits im ursprünglichen städtebaulichen Entwurf eingeplant worden sein, oder sie ist als Reaktion auf einen entstandenen Missstand zu verstehen, den es zu beheben gilt. Werden Maßnahmen zur Verkehrsberuhigung als Reaktion auf ungewünschte Zustände geplant, so gilt es zu beachten, dass sich beispielsweise die Änderung und nachträgliche Anpassung eines Verkehrssystems wesentlich schwieriger gestaltet als etwa eine Umgestaltung, die als Maßnahme zur Reduzierung der Geschwindigkeit auch später noch denkbar ist.

Bei der Planung von verkehrsberuhigenden Maßnahmen gilt es zu differenzieren, ob das Ziel der Verkehrsberuhigung auf Ebene der Gesamtstadt verfolgt wird, oder ob es sich um ein einzelnes, genau lokalisiertes Projekt, beispielsweise eines Wohnblocks im Innenstadtbereich handelt.

Verkehrsberuhigung auf Gesamtstadtebene

▶ Reduzierung der motorisierten Verkehrsbewegungen und Erhöhung des Anteils der Radfahrer, Fußgänger und des öffentlichen Personennahverkehrs am *Modal Split* (Gesamtheit aller Verkehrsbewegungen)

▶ Verbesserung der Wohn- und Lebensqualität von verkehrsberuhigten Stadträumen

▶ positive Auswirkungen in ökologischer Hinsicht (zum Beispiel: Stadtklima, Luftqualität)

Verkehrsberuhigung auf Projektebene

▶ Vermeidung gebietsfremder Verkehrsbewegungen

▶ Reduzierung der Geschwindigkeiten und damit Erhöhung der Verkehrssicherheit

▶ Reduzierung und attraktivere Gestaltung der Verkehrsflächen

▶ Vergrößerung des Raums für Fußgänger und Radfahrer zur Verbesserung der Aufenthaltsqualität

Die Maßnahmen auf gesamtstädtischer Ebene unterscheiden sich von denen auf Projektebene im Wesentlichen durch den Planungsumfang. Auf allen Maßstabsebenen stehen drei Maßnahmenpakete zur Verkehrsberuhigung zur Verfügung:

▶ Änderung der Organisation im Straßennetz
▶ bauliche Änderungen in Bezug auf die Gestaltung der Straße
▶ Änderungen von verkehrsrechtlichen Aspekten

Änderung der Organisation im Straßennetz

Verkehrsberuhigende Planungsmaßnahmen können mithilfe einer Änderung der bestehenden Erschließungsstruktur erfolgen, um die Durchlässigkeit des Verkehrs zu vermindern und den Durchgangsverkehr zu verringern. Die Unterbrechung von durchgehenden Straßen kann durch den Einsatz von Sackgassen, Stichstraßen, Bügeln oder durch bauliche Eingriffe erreicht werden. Die Eingriffe dieser Art verändern die Verkehrsströme, die sich auf die Bedürfnisse und Anforderungen im Quartier beziehen. Dies kann auch durch den Neubau von Straßen erfolgen wie beispielsweise durch Umgebungsstraßen.

Bauliche Änderungen in der Gestaltung der Straße

Diese Maßnahmen werden zumeist als Reaktion zur Behebung von Problemen im Straßenraum eingesetzt. Es handelt sich dabei um Verengungen und Verschwenkungen der Fahrbahn durch den Einsatz von Stadtmöbeln, die Errichtung von Fahrbahnschwellen zur Reduzierung des Verkehrs, die Aufpflasterung von Kreuzungsbereichen oder die Trennung von einer Kreuzung durch Diagonalsperren, sogenannte Kissen. Die Gefahren bei dieser Lösung durch bauliche Maßnahmen liegen besonders in der Übermöblierung und in der teils massiven gestalterischen Veränderung des Straßenraumcharakters. Auch Fahrbahnschwellen und Kissen sind wegen erhöhter Lärmbelastung in der bebauten Ortslage kritisch zu prüfen.

Änderungen von verkehrsrechtlichen Aspekten

Die Änderung des rechtlichen Status zur Nutzung der Verkehrsflächen kann durch örtliche Geschwindigkeitsbeschränkungen erfolgen, durch die Errichtung von verkehrsberuhigten Zonen (Tempo-30-Zone), die Einführung von bestimmten Verkehrsregelungen oder die komplette Sperrung der Straße für Personenkraftwagen. Eine Umwidmung des Straßenraums und häufig eine eher kostenintensive Gestaltung beziehungsweise Anpassung des Straßenraums sind die Folge.

Aufstellung von Pollern zur Vermeidung der Durchfahrt

Änderung der Durchfahrt innerhalb eines Wohngebiets

Verkehrsberuhigung durch einseitiges Verengen der Fahrspur

Verkehrsberuhigung durch Aufpflasterung und Verengung

Schichten der Stadt

Art des Fahrstreifens	Regelmaß (m)
Schutzstreifen	1,25 (Mindestmaß)–1,50
Einrichtungsradweg	2,00
Zweirichtungsradweg (beidseitig)	2,50
Zweirichtungsradweg (einseitig)	3,00
Geh- und Radweg innerorts (gemeinsam)	2,50 (Mindestmaß)

Mindestbreiten für benutzungspflichtige Radwege

Einrichtungsradweg

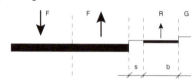

Zweirichtungsradweg

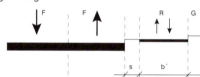

Einrichtungsradweg	ohne Parken	s = 0,50 m
	bei Längsparkern	s = 0,75 m
	bei Schräg-/Senkrechtparkern	s = 1,10 m
	b = 1,60–2,00 m (je nach Intensität der anliegenden Nutzungen, Minimum 1,00 m)	
Zweirichtungsradweg	bei beidseitigen Zweirichtungsradwegen: b = 2,00–2,50 m	
	bei einseitigem Zweirichtungsradweg: b = 2,50–3,00 m	

Zweirichtungsverkehr (einseitig)   Einrichtungsverkehr (zweiseitig)

3.1.3 Entwurfselemente im Rad- und Fußverkehr

Die *Empfehlungen für Radverkehrsanlagen* (ERA) sind ein in Deutschland gültiges Regelwerk (aktuelle Ausgabe 2010) für die Planung, den Entwurf und den Betrieb von Radverkehrsanlagen. Herausgeber ist die *Forschungsgesellschaft für das Straßen- und Verkehrswesen* (FGSV) in Köln. Die ERA beschreiben den Stand der Technik zum Radverkehr, der in einem längeren Diskussionsprozess an die sogenannte »Fahrradnovelle« der *Straßenverkehrsordnung* (StVO) angepasst wurde.

Der Radverkehr spielt in der Verkehrsplanung gegenüber dem motorisierten Verkehr meist eine untergeordnete Rolle und wird in der Planung häufig vernachlässigt. Demgegenüber ist der Fußweg besser in das Straßensystem integriert und stellt somit einen festen Bestandteil der Planungen dar. Trotz der Planungsunterschiede haben Rad- und Fußverkehrssysteme einen hierarchischen Aufbau gemein, ähnlich dem System des Fahrzeugverkehrs. Rad- wie Fußwege können selbstständig oder straßenbegleitend in Verbindung mit anderen Verkehrsarten organisiert werden. In beiden Fällen ist der Ausbau des Systems in Netzform anzustreben. Abrupt endende Radwege stellen häufig eine Gefahr für den Radfahrer aufgrund schwer lesbarer Übergangssituationen dar.

Dimensionierung und Gestaltung

Sowohl die Dimensionierung als auch die Gestaltung von Rad- und Fußwegen sind von der Nutzungsintensität und der Zweckmäßigkeit abhängig. Hier spielen vor allem die Breite des Wegs und die Beschaffenheit des Wegematerials eine wichtige Rolle. So wird im Innenstadtbereich, unabhängig vom Kontext, meist ein versiegelter Belag in Form von Asphalt oder Steinbelag verwendet, wohingegen im Außenbereich oder in Parkanlagen häufig eine wassergebundene Wegedecke, beispielsweise Split, zum Einsatz kommt.

Bei der Nutzung von Rad- und Fußwegen treten im öffentlichen Raum regelmäßig Konflikte durch parkende Autos auf. Gestalterisch versucht man dies durch den Einsatz von Grün, entweder begleitend in Form von Hecken, die Aufstellung von bepflanzten Kübeln oder durch die Pflanzung einer Baumreihe, abzuschwächen. Falls diese Maßnahme nicht möglich ist, wird der Abstand in den meisten Fällen mit einem Poller oder einem anderen Trennungsmittel hergestellt. Im Wesentlichen bestimmt die Lage der Straße, ob der Einsatz dieser Mittel innerorts oder im Außenbereich erfolgt.

Querungsanlagen

Das wichtigste Gestaltungsmerkmal an Überwegen ist die Übersichtlichkeit. Daher sollte das Ziel sein, den Sichtbereich sowohl für Fußgänger und Radfahrer als auch für Autofahrer so frei wie möglich von jeglicher Bebauung, Bepflanzung und sonstigen Elementen zu halten.

Bei Querungsanlagen ist zwischen ungesicherten und gesicherten Zugängen zu differenzieren. Unter ungesicherten Zugängen versteht man die Absenkung des Bordsteins, der dem Fußgänger suggeriert, dass an der Stelle eine mögliche Querung vorliegt. Verstärkt werden kann dieser Effekt durch eine räumliche Änderung des Straßenraums, beispielsweise durch die Verengung der Fahrbahn, einen Belagwechsel oder durch den Einsatz von Bepflanzung und Stadtmobiliar wie etwa Pollern. Eine einfache Variante eines ungesicherten Übergangs stellt die Markierung der Straßenfläche dar, etwa durch einen Zebrastreifen. Dadurch erhält die Situation auch in Verbindung mit einer zusätzlichen Beschilderung einen rechtlich gewichtigeren Status. Die sicherste Regelung des Übergangs wird durch den Einsatz einer Ampelanlage erzielt, die allerdings nur dann zum Einsatz kommen sollte, wenn es die Verkehrsintensität erfordert, da diese nach einmaligen Herstellungskosten für die Kommune dauerhafte Wartungskosten nach sich zieht.

Fahrradweg mit
Schutzstreifen zur Straße

gesicherter Zugang mit
Aufmerksamkeitsstreifen

Fahrradweg mit Abtrennung
(Materialwechsel) zur Straße

Zugang mittels
Wechsel der Belagstruktur

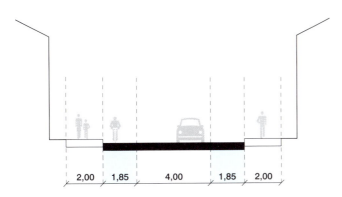

Querschnitt eines Schutzstreifens
Schutzstreifen sollen dort eingesetzt werden, wo andere Führungsformen des Radverkehrs (insbesondere Radfahrstreifen), etwa aus Platzgründen, nicht möglich sind. Schutzstreifen werden mittels unterbrochenem (überfahrbarem) und ununterbrochenem (nicht überfahrbarem) Schmalstrich (0,12 m) auf der Fahrbahn markiert. Straßenverkehrsrechtlich ist der Schutzstreifen Bestandteil der Fahrbahn.

2,00   1,85   4,00   1,85   2,00

Zweirichtungsradweg
mit beidseitigem Parken

gesicherter Zugang
mit Ampelanlage

Beispiele für Radwegeführung (links) und
Querungsanlagen (rechts)

Wohnen zwischen Strom- und Autobahntrasse: Die Lärmschutzwand kann die Hässlichkeit kaum verbergen.

3.1.4 Lärmschutz in der Stadtplanung

Im Stadtgefüge stellt der Verkehr, neben den Standorten für Gewerbe und Industrie, die größte und regelmäßigste Lärmquelle dar. Lärm entsteht im Straßenverkehr sowohl durch das Motorengeräusch als auch durch das Rollgeräusch der Reifen. Dabei wird differenziert zwischen Emissionen, die vom Erzeuger ausstrahlen, und Immissionen, die auf den Bewohner einwirken. Abhängig von der Tageszeit und den damit verbundenen Aktivitäten beeinträchtigt die Geräuschkulisse unterschiedlich stark die Lebensqualität der Menschen. Im Gegensatz zu Industrie- und Gewerbeemissionen ist der Verkehrslärm aber nicht lokal und punktuell zu identifizieren, sondern er belastet entlang der Verkehrswege das gesamte Stadtgefüge. Der seit mehreren Jahren besonders in den dicht besiedelten Gebieten stetig zunehmende Verkehrslärm ruft nach Forderungen zur Lärmreduktion, um die weitere Beeinträchtigung der Lebensqualität der Stadtbewohner zu vermeiden, und zu baulichen Maßnahmen auf, die bereits frühzeitig in die Planung integriert werden können (siehe Abbildung rechts und nächste Seite).

Lärmschutz kann auf aktive oder passive Weise erfolgen. Der aktive Lärmschutz hat zum Ziel, den Lärm direkt an der Quelle (Fahrzeugmotor, Verkehrsstraße etc.) zu reduzieren. Durch den Einsatz einer Lärmschutzwand oder eines Walls wird versucht, die Immissionen so gering wie möglich zu halten. Im Gegensatz dazu steht der passive Schutz, der den Lärm beim Empfänger, zum Beispiel mithilfe von Lärmschutzfenstern, reduziert. Durch den Trend zur Reurbanisierung haben wir es in Zukunft mit einer Zunahme der persönlichen Verkehrsbewegungen zu tun. Diese Hypothese erfordert in der Stadtplanung entweder eine vorausschauende Planung oder ein späteres Reagieren auf die Problematik. Im Falle von Nachverdichtungsprojekten ist die Verkehrsbelastung meist existent und die Bebauung muss durch zusätzliche Maßnahmen darauf reagieren. Werden Lärmschutzmaßnahmen nicht schon vorher in der Planung berücksichtigt, so haben die aus den Umständen heraus entwickelten Lösungen oft negative Auswirkungen auf die Gestaltung – ein häufiges Problem bei Lärmschutzwänden. Allen Lärmschutzmaßnahmen ist jedoch gemein, dass sie eine Reaktion auf die Lärmquelle sind und umfängliche finanzielle Investitionen erfordern. Eine Auseinandersetzung mit der Reduktion des Verkehrs sowie der Organisation und der Verteilung des Schwerverkehrs auf Ebene der Stadtplanung, um Lärmquellen so gering wie möglich zu halten, ist deshalb sinnvoll.

Erhöhung der Lage des Gebäudes

Vergrößerung des Abstands zwischen
Bebauung und Lärmquelle

Bepflanzung

Bündelung von Verkehrsstraßen

Einsatz technischer Hilfsmittel an der
Lärmquelle (Flüsterasphalt, verbesserte
Schienentechnik etc.)

Darstellung frühzeitig in die Planung
integrierbarer Lärmschutzmaßnahmen

Schichten der Stadt

Einsatz schalldämmender Elemente
(Lärmschutzwände, Mauern etc.)

Einsatz schalldämmender Elemente
(Erdaufschüttung, Wall etc.)

Schallschutzelemente direkt am Gebäude
(Lärmschutzfenster, vorgehängte Fassade etc.)

Verlegung der Verkehrsstraße, beispielsweise in einen Tunnel
(kostenintensivste und aufwendigste Lösung!)

Darstellung frühzeitig in die Planung
integrierbarer Lärmschutzmaßnahmen (Fortsetzung)

3.1.5 Exkurs: Nachhaltige Stadtplanung und Verkehr

Die Zunahme des individuellen motorisierten Verkehrs und der industriellen Produktivität haben in den vergangenen 100 Jahren für eine flächenhafte Ausdehnung von Straße und Schiene gesorgt und damit die Gestaltung der Stadt entscheidend beeinflusst. Neben den positiven Aspekten der besseren Erreichbarkeit und der unabhängigen Bewegung des Einzelnen sowie der Rund-um-Versorgung mit Gütern haben diese Entwicklungen der Mobilität zu Auswirkungen geführt, die das Leben in der Stadt negativ beeinträchtigen. Die aktuellen Bestrebungen der Stadtplanung gehen daher zunehmend in die Richtung, die Folgen des Verkehrs – wie die Zunahme der Luftverschmutzung, die Verinselung von Grünflächen durch Verkehrsstraßen oder die negativen Auswirkungen für das städtische Klima – zu minimieren und die gesamte Stadt nachhaltiger zu gestalten. Den Ausgangspunkt einer zukunftsfähigen Stadtplanung, die auch auf die negativen Aspekte des Verkehrs eingeht und diese zu minimieren versucht, sollte die Reduktion der notwendigen Wege durch eine kompakte Stadtstruktur bilden, in der die verschiedenen Funktionen wie Wohnen, Arbeiten, Ausbildung und Handel möglichst nah zueinander organisiert sind. Die sogenannte »Stadt der kurzen Wege« lässt sich bis zu einem gewissen Grad durch die Mischung einzelner Funktionen erreichen. Erst im zweiten Schritt ist eine Änderung der Mobilitätsgewohnheiten der Bevölkerung anzustreben. Dies kann etwa durch Maßnahmen erreicht werden, die auf eine Erleichterung des Um- und Ausstiegs von der individuellen Autonutzung hin zum Rad oder zum Gehen (für kürzere Strecken) abzielen, oder durch die attraktivere Gestaltung des öffentlichen Nahverkehrs (für längere Distanzen). Der Ausbau und die Weiterentwicklung des Rad- und Fußwegenetzes, etwa in Form einer entsprechenden Beleuchtung oder durch Herstellung von günstigen Wegeverbindungen zu ÖPNV-Knotenpunkten, sind hier unumgänglich. Eine Motivation für den Nutzer ist besonders die Zeitersparnis beim Umstieg zu öffentlichen Verkehrsmitteln.

Der Flächenbedarf des Verkehrs stellt ein vielschichtiges Problem in der Stadt dar. Zum einen verursacht der Straßenbau einen höheren Versiegelungsgrad, was sich beispielsweise negativ auf den Wasserhaushalt, aber auch das Stadtklima auswirken kann. Zum anderen wird durch die zunehmenden Verkehrsverbindungen der Naturraum weiter in einzelne kleinere Bestandteile zerstückelt, die zu einem Inseleffekt führen und die verschiedenen Lebensräume für Flora und Fauna isolieren.

Lutz Stützner alias Oswin: *Die Stadt von morgen,* Tusche auf Papier (1957)

Lösungsansätze hierfür sind bereits auf kleinräumlicher Maßstabsebene zu finden, indem durch die Bündelung und den gemeinsamen Gebrauch von Straßen durch verschiedene Nutzer eine Reduktion des Flächenverbrauchs erreicht wird. Dieses Prinzip des *Shared Space* sollte bei Wohnquartieren so weit wie möglich Anwendung finden, da hier eine Trennung zwischen Fahren und Gehen bei einer Reduzierung der Geschwindigkeit nicht zwingend nötig ist. Durch die Vermeidung von Emissionen in Wohngebieten oder bestimmten Zonen der Innenstadt, in denen eine hohe Besucherdichte herrscht, können positive Auswirkungen auf die Lebensqualität erzielt werden.

Verstärkt werden kann dieser Effekt dadurch, indem man zumindest auf Ebene des Wohngebiets den Zugang für Automobilnutzer zeitlich begrenzt, in Teilen der Stadt ausschließt oder teilweise einschränkt. Die Planung und Realisierung von (teil-)autofreien Gebieten besitzt nicht nur im Hinblick auf den Flächenbedarf eine positive Wirkung. Durch die Reduktion der Verkehrsflächen und der damit verbundenen Herstellungs- und Unterhaltungskosten ist eine Kostenersparnis auf lange Sicht und damit eine effiziente Stadtplanung möglich.

Der Einsatz von alternativen Verkehrsmitteln in der Stadt stellt ein langfristiges Potenzial zur Erhöhung der Lebensqualität dar. Ein großer Nachteil dieses Systems, das in einzelnen Städten bereits angewendet wird, aber in allen Fällen ein langfristiges Konzept erfordert, liegt jedoch in den meist hohen Entwicklungs- und Bereitstellungskosten, die zu Projektstart getätigt werden müssen. Diese Tatsache stellt sowohl für die Städte als auch die Nutzer eine erste Barriere bei der Einführung alternativer Verkehrsmittel dar. Dabei ist es häufig gar nicht nötig, sofort auf kostspielige technische Neuerungen im Bereich der Mobilität zurückzugreifen. Denn auch wenn diese eine nachhaltige Stadtplanung unterstützen können, sollte ein erster Planungsschritt zunächst auf sozialer Ebene getätigt werden, indem man versucht, das Verhalten der Stadtbewohner in eine positive Richtung zu bewegen. So müssen beispielsweise Anreize geboten werden, um der Bevölkerung einen ersten Denkanstoß zu geben, sich mit dem persönlichen Mobilitätsverhalten auseinanderzusetzen.

Für einen nachhaltigen Entwurf sollten innerhalb des Bereichs der Verkehrsplanung folgende Punkte berücksichtigt werden:

▶ Erweiterung und Ausbau des Fuß- und Radwegenetzes zur Entlastung des motorisierten Verkehrs
▶ Reduzierung des Flächenbedarfs für den Verkehr in der Stadt, etwa durch gemeinsam genutzte Verkehrsflächen (*Shared Space*) in Wohngebieten etc.
▶ Reduzierung der Emissionen in Wohngebieten durch (teil-)autofreie Stadtgebiete oder Nachbarschaften
▶ Schaffung und Bereitstellung von alternativen Verkehrssystemen wie beispielsweise Carsharing

Schichten der Stadt

3.1.6 Aktuelle Tendenzen und Zukunftsaufgaben der Verkehrsplanung

Innerhalb der Stadtplanung besitzt der Verkehr eine Schlüsselrolle bei der Weiterentwicklung der Infrastruktur und der Anpassung an die gegenwärtigen Erfordernisse. Dies ist in jedem Fall notwendig, um die Wettbewerbsfähigkeit und die Nutzbarkeit der Städte zu sichern. Die Kehrseiten des Wettbewerbs sind der zunehmende räumliche Flächenanspruch, die Kosten für die Erstellung und Unterhaltung der Straßen sowie die ökologischen Auswirkungen auf den Stadtbewohner und die Umwelt. Diesen negativen Auswirkungen des Verkehrs wirken das verstärkte Umwelt- und das daraus entstehende Mobilitätsbewusstsein der Stadtbewohner entgegen. Parallel zu diesem Prozess des Umdenkens in der Bevölkerung wird die Nutzung des Nahverkehrsangebots durch neue Verkehrstechniken optimiert, was wiederum die Stadtbewohner dazu motiviert, auf das Rad umzusteigen oder das ÖPNV-Angebot zu nutzen.

Bei der Optimierung des Systems stehen Themen wie Barrierefreiheit oder das Sicherheitsbedürfnis der Nutzer im Vordergrund der Betrachtungen, um möglichst allen Stadtbewohnern den Zugang zu alternativen Beförderungsmitteln zu ermöglichen. Ein Trend, der dabei deutlich wird, ist die Renaissance der Straßenbahnen. Zu Beginn der Sechzigerjahre wurde die Straßenbahn zum Wohle der Schnellstraßen, bedingt durch das explodierende Wachstum des Autoverkehrs, aufgegeben. Nun kehrt sie in vielen europäischen Städten als Lösung gegen Staus und den zunehmenden Verkehrsdruck zurück.

Um den Anteil der Fußgeher und Radfahrer in der Gesamtheit der Verkehrsbewegungen (*Modal Split*) zu erhöhen, können mehrere Maßnahmen in Betracht gezogen werden: Neben dem Ausbau des Wegenetzes sollten vor allem bestehende Gefahrenstellen abgebaut und die Sichtbeziehungen unter den Verkehrsteilnehmern verbessert werden. Darüber hinaus ist eine Lösung zu finden, wie viele Teile der Stadt, beispielsweise Industrie- oder Gewerbegebiete, die zumeist auf die Erschließung durch den Autoverkehr ausgerichtet sind, auch autofrei erreicht werden können. Weiter besteht Handlungsbedarf beim Umstieg von der Bahn auf das Rad. Um hier einen lückenlosen Übergang der Verkehrsmittel herzustellen, kann die Bereitstellung von Fahrradabstellanlagen in Innenstadtlagen wie auch im Bahnhofsumfeld eine Lösung sein. Der Bahnverkehr selbst besitzt neben dem Verkehr auf Ebene der Stadt und der Region ein Entwicklungspotenzial, das es als Alternative zu Automobil

Hauptbahnhof Berlin: Hier kreuzen sich Bahntunnel, Straßentunnel, Bahnbrücken, Straßenbahnstrecken und Wasserwege – eine Herausforderung für Verkehrsplaner, Architekten und Ingenieure.

oder Flugzeug auszubauen gilt, um Einfluss auf eine nachhaltige Verkehrsplanung zu nehmen. Erste Schritte neben der Weiterentwicklung des Netzausbaus sind der Ausbau und die Neugestaltung der Bahnhöfe. Diese sind zum einen ein wichtiger Knotenpunkt im Netz der Verkehrsarten, dienen aber auch als Entree zur Stadt beziehungsweise als Verlängerung des öffentlichen Raums in das Stadtgebiet hinein.

Der Bahnhofsumbau ist ein Thema, dem sich gegenwärtig eine Vielzahl europäischer Städte widmet. Häufig geschieht dieser im Zuge der Neuausrichtung von Trassen und in Form der Umgestaltung von einem Kopf- zu einem Durchgangsbahnhof.

3.2 Bebauung

Einleitung

Städtebauliche Entwicklung und Planung fokussieren in den vergangenen 20 Jahren zunehmend auf die bestehende Stadt. Großflächige Stadterweiterungen und Ausbreitungen außerhalb der Stadt sind lediglich noch in Einzelfällen zu beobachten, bei denen der Siedlungs- und Entwicklungsdruck konstant hoch ist. Dabei findet die Entwicklung zumeist weniger auf bisher unbebauten agrarischen Flächen statt, sondern es werden in der Regel bereits erschlossene und bebaute Gebiete wie Kasernen oder Flughäfen umgenutzt.

Diesen Entwicklungen zufolge kann davon ausgegangen werden, dass die künftigen Schwerpunkte der Stadtplanung und die damit verbundenen Potenziale der Stadt in der Weiterentwicklung des Innenbereichs der Städte liegen. Dies setzt eine Orientierung an der bestehenden Stadtstruktur, sowohl in räumlicher als auch in funktionaler Weise, voraus. Eine Analyse der Stadt aus physischer Sicht, die Erfassung der bestehenden Gebäude und die Abbildung des öffentlichen Raums, sowie die Darstellung der jeweiligen urbanen Funktionen, sind deshalb Ausgangspunkte jeder Stadtplanung, die das Nachverdichten der Stadtstruktur beziehungsweise das Schließen von Baulücken zum Ziel haben.

Genauso bedeutend wie die Erfassung der räumlichen und funktionalen Struktur ist das Einordnen der Folgen der geplanten Entwicklung auf den verschiedenen Maßstabsebenen. Diese strukturelle Differenzierung hinsichtlich des Maßstabs kann durch die Unterscheidung der Bebauungsstruktur in einzelne Stadtbausteine und Gebäudetypologien erleichtert werden. Dabei bezieht sich der Baustein auf einen räumlich zusammengefassten Teil der Bebauung, während die Gebäudetypologie das einzelne Objekt mit seinen Randbedingungen erfasst. Auf beiden Ebenen gilt es, nicht allein die räumliche Wirkung darzustellen, sondern stets die Abhängigkeit zur jeweiligen Nutzung abzubilden, da sich diese in der Gestaltung des Gebäudes und vor allem der Freiräume widerspiegelt.

Ein wesentlicher Unterschied zwischen Stadtbaustein und Gebäude liegt in der Aussage des Detaillierungsgrads. So betrachten die Stadtbausteine vielmehr die räumliche Wirkung innerhalb der Stadtstruktur und legen den Fokus weniger auf die Ausarbeitung des einzelnen Gebäudes. Hinsichtlich der Wahrnehmung der Stadtstruktur besteht zwischen beiden, dem Baustein und dem Gebäude, jedoch ein direkter Zusammenhang.

Stadtbausteine

Block

Reihe

Zeile

Solitär

Gebäudetypologie

frei stehendes Einfamilienhaus

Doppelhaus

Reihenhaus

Atriumhaus / Gartenhofhaus

Stadtvilla / Stadthaus

Wohnungsbau

Hochhaus

Stadtbausteine und Gebäudetypologie

Man kann daher zwischen homogenen und heterogenen Bausteinen unterscheiden. Homogene Strukturen wirken aufgrund ihrer typologisch und gestalterisch ähnlichen Gebäude als Einheit. Demgegenüber stehen heterogene Strukturen, bei denen sich die Einzelgebäude, etwa durch Gebäudehöhe, Material oder Entstehungszeit, voneinander unterscheiden. Durch die additive Fügung kann sich dieser Eindruck verstärken. Im Gegensatz dazu können einheitliche Raumkanten zwar räumlich als Einheit, aber auch monoton wirken.

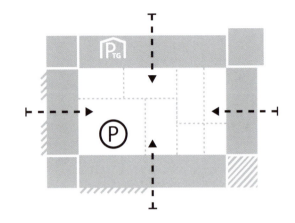

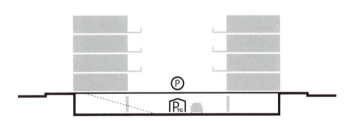

Zugang Innenbereich

Parken oberirdisch

Parken Tiefgarage

Eckausbildung

Gestaltung Fassade

Rampe

Grundriss und Systemschnitt durch einen Baublock

Variationen der Blockbebauung

3.2.1 Stadtbausteine

Baublock

Der Baublock umfasst eine Gruppe von Gebäuden, die durch die Umbauung eines innen liegenden Hofs eine räumliche Einheit bilden. Die besonders für den Städtebau der Gründerzeit typische Bauform der deutschen Großstädte wurde bereits im Mittelalter in den europäischen Hansestädten angewandt. In den Zwanzigerjahren des 20. Jahrhunderts, als im Zuge der Wohnungsnot soziale Kleinwohnungen in großen Baublöcken errichtet wurden, verbreitete sich die Typologie vielerorts als Massenwohnbaumodell.

Der Baustein ist in der Stadtstruktur durch ein Wege- und Straßennetz oder durch andere zumeist lineare räumliche Begrenzungen umgeben. Es handelt sich hierbei um eine typische innerstädtische Bauform, die in der Regel durch mehrgeschossige Wohnungsbauten oder Reihenhäuser gebildet wird. Die Bebauung orientiert sich an einer einheitlichen Baulinie, die in Zusammenhang mit den benachbarten Gebäuden steht, wodurch die räumliche Wirkung der Blockstruktur zum Straßenraum hin verstärkt wird. Größere Unterbrechungen, Rück- oder Vorsprünge in der Struktur, können dazu führen, dass die Wahrnehmung als Ganzes verloren geht. Im günstigsten Fall kann der gesamte Block als Einheit entwickelt werden, wodurch die Erscheinung der Struktur als zusammenhängender Stadtbaustein am stärksten zum Tragen kommt. Auch die Zusammensetzung aus mehreren homogenen Teilen lässt den Baublock als Einheit wirken.

Der innen liegende Hof des Baublocks ist durch die weitestgehend geschlossene Bauweise von der Öffentlichkeit abgegrenzt und kann dadurch ein erhöhtes Sicherheitsgefühl für die Bewohner bieten. Je nach Nutzung der angrenzenden Gebäude fällt die Nutzungsart des Hofs unterschiedlich aus. Sind im Erdgeschoss des Baublocks beispielsweise gewerblich genutzte Bereiche oder Einzelhandelsflächen untergebracht, ist die rückwärtige Zone meist als Anlieferungs- oder Abstellfläche ausgebildet. Handelt es sich hingegen um eine Wohnnutzung, ist der Innenhof in der Regel als abgeschlossene Freifläche für das Spielen und den Aufenthalt in Gebrauch. In der Vergangenheit wurden die innen liegenden Bereiche vielfach durch verschiedene Gewerbe genutzt. Für ehemals gewerblich oder handwerklich genutzte Innenhöfe kann in Einzelfällen eine Nachverdichtung gewünscht sein, die das Potenzial zur Neugestaltung und Vergrößerung des Wohnungsangebots bietet.

Im ungünstigsten Fall ist der Bereich des Hofs versiegelt und wird überwiegend durch parkende Fahrzeuge genutzt. Die Lösung des Parkens im Innenbereich mag neben der einfachen Zugänglichkeit besonders gegenüber einer Tiefgarage finanziell vorteilhaft erscheinen, wirkt sich allerdings auf die Qualität der Gestaltung und die Nutzung des Hofs aus. Die Planung einer Tiefgarage hat hier den Vorteil, dass der Innenbereich des Baublocks begrünt werden kann, ist jedoch kostenintensiver und wirkt sich auf die Gestaltung der Fassade aus, da ein Einschnitt für die Tiefgarageneinfahrt und -ausfahrt nötig wird. Die Entscheidung für ein unterirdisches Parken oder eine Stellfläche im Hof ist bei Umplanungen im Bestand vorrangig von der Organisation des Innenbereichs und der Entstehungszeit des gesamten Baublocks abhängig. Historische Blöcke besitzen in der Regel eine zu geringe Breite, um im Innenbereich ausreichend Raum für das Parken zu bieten.

Die Nutzung des Baublocks lässt sich oft an seiner Fassade ablesen. Häufig findet man eine Unterteilung der Ebenen in einen Erdgeschossbereich und in die oberen Geschosse. Die untere Etage ist meist nicht nur abweichend gestaltet, durch das Material oder eine Betonung der horizontalen Gliederung, sondern auch durch andere Nutzungen belegt, wie etwa Arztpraxen oder Läden. Diese Nutzungen profitieren von dem Umstand, dass das Wohnen dort weniger attraktiv ist. Gleichzeitig üben diese Funktionen des Baublocks dort weniger negativen Einfluss auf die Hausbewohner aus. Eine Organisation des Baublocks in verschiedene Nutzungseinheiten ist auch durch eine vertikale Gliederung des Bausteins möglich.

Eine besondere Problematik hinsichtlich der Planung und Gestaltung des Baublocks besteht in der Lösung der Ecksituation, wobei es hier zu beachten gilt, dass sich diese auch auf den Grundriss auswirkt. Vor allem bei historischen Blockstrukturen ist der Eckbereich häufig durch Erker oder Ausbauten geprägt, wodurch Gebäudeecken noch zusätzlich betont werden. Bei der Erschließung des Baublocks ist es sinnvoll, wenn die Zugänge für die verschiedenen Nutzer wie Radfahrer und Fußgänger sowie für den Autoverkehr getrennt voneinander angelegt sind, womit Nutzungskonflikte vermieden werden können. Sinnvoll ist es auch, wenn die jeweiligen Eingänge für die unterschiedlichen Nutzer in ihrer Gestaltung eindeutig herausgearbeitet werden. Der Bereich der Eingänge stellt den Übergang vom öffentlichen Straßenraum zum privaten Innenhof dar und kann sowohl durch eine Vorgartenzone als auch durch ein Tor, eine Tür oder einen Durchgang gestaltet sein.

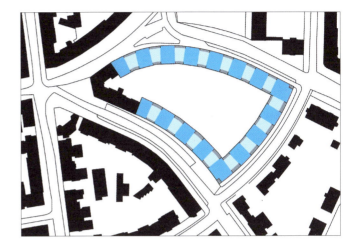

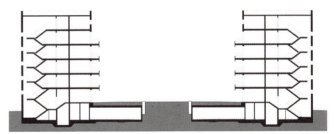

Lageplan und Systemschnitt der Wohnbebauung *Schwarzwaldblock*, Mannheim, Fertigstellung 2010 (Entwurf: Stefan Forster Architekten)

Begrünter Innenbereich einer Blockbebauung

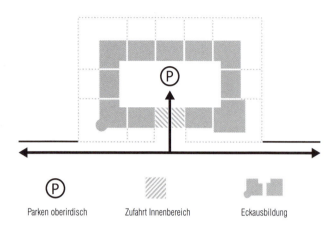

Parken oberirdisch   Zufahrt Innenbereich   Eckausbildung

Schematischer Lageplan einer Hofbebauung

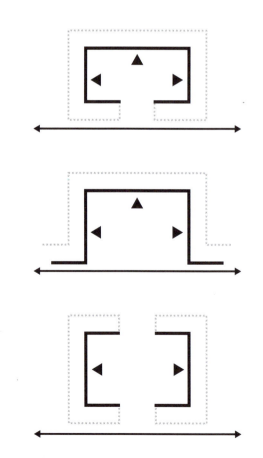

Variationen der Hofbebauung

Hofbebauung

Der wesentliche Unterschied zwischen dem Hof und dem Block liegt zum einen in der geplanten Öffnung der Fassade und dem damit verbundenen Zugang und zum anderen in der Umkehrung der Orientierung. Der Hof besitzt im Innenbereich einen öffentlichen Raum, der zur Erschließung der einzelnen Gebäude und zugleich als Begegnungsraum dient. So kommt es auch zu einer Umkehrung der privaten Flächen, die nun außen am Gebäude orientiert sind. Die Bebauung bei Wohnhöfen erfolgt meist in Form und Gestaltung von Doppel- oder Reihenhäusern mit zwei oder maximal drei Geschossen, wobei Abweichungen möglich sind.

Die Erschließung der Gebäude erfolgt über eine gemeinschaftliche Fläche im Hofinneren, die den fließenden Übergang zwischen öffentlichem und privatem Raum deutlich macht. Die Eingänge zu den Gebäuden erfolgen vom Hof aus. Der Übergang kann in Form eines Vorgartens erfolgen, es ist aber auch denkbar, dass der Eingang, abhängig von der Gestaltung des Innenhofs, direkt an den Übergang grenzt. Dies hat zur Folge, dass die Vorderseiten der Gebäude nach innen orientiert sind und nicht zur Haupterschließungsstraße hin. Der zentrale Eingang zum Hof kann eine Erhöhung der Bebauung darstellen, die eine Art Tor oder Portal formt.

Die den Hof umgebende Bebauung entsteht meist gleichzeitig, weshalb sich die einzelnen Gebäude in ihrer Architektur und in ihrer Gestaltung ähneln. Um den Charakter des Hofs nicht zu schwächen, ist dies wichtig, da ansonsten die einzelnen Seitenwände der Bebauung nicht raumbildend wirken können.

Ähnlich wie beim Baublock besitzen auch die Höfe die Problematik der Ecklösungen. Im Fall der zumeist flach verdichteten Wohnungen (zum Beispiel beim Reihenhaus) wirken die Ecken allerdings weniger problematisch, da sich die Orientierung des Wohnens nach außen zur größeren Freifläche richtet und sich der Grundriss meist auf eine Wohneinheit beschränkt. Dies führt jedoch dazu, dass die Eckparzellen im Vergleich zu den mittleren Grundstücken flächenmäßig viel größer ausfallen.

Die Öffnung der Hofbebauung kann sowohl geschlossen, dies bedeutet mit lediglich einem Zugang in der Breite eines Fahrzeugs, oder auch vollständig geöffnet ausgeführt werden. Meist orientiert sich diese Öffnung dann zur Straße hin und wird so räumlich ein Teil des Straßenraums. Es ist an dieser Stelle allerdings zu diskutieren, ob es sich bei diesem Beispiel tatsächlich um einen Hof handelt, da die Orientierung der Bebauung nicht nach innen gerichtet ist.

Begrünter Innenhof mit umgebender historisierender Bebauung

Als Stellfläche für Fahrräder und Mopeds ausgebildeter Innenhof

Systemschnitt durch die Hofbebauung

Ein Potenzial der Hofbebauung ist der gemeinsame Innenhof, der vielfältige Möglichkeiten der Nutzung, abhängig von der Lösung des Parkens, bietet. Ähnlich wie beim Block stellt auch hier das Parken eine ungünstige Nutzung des Innenbereichs dar, vor allem dann, wenn die Stellplätze als massive Garagen ausgeführt werden. Da die Erscheinung des Hofs besonders durch die Lösung des Parkens geprägt wird, sollte der Fokus stets auf einer durchgrünten und so gering wie möglich versiegelten Fläche liegen. Sinnvoll ist es auch, eine Teillösung entlang des Straßenraums zu finden und die übrigen notwendigen Plätze im Inneren als Carports zusammenzufassen. Eine Verbindung mit Nebengebäuden wie Schuppen kann hier ebenfalls angedacht werden. Bei einer niedrigen städtebaulichen Dichte, etwa durch eine eingeschossige Bungalowbebauung, kann das Parken im Gebäude durch Garagen erfolgen.

Ähnlich dem Baublock besitzt die Bebauung in Form eines Wohnhofs eine teilweise ungünstige Orientierung im Hinblick auf die Besonnung der einzelnen Wohnungen. Diesem Umstand kann allerdings durch eine geeignete Grundrissgestaltung entgegengewirkt werden.

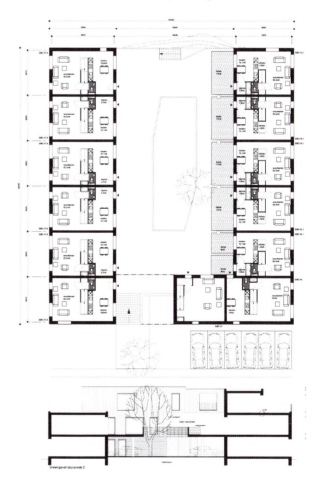

Lageplan und Systemschnitt der Blockbebauung *Spicastraat*, Groningen, Niederlande (Entwurf: Onix Architects)

Schichten der Stadt

Zeilenbebauung mit über Eck verlaufenden Balkonen und Fenstern

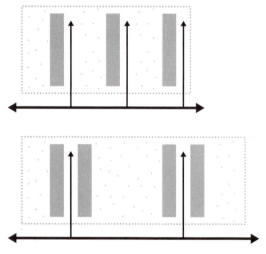

Anordnungsvarianten von Zeilenbauten

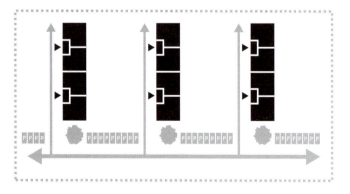

Schematischer Lageplan einer Zeilenbebauung

Zeilen

Als Weiterentwicklung der Reihenbebauung hat sich besonders während der Nachkriegszeit die Zeilenbauweise durchgesetzt. Damals galten die Gebäude in Zeile, ergänzt durch Läden oder soziale Einrichtungen, als geeignetes Mittel zur Lösung der Wohnungsproblematik. Der Anteil der in dieser Zeit realisierten Bauten ist heute noch sehr hoch. Zugleich existiert aber auch ein Sanierungsdruck, der zu Abrissen führt.

Durch die wenig flexiblen Grundrisse und die Gebäudeanordnung sind beim Zeilentypus, meist als Zwei- und abweichend auch als Dreispänner mit vier oder fünf Geschossen ausgeführt, nur selten andere Funktionen als das Wohnen möglich. Ausnahmen können hier kleinere selbstständige Einheiten oder Arztpraxen sein. Die 80 Quadratmeter großen Wohnungen waren früher besonders bei Familien beliebt. Heute werden diese eher von Paaren oder kleineren Familien bevorzugt.

Die Bebauung in der Zeile stellt den weiteren Schritt zur Maximalisierung der Reihenhaustypologie im Hinblick auf bauliche Dichte und Effektivität in der Herstellung dar. Letztere wirkt sich jedoch unvorteilhaft auf die Flexibilität in der Grundrissgestaltung aus und macht nur mehr wenige Variationen möglich. Durch das additive Fügen der Zeilen, die meist nur mit dem Kopf zur Straße gerichtet sind, entstehen daneben Probleme in der Raumbildung und Orientierung, da Vorder- und Rückseiten nicht deutlich erkennbar sind. Auch die Zugangsseiten werden oft durch begrünte Zwischenräume ohne klar definierte Funktion gebildet. Ähnlich verhält es sich mit der gegenüberliegenden Seite, die als Fläche zum Austritt der Erdgeschosswohnungen auf die Terrassen dient. In der ursprünglichen Konzeption wurde diese Freifläche zur Wäschetrocknung genutzt und zum Kinderspiel mit einem Sandspielplatz und einer Bank. Heute erfüllen die Grünflächen, abgesehen von der Wahrung des baulichen Abstands, meist keinen klar erkennbaren Zweck und wirken daher meist untergenutzt. Ein räumliches Problem besteht zudem in der Organisation der Parkflächen. Gerade bei älteren Siedlungen, beispielsweise aus den Fünfzigerjahren, wurde nur eine geringe Stellplatzzahl eingeplant und realisiert, was nun zu einem hohen Druck in der Anlage von Parkflächen führt.

Befreiung von der gründerzeitlichen Blockbebauung: die Hufeisensiedlung in Berlin-Britz von Bruno Taut und Martin Wagner (1925–1933)

Schichten der Stadt

Reihenhausbebauung mit vorspringenden Erkern

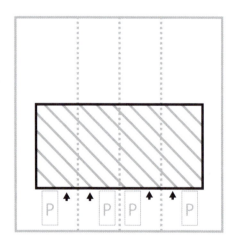

Schematischer Lageplan und Systemschnitt
einer Reihenbebauung

Reihen

Bei der Bebauung in Reihen handelt es sich um eine Typologie des flach verdichteten Wohnungsbaus, der meist zwei bis drei Geschosse aufweist und sich in der Regel aus Reihen- oder Kettenhäusern zusammenfügt. Neben der energetischen Optimierung besitzt dieser Typ den Vorteil einer hohen Flächeneffizienz. In der klassischen Ausführung besitzen die einzelnen Häuser des Stadtbausteins ein Satteldach, aber auch Pult- und Flachdächer werden bei neueren Planungen umgesetzt. Der Vorteil des Pultdachs liegt zum einen im möglichen Ausbau des Dachgeschosses und zum anderen in der potenziellen Nutzung der Dachfläche, beispielsweise zur solaren Energiegewinnung. Die Bebauung in Form von Reihenhäusern ist ein typisches Beispiel für das Familienwohnen mit einer baulichen Dichte von 30 bis 40 Wohnungen je Hektar. Die Reihen entstehen durch das additive Fügen und Aneinanderreihen einzelner Gebäude mit besonderen Ausformungen an den Eckgrundstücken.

Pro Wohneinheit sollen zwei Stellplätze eingeplant werden, wobei es wünschenswert ist, wenn sich zumindest einer auf dem Grundstück befindet. Alternativ dazu kann in dem Wohngebiet ein Stellplatz, gesammelt beispielsweise in Form eines Garagenhofs oder eines Carports, angeordnet werden. Durch die Bündelung mehrerer Stellplätze ist es möglich, die Nutzung des öffentlichen Raums durch parkende Fahrzeuge zu minimieren. Dies kann in der Planung bereits frühzeitig durch eine Reduzierung der Stellplätze und der Straßenquerschnitte geschehen. Zur günstigeren und effizienteren Organisation sollten sich die Häuser und damit auch die Carports verbinden lassen. Dieser Forderung wird besonders dann Rechnung getragen, wenn je vier oder sechs (Neben-)Gebäude gemeinsam geplant werden. Die Verbindung der Carports mit den Nebenanlagen und eventuell einem rückwärtigen Schuppen kann zum Beispiel zum Abstellen von Fahrrädern oder von Müllbehältern günstig sein. Die Nebenanlagen sollten früh in die Planung integriert werden, da es ansonsten durch die Variation der angebotenen Objekte zu einem sehr heterogenen Gesamtbild kommen kann. Möglich ist auch, die Stellplätze im rückwärtigen Bereich des Grundstücks mit einer Einfriedung in Form eines Zauns oder Hecke zu verbinden.

Die Gestaltung der Grundstücke sollte weitgehend unversiegelt sein; Pflasterungen sind demzufolge nur auf Zugänge und Einfahrten zu beschränken. Um unerwünschte Verschattungseffekte zu vermeiden, sollten im Entwurf auch frühzeitig die Standorte von Bäumen und Bepflanzungen festgelegt werden.

Solitäre

Solitäre sind frei stehende Einzelgebäude, die keine räumlichen oder auch funktionalen Bezüge zu benachbarten Gebäuden aufweisen. Durch ein meist großzügig geschnittenes Grundstück und die dementsprechend geringen Einschränkungen in der Bebauung heben sich Solitäre von ihrem Umfeld deutlich ab. Neben dem großen Flächenangebot und der damit verbundenen variationsreichen Nutzung im Gegensatz zu anderen städtischen Bauformen – Mischnutzungen aus Wohnen und Gewerbe in Form von Büros oder Praxen sind möglich – spielt hier besonders der repräsentative Charakter der Gebäude eine Rolle. Solitäre wirken in der Regel durch ihre bauliche Dominanz in alle Richtungen. Häufig signalisiert ein eindeutig erkennbarer Zugang den Eingangsbereich, der mit der Straße verbunden ist, wodurch eine funktionale Abfolge von Räumen ensteht.

Solitäre Bebauungen weisen meist keine raumbildende Wirkung auf und können bestenfalls als Orientierungspunkt im Stadtgefüge wirken. Dieser Effekt kann besonders durch die herausragende Höhe eines Gebäudes oder durch die Positionierung der Bebauung in einer Sichtachse erzielt werden. Häufig ist diese Art der Bebauung auch in Form von historischen Gebäuden zu finden. Plätze oder ganze Straßenzüge werden dadurch akzentuiert. Durch Umnutzung von Bestandsgebäuden können dementsprechend neue Funktionen hinzugefügt oder erweitert werden.

Wohn- und Geschäftshaus R7, Mannheim, Fertigstellung 2011
(Entwurf: Stefan Forster Architekten)

Schematischer Lageplan eines Solitärbaus

Systemschnitt durch einen Solitärbau

Schichten der Stadt

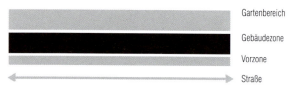

Gartenbereich

Gebäudezone

Vorzone

Straße

A Unterteilung des Grundstücks

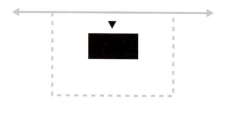

B Positionierung und Ausrichtung

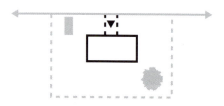

C Zugang und Erschließung

3.2.2 **Gebäudetypologie**

Gebäudenutzungen (Wohnen, Büro, Gewerbe, Handel, Bildung, Freizeit etc.) und ihre räumlichen Auswirkungen werden durch die Zielsetzung einer Neuplanung und die bestehende Struktur bestimmt. Ausgangspunkt einer jeden Planung ist die Erfassung und Interpretation der räumlichen Randbedingungen. Um spezifische Anforderungen im Gebäude zu erfüllen, den Bedingungen der Nutzung anzupassen und die Gestaltung und Organisation des Grundstücks in die bestehende Struktur einzufügen, gilt es, nicht nur Stadtbausteine zu analysieren, sondern auch kleinmaßstäblichere Gebäudetypologien im Kontext der Gesamtstadt zu betrachten. Der Fokus liegt auf der Differenzierung der Gebäude in einzelne Wohnungstypen und der Darstellung regelmäßig vorkommender Nutzungen.

Differenzierung und Organisation der einzelnen Gebäudetypen lassen folgende Einteilung zu:

▶ **Wohnungsbauten**
   – Einfamilienhaus (frei stehend)
   – Doppelhaus
   – Reihenhaus
   – Atriumhaus / Gartenhofhaus
   – Stadtvilla / Townhouse
   – mehrgeschossiger Wohnungsbau
     mit Innenerschließung
   – mehrgeschossiger Wohnungsbau
     mit Laubengangerschließung
   – Hochhaus
▶ **Bauten für die soziale Infrastruktur**
   Kindergärten, Kindertagestätten und Schulen,
   Alten- und Pflegeheime
▶ **Bürogebäude, Läden und Einzelhandelsbauten**

Trotz der unterschiedlichen Nutzung der Gebäudetypen und der der damit verbundenen Anforderungen existieren mehrere gemeinsam anwendbare Kriterien, die sowohl bei der Analyse der bestehenden räumlichen Situation als auch bei der Planung einzelner Gebäude eine wichtige Rolle spielen:

A Unterteilung des Grundstücks in Vor- oder Eingangszone,
   Gebäudezone, Gartenbereich, Erschließungsbereich,
   Zone für Nebengebäude
B Positionierung und Organisation der Gebäude auf dem
   Grundstück (Vorder- und Rückseite definierbar),
   Ausrichtung zur Himmelsrichtung
C Zugang und Erschließung von Gebäude und Parkplatz
D Ermittlung der Grundstücksfläche, der bebauten Fläche
   und der Geschossfläche
E Formen des Parkens (oberirdisch, unterirdisch),
   Zu- und Einfahrten
F Geschossigkeit (Zahl der Vollgeschosse, Differenzierung
   von Halb- und Staffelgeschossen), Gesamthöhe, Nutzung
   und Anzahl der Wohn- oder Gewerbeeinheiten
H Dachformen und Dachaufbauten
I Erschließungsart des Gebäudes (Ein- oder Mehrspänner,
   innen- oder außen liegend)

F Geschossigkeit

G Nutzung

H Dachformen und Dachaufbauten

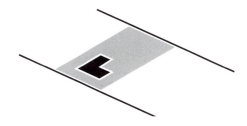

D Bebaute Fläche

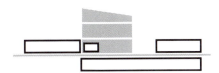

E Formen des Parkens

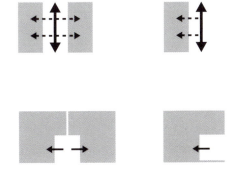

I Erschließungsart

Schichten der Stadt

Modern gekoppeltes Einfamilienhaus mit vorgelagerter Terrasse

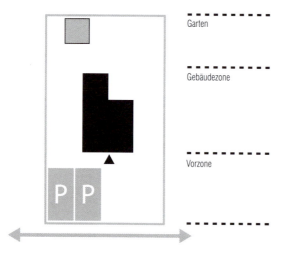

Zonierung eines frei stehenden Einfamilienhauses

Einfamilienhaus (frei stehend)

Das frei stehende Einfamilienhaus (EFH) nimmt ein meist größeres Grundstück (in der Regel mehr als 300 Quadratmeter) für sich in Anspruch. Weil die Wirkung des Gebäudes mit der Zunahme der Grundstücksgröße steigt, erscheinen Einheiten, bei denen die überbaute Fläche entsprechend hoch ist, häufig überdimensioniert.

Frei stehende Einfamilienhäuser sind vielfach von einem großzügigen Garten- und Grünbereich umgeben, der sich in verschiedene Zonen (Vorgarten, rückwärtiger Garten etc.) unterteilen lässt. Das Erdgeschoss besitzt eine enge räumliche Verbindung mit der umliegenden Freifläche und ermöglicht einen direkten Zugang und eine Erweiterung des Wohnens. Auf dem Grundstück können sich auch Nebengebäude wie Garagen oder Schuppen befinden.

Das Wohngebäude besitzt eine ebenerdige Erschließung, die, beispielsweise durch einen seitlichen Eingang ergänzt, als Einliegerwohnung genutzt werden kann. Dort besteht die Möglichkeit der Unterbringung einer kleineren Büroeinheit.

Die Gebäudetypologie bietet im Hinblick auf die Gestaltung des Grundrisses, die Erscheinung des Gebäudes und den individuellen Anspruch der Nutzer einen vielfältigen Spielraum. Aufgrund der Einzelstellung des Gebäudes ist auch bei späteren Änderungswünschen der Bewohner eine Anpassung und Veränderung des Gebäudes durch Um- oder Anbauten möglich. Bedingt durch die weniger standardisierte Form des Gebäudes und die Grundstücksgröße stellt das Einfamilienhaus eine eher kostenintensive Bebauungsform dar, was viele Stadtbewohner allerdings nicht davon abhält, den Wunsch des Eigenheims, in die Tat umzusetzen.

Zugang und Grundstück

Zugang und Erschließung des Gebäudes können allseitig angelegt sein, wogegen das Grundstück zumeist nur einseitig an eine Straße grenzt, von wo aus die Garagen und Abstellflächen erreicht werden können. Durch die hohe Flexibilität des Grundstücks kann das Gebäude optimal positioniert werden, so dass genug Tageslicht in die Wohnung fällt und störende Einwirkungen wie Lärm und Verkehr abgeschottet werden.

Eingangs- und Wohnbereich sind häufig direkt mit dem Garten über eine Terrasse oder Ähnliches verbunden. Einzelne Variationsmöglichkeiten sind hier vielfältig und abhängig vom Gebäude. Besonders Nebenanlagen wie Garagen oder Schuppen, die für das Abstellen von Fahrzeugen und das Unterbringen von Gartenmöbeln, Geräten oder Müllbehältern benötigt werden, spielen eine Rolle bei der Organisation des Grundstücks. Garagen und andere Formen der Stellplatzunterbringung wie etwa Carports sind der Straßenseite zugewandt, schirmen das restliche Grundstück ab und beschränken auch die Einsicht. Die Abschirmung und somit die Wahrnehmung des Gebäudes und des Grundstücks werden besonders durch die Materialwahl, die Bauart und die Höhe der Einfriedung bestimmt. Im Zuge der Planung stellt sich die Frage, ob eine vollständige Abschottung vom öffentlichen Raum erzielt werden soll, oder eine Einbettung des Gebäudes in eine grüne Umgebung gewünscht ist und das Haus auch von außen einsehbar ist.

Auch die Gestaltung des Freiraums lässt Rückschlüsse auf die Nutzung und Funktion des Freiraums zu und zeigt auf, ob es sich um eine weitestgehend als Garten gestaltete Freifläche handelt oder eher um eine meist versiegelte Fläche, die dem Parken dient.

Entwicklungstrends

Ungebrochen von aktuellen Themen wie Flächeninanspruchnahme, steigenden Energiekosten oder die Zunahme der Infrastrukturkosten ist das Einfamilienhaus für viele eine bevorzugte Wohnform. Deutlich ist dabei die Verteilung zwischen dem städtischen und ländlichen Raum, in dem die Wohnform stärker entwickelt wird, was wiederum auf die hohen Grundstückspreise und die Knappheit an Flächenreserven in der Stadt zurückzuführen ist. Es ist fraglich, wie sich der demografische Wandel auf diese Wohnform auswirken wird, da es in den nächsten Jahren dort aus Altersgründen vielfach zu einem Eigentümerwechsel kommen wird. Desweiteren ist offen, wie mit Bestandsimmobilien umgegangen wird, die beispielsweise einen Sanierungsrückstand im energetischen Bereich haben. Aber auch der vermeintliche Vorteil einer unbegrenzten Gestaltungsfreiheit des Grundrisses kann sich auf die Nachnutzung nachteilig auswirken, da sowohl Grundriss als auch die Gestaltung individuell auf die Eigentümer abgestimmt sind und erst durch einen anderen Käufer akzeptiert oder verändert werden müssen. Bei zukünftigen Entwicklungen dieses Typs ist die Wahrscheinlichkeit sehr groß, dass die Grundstücke im Verhältnis zum Gebäude eher kleiner ausfallen und somit eine hohe bauliche Dichte der Gebiete erzielt wird. Nachteilig ist dabei der Wahrnehmungsverlust als Einzelgebäude zu sehen, wobei die Projekte durch die so entstehende Dichte wirtschaftlich tragfähiger werden.

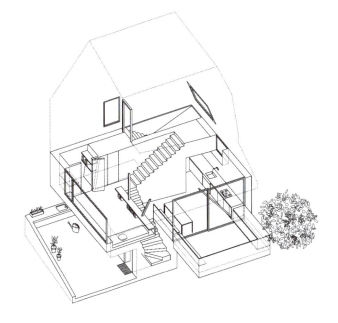

Isometrie eines frei stehenden Einfamilienhauses in Tübingen, Fertigstellung 2010 (Entwurf: Martenson und Nagel Theissen)

Schichten der Stadt

Modernes Doppelhaus mit rückwärtigem Gartenbereich

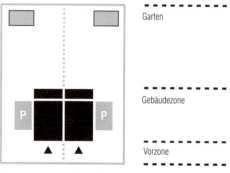

Garten

Gebäudezone

Vorzone

Zonierung eines Doppelhauses

Doppelhaus

Beim Doppelhaus handelt es sich um eine Zwischenform zwischen frei stehendem Einfamilienhaus und Reihenhaus. Es ist nicht allseitig frei stehend, sondern an einer Seite durch eine Brandwand mit dem Nachbarhaus verbunden. Durch die Dopplung besitzt das Gebäude eine größere Baumasse und wirkt dadurch räumlich prägnanter. Vor- und Rücksprünge im Gebäude oder in den Nebengebäuden wie auch Garagen sorgen für eine Auflockerung der Baukörper.

Die Grundstücke von Doppelhäusern besitzen eine Größe zwischen 250 und 400 Quadratmeter, abhängig vom räumlichen Kontext und dem geplanten Gestaltungsspielraum. Durch die Kombination mit einem anderen Gebäude weist das Doppelhaus einen etwas geringeren Flächenbedarf auf, was sich auch in einer geringfügig höheren Dichte bemerkbar macht. Gegenüber Einzelhäusern kommt es hier allerdings zu einer günstigeren Flächenausnutzung der Grundstücke. Die Verminderung der Heizkosten durch einen geringeren Außenwandanteil ist als positiver Nebeneffekt zu sehen.

Wie dem frei stehenden Einfamilienhaus und dem Reihenhaus sind auch dem Doppelhaus spezifische Nachteile eigen: Im Gegensatz zum Einzelgebäude ist die Flexibilität in der Gestaltung des Doppelhauses und seiner Grundrisse nicht so stark ausgeprägt, weshalb auch nur begrenzt auf persönliche Wünsche des Bewohners eingegangen werden kann. Häufig ähneln sich die beiden Hälften in ihrer Fassadengestaltung. Der Grundriss ist meist nur gespiegelt, was dazu führt, dass sich Sanitärräume oder Treppenanlagen entlang der trennenden Brandwand befinden. Allerdings kann durch die Verschiebung der einzelnen Baukörper gegeneinander eine größere Variation von Grundrissen erzeugt werden, als dies beim Reihenhaus der Fall ist. Dasselbe trifft auf die Gestaltung des Außenraums und die Integration der Freiflächen zu.

Zugang und Parken

Das Parken findet direkt auf dem Grundstück statt. Abhängig vom Schnitt und der Orientierung des Gebäudes kann dies beim Doppelhaus seitlich oder vor dem Gebäude geschehen. Seitliches Parken hat dabei den Vorteil, dass die Eingangszone von parkenden Autos frei bleibt und somit sehr repräsentativ gestaltet werden kann. Zudem kann die Vorgartenzone in der Tiefe begrenzt werden, da zum Parken minimal sechs Meter Länge erforderlich wären. Seitliche Parkflächen werden aufgrund der begrenzten Grundstücksbreite direkt neben dem

Gebäude angelegt, was zumindest im Erdgeschossbereich zu einer Einschränkung der Belichtung führt. In der Regel wird dieses Problem dadurch gelöst, dass an der Stelle des Grundrisses die Küche oder eine Lagerfläche anschließen. Sinnvoll kann hier auch ein direkter Zugang nach draußen zur Parkfläche sein.

Eine Parkfläche kann auch durch einen rückspringenden Gebäudeversatz erzeugt werden. Dies hat den Vorteil, dass der Vorgarten weniger tief dimensioniert sein muss, aber der Stellplatz aufgrund der Einschränkung der Belichtung der Erdgeschosszone nicht als massive Garage und unter Umständen nur als Carport ausgeführt werden kann.

Ebenso kann ein vorspringender Gebäudeteil als Garage genutzt werden. Hinsichtlich der Kosten ist dies allerdings die wohl ungünstigste Lösung, da das Parken auf einer Fläche stattfindet, die auch zum Wohnen dienen könnte.

Bei der Planung ist darüber hinaus zu beachten, dass Doppelhäuser, ähnlich einem frei stehenden Einfamilienhaus, durch das Verhältnis der relativ großen Gebäudeoberfläche zur Grundfläche eher ungünstige energetische Eigenschaften aufweisen. Verstärkt wird dieser Nachteil besonders durch bauliche Vor- und Rücksprünge.

Entwicklungstrends

Doppelhäuser sind besonders im ländlichen Raum, wo die Baulandpreise niedriger sind als in der Stadt, häufig zu finden. Durch die steigenden Bodenpreise stößt diese Gebäudeart jedoch schnell an eine Rentabilitätsschwelle, die im ungünstigsten Fall zu einem überdimensionierten Gebäude auf einem verhältnismäßig kleinen Grundstück führt.

Doppelhäuser sind ein wirkungsvolles Instrument beim Schließen von Baulücken im räumlichen Gefüge und bei der Nachverdichtung, etwa von sogenannten Enkelgrundstücken. Damit gemeint sind vor allem Flächen, die im Dorfgefüge zu finden sind. Sie wurden vor mehreren Jahren, teilweise auch Jahrzehnten, gekauft und nie bebaut, um sie für zukünftige potenzielle Nutzer, beispielsweise für Enkel, zu reservieren. Wenn es zur Bebauung der frei gehaltenen Flächen kommt, fällt diese dort meist dichter und intensiver aus als ursprünglich geplant. Ein kontinuierlicher Übergang an Ortsrandlagen kann in diesem Fall ebenso durch die Bebauung mit Reihenhäusern, auch gemischt mit Einzelgebäuden, hergestellt werden. Denn diese Bebauungsvariante weist trotz der eher lockeren Bebauung ein gewisses Mindestmaß an baulicher Dichte auf.

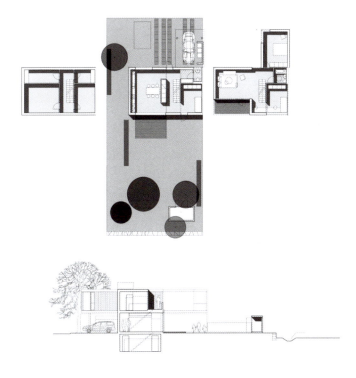

Grundriss und Schnitt eines Doppelhauses in Kirchfeld-Nord, Fertigstellung 2007 (Entwurf: Tegnestuen Vandkunsten)

Schichten der Stadt

Reihenhausbebaung mit erhöhtem Eingangsbereich
und dazwischen liegender Terrasse auf zweiter Etage

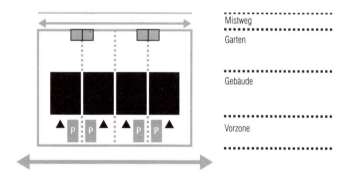

Zonierung eines Reihenhauses

Reihenhaus

Eine Reihenhausbebauung ist definiert durch Gebäude, die an zwei Seiten aneinandergefügt sind und eine mittlere Breite zwischen 5,00 und 7,50 Meter besitzen. Die zwei- bis viergeschossigen Wohnbauten können dabei entweder einheitlich in einer Baulinie miteinander verbunden werden, oder – abhängig von der Topografie oder der Straßenführung – mit diversen Vor- oder Rücksprüngen geplant sein.

Die zwischen 150 und 250 Quadratmeter großen Grundstücke weisen in den meisten Fällen eine sehr effiziente Einteilung in die folgenden drei Zonen auf: Vorgarten, Gebäude und rückwärtiger Garten. Eine andere Zonierung ist nur sehr eingeschränkt möglich, weshalb Anpassungen an individuelle Bewohnerwünsche auch häufig auf Ebene des Gebäudes selbst, etwa in Form von An- oder Ausbauten, geschehen. Durch diese baulichen Ergänzungen kann allerdings der Charakter und die räumliche Prägnanz der Struktur abgeschwächt werden.

Abgesehen von Gebäuden auf Eckgrundstücken besitzt das Reihenhaus im Wesentlichen eine Vorderseite zur Straße und eine Rückseite, die dem Garten zugewandt ist. Die übrigen beiden Seiten sind als Brandwände fensterlos ausgebildet und grenzen direkt an die Nachbarbebauung. Die Lösung des Grundrisses und die Herstellung etwaiger Variationen sind abhängig von der Lage und der Position der Treppen im Gebäude. Treppen können den Raum längs oder quer strukturieren und eine Trennung zwischen Erschließungs- und Wohnzone bewirken. Erfolgt eine Planung in Hanglage, ist die Ausführung der Geschosse als Splitlevel besonders günstig. In diesem Fall wird vor allem die Erlebbarkeit der einzelnen Ebenen vergrößert, allerdings häufig auch mehr Treppenraum benötigt.

Die Vorteile der Reihenhausbebauung liegen in der wirtschaftlichen Erstellung der Gebäude und in der kompakten Bauweise mit niedrigeren Unterhaltskosten bei der Nutzung als beim frei stehenden Einfamilien- und dem Doppelhaus. Allerdings wird durch die beidseitige Öffnung der Grundrisse im Hinblick auf die Belichtung die Nutzung des Grundrisses eingeschränkt.

In Bezug auf die Besonnung wird zwischen zwei verschiedenen Typen unterschieden: dem optimierten Nord-Süd- und dem West-Ost-Typ. Beide Typen besitzen verschiedene Anforderungen, die durch Abmessung, Einteilung und Organisation des Grundstücks sowie die Gebäudemaße bestimmt sind. Der energetisch optimierte Nord-Süd-Typ wird zumeist als breites Gebäude auf ebenso breiten Grundstücken geplant, die allerdings weniger tief sind.

Ein wesentlicher Unterschied zwischen den beiden Reihenhaustypen ist auch im Hinblick auf eine effiziente Erschließung zu finden. Der West-Ost-Typ kann Häuserzeilen beidseitig erschließen, wogegen der Nord-Süd-Typ häufig nur über eine Erschließungsrichtung im Süden des Grundstücks verfügt. Dies kann beispielsweise dazu führen, dass eine Kombination der Zugangszone mit einer Parkfläche im Süden notwendig wird. Eine Lösung wäre es hier, die Parkplätze gemeinsam mit den Nebengebäuden anzuordnen und somit einen Abschluss des Grundstücks zu bilden. Im nördlichen Teil kann mithilfe dieser Variante ein kleiner Garten eingerichtet werden.

Zugang und Parken

Durch die Trennung zwischen Vor- und Hinterseite des Gebäudes ergibt sich eine deutliche Eingangszone, die als Vorgarten ausgeführt werden kann oder als Standort für Nebengebäude dient. Im rückwärtigen Teil des Gartens kann direkt angrenzend an das Gebäude eine Terrasse geplant sein, die auch eine Überdachung besitzt und damit wetterunabhängig genutzt werden kann. Den Abschluss des Grundstücks bildet eine Einfriedung in Form einer Mauer, einer Hecke oder eines Zauns. In diesem Bereich können sich auch die Nebengebäude wie beispielsweise Schuppen befinden.

Entscheidend für die Organisation der Bebauung ist die Planung der Stellplätze. Diese können direkt auf dem Grundstück angelegt werden oder zusammengefasst im Siedlungsgebiet in Form von Garagenhöfen oder anderen überdachten Stellplatzanlagen auftreten. Das Parken am Grundstück ist sowohl im Vorgarten als auch im rückwärtigen Bereich des Grundstücks möglich. Beide Lösungen sind abhängig von der Orientierung des Gebäudes zur Straße und dem Übergang zum öffentlichen Raum. Geklärt werden muss, ob die Zone beispielsweise notwendig ist, um eine Form von Lärmschutz oder Sichtschutz herzustellen. Die Art des Stellplatzes wirkt sich in jedem Fall auf die Gestaltung und die räumliche Wirkung des Reihenhauses aus. Hier spielt eine Rolle, ob es sich um einen einfachen Stellplatz handelt, der asphaltiert oder in einem offenen Steinpflaster gebaut ist, oder um einen Carport, der im Zusammenhang mit anderen umliegenden Grundstücken in einem Verband entwickelt wurde und eine überdachte gemeinsame Fläche bildet. Möglich sind auch Garagen, als Fertiggarage oder in massiver Ausführung, die den Vorteil der Wetterunabhängigkeit besitzen. Sämtliche Parkierungslösungen bieten Vor- wie Nachteile, die wiederum abhängig vom jeweiligen Planungsziel sind. Werden beispielsweise mehrere Reihenhauszeilen gemeinsam entwickelt, so ist die Planung einer gemeinschaftlichen Parkmöglichkeit im öffentlichen Raum meist schneller realisiert. Ziel sollte jedoch immer eine gemeinsame Planung aller Stellplätze sein, damit nicht zu viele verschiedene Parkierungslösungen entstehen, die das Gesamtbild der Siedlung negativ beeinflussen können.

Dasselbe gilt für die Planung der Nebengebäude wie Schuppen und die Form der Einfriedungen durch Hecken oder Mauern. Bereits in einem frühen Planungsstadium sollten diese Aspekte bei der Planung mitberücksichtigt und im Zusammenhang mit der Bebauung entwickelt werden.

In der Vergangenheit wurden sowohl die Parkmöglichkeiten als auch die Nebengebäude der Reihenhausanlagen in vielen Fällen unterdimensioniert gestaltet, weshalb sie heute größtenteils nicht mehr die Anforderungen erfüllen. So sollten für das Parken je Wohneinheit minimal zwei Stellplätze vorgesehen werden, wobei zumindest einer auf dem eigenen Grundstück liegen sollte. Eine Möglichkeit ist auch die Zusammenfassung mit benachbarten Stellplätzen. Dazu sind wenigstens fünf Quadratmeter Abstellflächen bereitzustellen, die für Garten- oder Spielgeräte sowie für Fahrräder zur Verfügung stehen sollten.

Entwicklungstrends

Aufgrund der kompakten und flächenreduzierten Bauweise, verbunden mit direktem Bezug zum eigenen Garten, stellt das Reihenhaus einen Wohnungstyp dar, der besonders dem Familienwohnen entgegenkommt, sich aber auch in Stadtnähe wirtschaftlich realisieren lässt und zudem immer beliebter wird. Die Zunahme dieses Wohnungstyps ist einerseits mit dem gesellschaftlichen Trend zum Wohnen in der Stadt verbunden, andererseits wird das Reihenhaus auch dem Wunsch nach mehr Wohnungsindividualität im Innenstadtbereich gerecht. Neuere Reihenhaustypen im städtischen Kontext werden meist in Form einer Stadtvilla umgesetzt, die mehrere Geschosse besitzt. Dabei wird mit Freisitzen wie Dachterrassen oder Balkonen gespielt. Der eigentliche Gartenanteil wird im Gegensatz dazu stetig minimiert und dient, falls überhaupt noch vorhanden, als Terrasse oder als Ort für ein Nebengebäude. Abweichend davon sind in der Nähe der Innenstadt gestapelte Typen von Reihenhäusern mit jeweils zwei übereinander- oder querliegenden Wohnungen zu finden. Der Vorteil dieser Variante liegt dabei nicht nur in der Flächeneinsparung, sondern auch in einer größeren Variation der Wohnungstypen.

Schichten der Stadt

Gartenhofbebauung aus den Sechzigerjahren

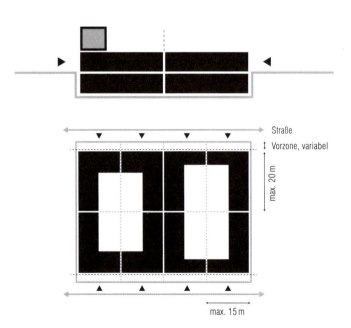

Schnitt und Zonierung eines Gartenhofhauses (L-Form)

Atriumhaus / Gartenhofhaus

Ein Atriumhaus ist ein Gebäudetyp, der durch einen mittig liegenden Raum gekennzeichnet ist, der entweder zum Himmel geöffnet ist, oder mit einem Glasdach verschlossen ist, das zur Belichtung der angrenzenden Räume dient. Der durch die allseitige Umbauung enstehende Hof kann als Freifläche angelegt sein oder auch zur Erschließung des Gebäudes dienen.

Atriumhäuser haben eine lange Tradition und sind in den verschiedensten Kulturen der Welt zu finden. Besonders im Süden von Europa ist dieser Haustyp sehr beliebt, da durch die Sonneneinstrahlung der verschattete Innenhof einen angenehmen Freibereich darstellt. In ihrer ursprünglichen Form wurden die Räume in Kreisform um einen leeren Raum gruppiert, der als Bewegungsraum zur Erschließung der Räumlichkeiten sowie als Kochstelle diente. Zu Beginn des 20. Jahrhunderts haben Architekten diesen Haustyp aufgegriffen und weiterentwickelt. Eine moderne Variante des Atriumhauses, die ihren Ausgangspunkt in den Sechzigerjahren in Nordamerika und Westeuropa hat, ist das sogenannte Gartenhofhaus, das wie das Atriumhaus über einen innen liegenden, geschützten Bereich verfügt.

Beide Gebäudetypen haben einen sehr introvertierten Innenbereich gemein, der vom öffentlichen Raum kaum einsehbar ist, sowie eine besonders ausgeprägte Erdgeschosszone. Neben dieser Ebene besitzen die Gebäude maximal noch ein Vollgeschoss oder auch nur einzelne Aufbauten im Obergeschoss. Durch eine Unterkellerung des Gebäudes kann Fläche hinzugewonnen werden, die beispielsweise als Arbeitsraum für die freiberufliche Nutzung dienen kann.

Die Unterschiede zwischen beiden Typen liegen in der Nutzung und der Gestaltung des übrigen Grundstücks. Die Grundstücksgröße selbst liegt meist bei 250 bis 300 Quadratmeter, was in Verbindung mit einer reduzierten Gesamterschließung zu einer dichten Bebauung führt.

Die innen liegenden Flächen können entweder als Garten genutzt oder als Hof mit Terrassen gestaltet werden. Insgesamt wirkt der Raum, verstärkt durch die umgebenden, geometrisch klar abgegrenzten Baukörper, meist steinern und versiegelt. Entscheidend sind Proportion und Dimensionierung des Hofs. Dieser bestimmt im Wesentlichen den Übergang zum Gebäude und die mögliche natürliche Belichtung. Bei größeren Grundstücken besteht die Möglichkeit, einen Grundriss so zu organisieren, dass verschiedene kleinere Höfe mit der innen liegenden Nutzung korrespondieren. So können abgeschlossene Lichthöfe zur Erschließung oder als Wintergärten entstehen.

Die Bebauung füllt das Grundstück meist bis zu seinen Außengrenzen aus, was auf den Wunsch nach einer möglichst großen Hoffläche im Inneren zurückzuführen ist. Der geschlossene Effekt kann durch verschiedene Formen erzeugt werden. So kann beispielsweise beim Gartenhoftyp ein Gebäuderiegel quer zur Straßenseite stehen, wohingegen die übrigen Grenzen mit Mauern den Garten umschließen. Abweichend davon können durch L- oder T-förmige Winkel ein oder mehrere Höfe entstehen. Letztgenannte Formen sind vor allem bei Teppichsiedlungen aus den Sechziger- und Siebzigerjahren zu finden. Der massive Charakter des Gebäudetyps wird durch die teppichartige Struktur dieser Siedlungen noch verstärkt.

Zugang und Parken

Bei beiden Typologien erfolgt der Zugang direkt von der Straßenseite ohne Vorgartenzone. Im optimalsten Fall ist dieser nach Norden orientiert. Im Atriumhaus kann der Zugang über den innen liegenden Hof erfolgen, beispielsweise über einen umlaufenden Gang.

Beide Formen besitzen keine räumlichen Potenziale, um das Parken auf dem Grundstück zu ermöglichen. Daher ist es notwendig, die Parkplätze in Gruppen zusammenzufassen und möglichst wohnungsnah zu positionieren.

Entwicklungstrends

Atrium- und Gartenhofhäuser können im Hinblick auf die Nutzung des Grundstücks als sehr wirtschaftliche Gebäudetypen gesehen werden. Die hohe bauliche Dichte und die direkt aneinandergrenzenden Bauten ermöglichen dem Nutzer zugleich einen flexibel an seine Bedürfnisse anpassbaren Grundriss. So können Räume, abhängig von der Lebenssituation, einfach zugeschaltet werden. Allerdings sind beide Formen aufgrund ihrer großen Außenfläche energetisch weniger günstig. Neuere Entwicklungen sind daher eher selten, was auch an der speziellen Grundrissorganisation in Verbindung mit den Freiflächen liegt. Weil eine räumliche Wirksamkeit erst ab einer größeren Anzahl von Gebäuden erreicht werden kann, sind Realisierungen mit nur wenigen Häusern darüber hinaus kaum zu finden. Da beide Typen aber das Potenzial zur ebenerdigen, barrierefreien Erschließung bieten, sind sie vor allem für ältere Menschen interessant. Auch kann die Tendenz zu einem Sicherheitsgefühl, das durch die Introvertiertheit des Wohnens in Atrium- und Gartenhofhäusern erzeugt wird, für eine künftige Belebung und häufigere Verwendung beider Typen sorgen.

Atriumhäuser der Siedlung *Paswerk* in Haarlem, Niederlande, Fertigstellung 2007 (Entwurf: Architectuurstudio Herman Hertzberger)

Schichten der Stadt

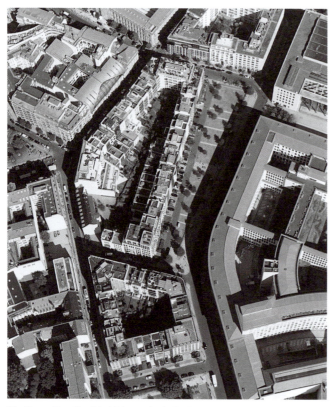

Stadthaus-Quartier *Friedrichswerder* in Berlin

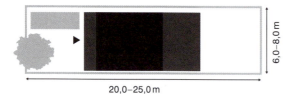

Lageplan und Abmessungen eines Stadthauses

Stadthaus / Townhouse

Das Townhouse ist ein aktueller Bautyp, der sich als Mischform zwischen dem gestapelten Reihenhaus, dem Apartmentgebäude und der repräsentativen Stadtvilla entwickelt hat. Historisch gesehen waren Townhouses eine Stadtresidenz für adelige oder zumindest wohlhabende Familien, die außerhalb dieses städtischen Domizils noch einen oder mehrere Landsitze besaßen. In deutschen Innenstädten wie auch in Amsterdam, Brüssel und London ist dieser Gebäudetyp bis heute weit verbreitet.

Das Erscheinungsbild dieser Gebäudetypologie ist an keine bestimmte Formensprache gebunden, weshalb die Bebauung je nach Bauherr, der meist auch der Bewohner des Hauses ist, unterschiedlich ausfällt. Aneinandergereiht besitzen die Gebäude zwar eine ähnliche räumliche Wirkung wie Reihenhäuser, der Gefahr einer durch die Reihung entstehenden Monotonie wird jedoch durch die Heterogenität der einzelnen Gebäude entgegengewirkt. Auf diese Weise entsteht eine urbane Wohnungsart, welche die Vorteile der Reihenhaustypologie mit zwei Brandwänden nutzt und gleichzeitig die individuelle Gestaltung nicht unberücksichtigt lässt – eine Bebauung, die eigenständig und kompakt zugleich ist.

Stadtvillen beziehungsweise Townhouses besitzen in den meisten Fällen mehrere Geschosse, die nicht alle über die komplette Grundfläche der Bebauung reichen müssen. So sind besonders in den oberen Geschossen Vor- und Rücksprünge zu finden, durch die private und geschützte Freibereiche entstehen können, die an die Nutzung des jeweiligen Geschosses angepasst sind. Da die Gebäude zumeist nur über reduzierte Grün- und Freiflächen verfügen, bietet sich die Errichtung von Freisitzen in Form von Dachgärten, Loggien oder Terrassen an. Der Gestaltungsspielraum ist hier sehr groß.

Durch die Vertikalität der Bebauung, die übereinandergestapelten Geschosse, kann ein multifunktionales Gebäude entwickelt werden, das auf den einzelnen Etagen jeweils unterschiedliche Nutzungen bietet. So ist es möglich, die Erdgeschosszone gemeinsam mit dem Keller eher repräsentativ zu gestalten, etwa durch die Öffnung der Fassade, einen großzügigen Eingangsbereich oder durch die Überhöhung des Geschosses. Das erste Obergeschoss kann als Zwischenbereich wirken, das den Übergang zu den oberen privaten Geschossen darstellt. Daneben können in einem Haus auch mehrere Wohnungen eingerichtet werden, was gerade dann von Vorteil ist, wenn viele Familienmitglieder zusammen unter einem Dach wohnen möchten, oder wenn sich mehrere Baugruppen ein Gebäude teilen.

Zugang und Parken

Townhouses besitzen trotz der hohen baulichen Dichte individuelle Gebäudezugänge. Ähnlich wie beim Reihenhaus ist dem Gebäudetyp ein Straßenraum zugeordnet. Der Übergang zwischen Straßenraum und Gebäude ist besonders hinsichtlich der Höhenentwicklung interessant, da die Erschließung des Erdgeschosses entweder ebenerdig erfolgen kann, oder diese Zone durch ein Souterrain erhöht wird. Die Höhenentwicklung hängt im Wesentlichen von der Parklösung und dem Kellergeschoss ab, denn durch die Erhöhung besteht die Möglichkeit der natürlichen Belichtung des Untergeschosses und einer damit verbundenen höherwertigeren Nutzung.

Die städtische Lage und die begrenzte Grundstücksfläche fordern für das Parken differenzierte Lösungen. Prinzipiell ist es denkbar, Stellplätze im Vorgarten unterzubringen oder über einer Einfahrt im Untergeschoss. Beide Varianten schränken die Nutzung des Gebäudes unterschiedlich stark ein. Das Parken innerhalb des Gebäudes stellt aufgrund des Verlusts an Raumvolumen durch Rampen und die erhöhten Baukosten die teuerste Variante dar. Wegen der hohen baulichen Dichte ist es auch nicht zielführend, Parkplätze im öffentlichen Raum unterzubringen, da dieser meist sehr begrenzt ist. Sinnvoll könnte das Zusammenfassen der Stellplätze in einer Quartiersgarage sein. Wird diese noch von anderen Funktionen, etwa einem Einzelhandel oder einer sozialen Einrichtung, genutzt, ist für eine maximale Auslastung über den gesamten Tag gesorgt.

Entwicklungstrends

Betrachtet man den Reurbanisierungstrend und die sich stetig verändernden Lebensentwürfe, ist das Townhouse eine zukunftsfähige Wohnform. Der Gebäudetyp ermöglicht eine multifunktionale Nutzung auf unterschiedlichen Etagen und durch unterschiedliche Generationen. So kann etwa eine jüngere Familie in den Obergeschossen leben, während die Großeltern im Erdgeschoss wohnen. Zwischen beiden Wohnungen könnte ein barrierefreies Zwischengeschoss zur Begegnung und Kommunikation liegen. Durch den Einbau eines Lifts kann Barrierefreiheit erzeugt werden, was den Nutzerkreis für die oberen Geschosse erweitert. Demgegenüber stehen allerdings die hohen Herstellungs- und Unterhaltskosten der Aufzugsanlage.

Aus städtebaulicher Perspektive bietet das Stadthaus eine günstige Lösung zur Schließung von innerstädtischen Baulücken und auch zur Verbreiterung des Wohnungsangebots, das besonders für Baugruppen attraktiv sein könnte.

Stadthäuser am Caroline-von-Humboldt-Weg in Berlin, Fertigstellung 2006–2007

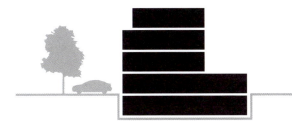

Schnitt durch ein Stadthaus

Schichten der Stadt

Mehrgeschossige Wohnbauten mit
Innenerschließung entlang einer Wasserfront

Schematischer Grundriss eines mehrgeschossigen
Wohngebäudes als Dreispänner

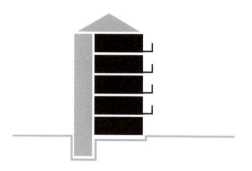

Schemaschnitt durch ein mehrgeschossiges
Wohngebäude mit Innenerschließung

Mehrgeschossiger Wohnungsbau mit Innenerschließung

Dieser Gebäudetyp besitzt einen oder mehrere innen liegende
Erschließungskerne, bestehend aus einer Treppenanlage und
gegebenenfalls auch einem Lift. Von diesem Kern aus werden
die Wohnungen auf den einzelnen Etagen erschlossen.

Die Kubatur des Gebäudes – bei diesem Typ überwiegt eine
Geschossigkeit von drei bis maximal sieben Etagen mit einer
maximalen Höhe von 25,0 Metern – kann sich den örtlichen Gegebenheiten, der geplanten Nutzung sowie den aktuellen Pla-
nungsdogmen der Zeit anpassen. Sowohl das Schließen einer
Baulücke als auch die Realisierung eines frei stehenden Punkt-
hauses oder eines Zeilengebäudes sind in Form eines mehrgeschossigen Wohnbaus mit Innenerschließung möglich. Im Vordergrund steht die Organisation der Grundrisse.

Ein weiterer Vorteil des mehrgeschossigen Wohnungsbaus
mit Innenerschließung liegt in der Möglichkeit, eine Vielzahl
von Grundrisstypen innerhalb eines Gebäudes zu realisieren.
Je nach Anzahl der Wohnungen, die von der jeweiligen Etage
aus erschlossen werden, wird im Hinblick auf die Erschließung
zwischen Ein-, Zwei- oder Mehrspännern unterschieden. Die
Anzahl der Wohneinheiten ist entscheidend in Bezug auf die
Ausrichtung des gesamten Gebäudes, die Positionierung des
Sanitärbereichs und die Vielfalt der Grundrisse. Meist handelt
es sich um Ein- bis Vierzimmerwohnungen, die eine Wohnfläche zwischen 30 und 100 Quadratmetern einnehmen. Zwei-
und Dreizimmerwohnungen mit einer Wohnfläche zwischen
50 und 80 Quadratmetern lassen sich nicht nur sehr effizient
auf den einzelnen Etagen planen, die Nachfrage nach entsprechenden Wohnungen ist auch besonders groß.

Zugang und Grundstück

Die Erschließung erfolgt über einen zentralen Eingang an der
Vorderseite des Grundstücks, der durch untergeordnete Eingänge zu Nebenflächen wie Lagerräume, Müllräume oder Ähnliches ergänzt wird. Bei Zeilenbauten erfolgt meist eine additive Anordnung der Zugänge, wodurch jeweils abgeschlossene
Wohneinheiten entstehen. Die Erschließung der Grundstücke
ist in jedem Fall abhängig davon, ob sich der Wohnbau im dichten Stadtgefüge oder außerhalb der Stadt befindet. Handelt es
sich um eine Innenstadtsituation, so bildet das Gebäude meist
eine deutliche Raumkante ohne Vorgartenzone; eine Grün-
oder Freifläche ist höchstens im rückwärtigen Grundstücksteil

vorhanden. Häufig befindet sich dort auch die Zufahrt zu den Stellplätzen oder zu einer Tiefgarage. Die Grundstücke im Innenstadtbereich besitzen aufgrund der baulichen Dichte meist nur eingeschränkte Freiflächen. In diesen Fällen ist eine Mischung der Nutzung häufig, da sich die Erdgeschosszone durch die Nähe zur Stadt und den damit verbundenen Faktoren wie dem Lärm und der hohen Bewegungsfrequenz weniger gut zum Wohnen eignet. Diese Nachteile lassen sich durch die Nutzung in Form von Büros oder Arztpraxen kompensieren. Außerhalb der Innenstädte sind mehrgeschossige Wohnungbauten vielfach stärker in eine grüne Umgebung eingebunden. Sie verfügen dort über ein größeres Flächenangebot, das Parken erfolgt in der Regel oberirdisch und die Gestaltung der Freiflächen ist, etwa in Form von Spiel- oder Aufenthaltsmöglichkeiten, mehr am Nutzer orientiert. Es ist nicht ungewöhnlich, wenn mehrere Gebäude in einem Kontext zueinander stehen, da sie häufig in einem zusammenhängenden Entwurf entstanden sind.

Viele mehrgeschossige Wohnzeilen sind in der Zeit zwischen 1960 bis 1975 geplant worden. Die Gebäude wurden damals auf dem Grundstück platziert, ohne Freiflächen wie Terrassen oder Balkone zu berücksichtigen. Dadurch entstanden Wohnungen im Erdgeschoss, die über keinen direkten Zugang zum Grün verfügen und Apartments in den oberen Geschossen, die keine Freifläche in Form eines Balkons besitzen. Heute werden diese Missstände entweder bereits in der Planung von Neubauten berücksichtigt oder durch die Nachrüstung von Balkonen und die Herstellung eines Zugangs aus dem Erdgeschoss beseitigt.

Entwicklungstrends

Der klassische mehrgeschossige Wohnungsbau stellt auch zukünftig eine der Standardlösungen dar, um Wohnungen im Stadtgebiet in einer dichten Form herzustellen. Die Gebäude und Grundrisse müssen jedoch anpasst werden, da durch die Bewohner eine größere Variationsbreite gefordert wird. Der Gebäudebestand im Mehrfamilienhaus umfasst bisher besonders Zwei- bis Dreizimmerwohnungen. Da die Zahl der kleineren Haushalte, bedingt durch die demografische Entwicklung, zukünftig zunehmen wird, steigt für diese Gruppe auch der Bedarf an Kleinwohnungen mit einem oder zwei Zimmern auf einer Grundfläche von etwa 50 Quadratmetern. Dementgegen wird der Markt und das Angebot von größeren Wohnungen stetig kleiner, was auch dazu führen kann, dass beispielsweise Familien die Stadt verlassen und Angebote im städtischen Randbereich oder im ländlichen Raum suchen müssen.

Mehrgeschossiger Wohnungsbau in Zürich-Seebach, Fertigstellung 2010 (Entwurf: Zita Cotti Architekten)

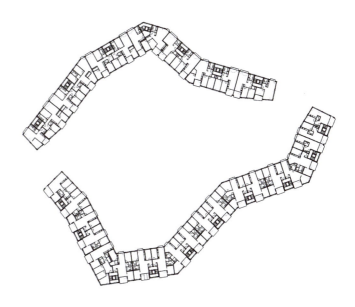

Mehrgeschossiger Wohnungsbau *Triemli* in Zürich, Fertigstellung 2011 (Entwurf: von Ballmoss Krucker Architekten)

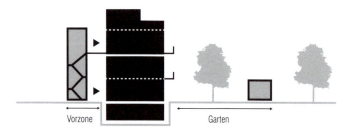

Zonierung eines mehrgeschossigen Wohnungsbaus
mit Laubengangerschließung

Mehrgeschossiger Wohnungsbau
mit Laubengangerschließung

Eine Variation von mehrgeschossigen Wohnungsbauten entsteht durch die Verlegung der Erschließung nach außen. Im Gegensatz zu den Wohngebäuden mit Innenerschließung werden die einzelnen Wohnungen bei dieser Typologie durch außen liegende Gänge erreicht. Ein Treppenhaus, das entweder in das Gebäude integriert ist oder außen am Gebäude andockt, dient zur Erschließung der Gänge.

Die Laubengänge unterscheiden sich im Wesentlichen durch ihre Gestaltung und ihre Nutzung voneinander. So entsteht etwa bei der Stapelung von Reihenhäusern im oberen Abschnitt ein Laubengang, der von den oberen Wohneinheiten zur Erschließung genutzt wird. Gerade bei kleineren Wohnbauten fällt auf, dass die Nutzer diese Gänge als Teil ihrer persönlichen Erschließungs- beziehungsweise Eingangszone betrachten und durch persönliche Objekte wie Bänke oder Schuhschränke definieren. Dies setzt trotz der Nutzung durch nur wenige Anlieger eine größere Dimensionierung der Gänge in der Planung voraus. Bei größeren Wohnanlagen, beispielsweise bei den Wohnscheiben der Siebzigerjahre, besitzen diese Gänge einen eher anonymen Charakter, was auf die höhere Nutzeranzahl und die minimierten Bewegungs- und Flucträume zurückzuführen ist.

Die Orientierung und Ausrichtung des Laubengangs erfolgt zumeist auf der ungünstigeren Seite des Grundstücks, wo beispielsweise Straßenlärm herrscht oder die Besonnung ungünstig ist. Dies bedeutet, dass die Wohnungsgrundrisse – ähnlich einem Reihenhaus – nach beiden Seiten orientiert sind. Der einseitige Erschließungsgang wirkt sich allerdings nachteilig im Hinblick auf die Privatsphäre und die Einsehbarkeit der Wohnungen aus. So werden an den Erschließungsseiten meist Schlafzimmer, Küchen oder Bäder angeordnet – Räume, die wesentlich weniger während des Tages genutzt werden und damit auch nicht dieselben Anforderungen an eine dementsprechende Belichtung haben wie etwa der Wohnbereich.

Der Vorteil einer Laubengangerschließung gegenüber einer inneren Erschließung liegt besonders darin, dass sich die Wohnungen deutlich zur günstigeren Seite des Grundstücks ausrichten können und somit keine Unterschiede in der Qualität der Wohnungen auftreten. In einem innen liegenden Gebäude gibt es häufig Wohnungen, die nach Osten oder Westen ausgerichtet sind und somit nicht immer günstig liegen. Dies wird durch die Außenerschließung verhindert.

Zugang und Grundstück

Die mehrgeschossige Bebauung in Form von Wohnscheiben, also Plattenbauten, die eine längliche, scheibenartige Form besitzen, wurde in der Vergangenheit, vorrangig in den Siebzigerjahren, vielfach auf großzügigen Grundstücken realisiert. Meist sind die Gebäude mit verschiedenen Grün- und Freiflächen verbunden und das Parken findet oberirdisch in Form von an das Gebäude grenzenden Stellflächen statt. Die Problematik dieser Außenflächen rund um das Wohngebäude liegt besonders in deren Größe, die zu vielen unübersichtlichen Situationen führt und vor allem in Bezug auf die soziale Kontrolle ihre Schwächen aufweist. Parkflächen in Form von Tiefgaragen wurden hierbei eher selten ausgeführt, da durch die zur Verfügung stehende Fläche ausreichend oberirdischer Parkraum vorhanden war. Insgesamt bieten die Freiräume der Wohnscheiben wenig räumliche Qualität und Differenzierung. Sie sind vor allem funktional organisiert und zugleich räumlich notwendig, um die Gebäude in ihrer Größe wirken zu lassen und den nötigen Abstand zur Nachbarbebauung einzuhalten.

Im Gegensatz zur Wohnscheibe besitzt das gestapelte Reihenhaus in Form eines Laubenganghauses in den meisten Fällen einen deutlicheren Bezug zum Grundstück. Ein typisches Beispiel dafür ist ein eigener Garten, welcher der Wohneinheit im Erdgeschoss zugeordnet ist. Die oberen Einheiten besitzen meist einen privaten, geschützten Freibereich in Form eines Balkons oder einer Dachterrasse. Bei manchen Projekten wird den Bewohnern vom Hauseigentümer auch ein wohnungsnaher Mietergarten zur Verfügung gestellt. Das Parken findet beim Wohnungsbau mit Laubengangerschließung zumeist oberirdisch statt und ist weitestgehend in die Organisation der Freiflächen integriert. Häufig verfügt dieser Gebäudetyp auch über wohnungsergänzende Nutzungen wie Abstellplätze für Räder oder Müllräume. In günstigen Fällen können diese Nebenflächen zur Organisation des Grundstücks beitragen.

Entwicklungstrends

Das Außenganghaus in Form eines Plattenbaus erscheint nur noch selten in aktuellen Planungen. Besonders der Typ der mehrgeschossigen Wohnscheiben wurde in den Siebzigerjahren als Form des sozialen Wohnungsbaus realisiert und besitzt, bedingt durch die Anonymität, ein eher negatives Image. Dagegen wird die Form des kombinierten Reihenhauses auch in Zukunft einen Teil des Wohnungsangebots in der Stadt bilden, da hier Potenzial für erweiterte Wohnformen besteht.

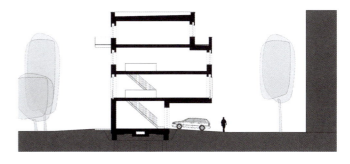

Lageplan und Schnitt des Wohnbauprojekts
Open House in Hamburg, Fertigstellung 2011
(Entwurf: Onix Architects; Kunst + Herbert Architekten)

Schichten der Stadt

Halbkreisförmiges Hochhaus in der Berliner Gropiusstadt, flankiert von einem Ensemble aus Punkthochhäusern

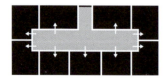 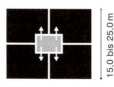

15,0 bis 25,0 m

15,0 bis 25,0 m

Schematischer Lageplan mit Erschließungsvarianten

Hochhaus

Die länderspezifischen Bauordnungen bezeichnen in Deutschland ein Gebäude überwiegend dann als Hochhaus, wenn es über eine Mindesthöhe von 22 Metern verfügt. Betrachtet man die historische Entwicklung, so haben sich bedingt durch das Wachstum der Städte auch die technischen Möglichkeiten zur vertikalen Bebauung weiterentwickelt. Daher wird ein Gebäude mit 22 Metern Höhe heute eher nicht mehr mit einem Hochhaus assoziiert werden. Die Definition des Bautyps ist auch abhängig vom räumlichen Kontext der Bebauung in den einzelnen Städten und Ländern. So sind Begriffe wie »Punkthochhaus« oder »Wolkenkratzer« hierzulande sehr geläufig, gelten richtigerweise aber erst ab einer Bebauungshöhe von etwa 200 Metern. In Asien wird ein Hochhaus überhaupt erst ab 20 Geschossen als solches klassifiziert.

Der Faktor der Höhe bestimmt die Nutzung, Organisation und Gestaltung des Gebäudes. Dadurch ergibt sich die Anzahl der Wohnungen, der Büros und der gesamten nutzbaren Flächen. Zwei Hochhausformen sind dabei besonders häufig im Stadtgefüge zu finden: das frei stehende Punkthochhaus, das sowohl zum Wohnen als auch zum Arbeiten genutzt wird, und die Hochhausscheibe, die vorrangig für Wohnnutzungen geeignet ist. Beide Formen haben das repräsentative Erscheinungsbild und die aus der Standardbebauung herausragende Höhenentwicklung gemeinsam, die besonders beim Punkthochhaus durch die quadratische Grundfläche und die daraus resultierende schlanke Form deutlich wird. Der Charakter der Bebauung trägt auch zur Imageentwicklung der gesamten Stadt bei wie beispielsweise in Frankfurt oder Rotterdam. Dieser Effekt kommt vor allem den Investoren der Gebäude und auch eingemieteten Unternehmen zugute, die vom Branding durch die Hochhäuser profitieren. Eine weitere Ursache für die Höhenentwicklung ist, vor allem in zentralen Innenstadtlagen, in den hohen Bodenpreisen zu finden, die dazu beitragen, dass sich die Bebauung vertikal und nicht horizontal entwickelt.

Im Gegensatz zum Punkthaus wirkt das Scheibenhochhaus nicht allein durch seine Höhe, sondern auch durch seine Masse. Der wie eine Skulptur in Erscheinung tretende Gebäudetyp wurde besonders in den Sechziger- und Siebzigerjahren realisiert. Wohnscheiben sind häufig in Kombination mit anderen wohnungsnahen Funktionen wie Läden oder Arztpraxen zu finden. Neuere Planungen sind höchstens in stark modifizierter Weise anzutreffen und verfolgen dann durch ihre Scheibenwirkung zum Beispiel den Zweck als Lärmschutz.

Zugang und Grundstück

Das Punkthochhaus besitzt innen liegende Erschließungen über Aufzüge und Treppenhäuser. Aufgrund der Höhe spielt bei der Entwicklung von Hochhäusern besonders der Brandschutz eine wichtige Rolle. Durch die begrenzte Leiterhöhe der Feuerwehr ist es notwendig, ausreichend Fluchttreppenhäuser zu planen, was dazu führt, dass sich die nutzbare und vermarktbare Fläche reduziert. Wirtschaftlich sinnvolle Gebäude entstehen daher bis zu einer Höhe von etwa 200 Metern. Bei größeren Höhen werden auch zusätzliche Rettungswege und Treppenhäuser notwendig, was wiederum die Nutzfläche verkleinert und das Wirtschaftlichkeitsverhältnis umkehrt.

Beim Scheibenhochhaus sind verschiedene Erschließungen wie Außengänge oder Zugänge über zentrale Treppenhäuser möglich. Die Vor- und Nachteile liegen zum einen im Flächenbedarf der Erschließung und zum anderen in der Ausrichtung und Variationsmöglichkeit der Wohnungen.

Bei beiden Formen, dem Punkt- und dem Scheibenhochhaus, spielen die Grundstücksaufteilung und die Parkierung nur eine untergeordnete Rolle. Das Parken kann aufgrund der hohen Dichte allerdings auch nur in einer Tiefgarage stattfinden.

Entwicklungstrends

Der Typ des Hochhauses wird auch in Zukunft eine bedeutende Rolle in der Stadtplanung spielen. Besonders die Aspekte der Repräsentation und Identifikation sorgen dafür, dass sich die Städte auch künftig mithilfe von einzelnen, in die Höhe ragenden Prestigebauten ein Markzeichen setzen, um sich voneinander zu unterscheiden. Die Nutzung der Gebäude erfolgt dann jedoch nur mehr selten monofunktional, sondern es werden Büro- und Handelsflächen, Wohneinheiten und in vielen Fällen auch Hotelnutzungen etagenweise miteinander kombiniert. Dieser Nutzungsmix hat den Vorteil, dass man die in wirtschaftlicher Hinsicht unterschiedlich bedeutenden Etagen auch funktional anders besetzen kann. So sind etwa Hotelzimmer in den höchsten Geschossen des Gebäudes wirtschaftlich interessanter und demzufolge gewinnbringender als auf derselben Etage untergebrachte Büroflächen.

In Bezug auf die steigenden Baumaterial- und Energiekosten ist es fraglich, inwieweit eine Höhenentwicklung der Gebäude in Bereiche von 400 und mehr Metern überhaupt noch vertretbar ist. Möglicherweise ist auch im Bereich der Hochhausplanung eine Wachstumsbegrenzung durch die wirtschaftliche Tragfähigkeit zu erkennen.

Entwurf von Frank O. Gehry für ein Wohnhochhaus in Berlin (2013), schematischer Schnitt durch ein Hochhaus (unten)

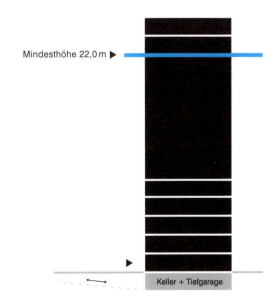

Mindesthöhe 22,0 m ▶

Keller + Tiefgarage

Vermittler zwischen Einfamilienhaussiedlung und modernen Zeilenbauten: die Schule als städtebauliche Großform

3.2.3 Städtebauliche Gebäudelehre

Kindergärten und Schulen

Bei der Entwicklung von Wohngebieten oder bei Neuordnungen von Brachflächen im Zuge der Innenentwicklung tritt auch die Frage nach Betreuungseinrichtungen für Kinder auf. Diese sollten möglichst wohnungsnah und in Verbindung mit anderen Einrichtungen im Gebiet entwickelt werden.

Architektonisch können Kindergärten in zwei verschiedenen Varianten ausgeführt werden: als frei stehendes Gebäude mit umliegender Frei- und Spielfläche oder integriert in ein mehrgeschossiges Gebäude im Erdgeschoss, wobei das eigentliche Gartengrundstück als Freifläche genutzt werden kann. In Einzelfällen kann im innerstädtischen Kontext auch die Dachterrasse als Spielfläche genutzt werden.

Kindergärten kann man im Allgemeinen in drei verschiedene Einrichtungsmöglichkeiten unterscheiden: die Kinderkrippe, in der Kleinkinder und Säuglinge zwischen sechs Wochen und drei Jahren versorgt werden, den Kindergarten, der zumeist ganztägig die Betreuung der Drei- bis Sechsjährigen übernimmt, und den Kinderhort, der die nachschulische Betreuung von jüngeren Schulkindern gewährleistet.

Aus städtebaulicher Perspektive gilt es, bei der Planung von Betreuungseinrichtungen, den günstigsten Ort im Plangebiet zu ermitteln. Das Grundstück muss ausreichend groß sein, um neben dem Gebäude auch Flächen im Außenbereich für Spielbereiche, Nebengebäude und das Parken zu sichern. Voraussetzung für den Standort ist eine zentrale Lage im Plangebiet, die sowohl aus Perspektive des Fußgängers als auch des Autofahrers gut erreichbar ist. Man sollte minimal zwei Stellplätze für das Personal einplanen, wobei dies auch abhängig von der Anzahl der zu betreuenden Kinder ist. So wird je 25 Kinder ein Stellplatz berechnet. Besonders morgens ist mit einem erhöhten Verkehr durch bringende Eltern zu rechnen. Neben der Planung von ausreichend Stellplätzen muss daher auch das kurzzeitige Halten der Eltern gewährleistet sein.

Die Bemessung der Grundstücksgröße ist abhängig von der Anzahl der Kinder. Pro Kind sollte etwa zehn bis 15 Quadratmeter Fläche eingeplant werden. Dies bedeutet, dass ein Kindergarten mit vier Gruppen und jeweils 20 Kindern eine Fläche von 800 bis 1.200 Quadratmetern einnimmt. Dieser Wert kann als grobe Orientierung betrachtet werden und ist von Faktoren wie dem zu beplanenden Grundstück und der internen Organisation des Kindergartens abhängig.

Zentrales Element des Gebäudes ist der Gruppenraum, der abhängig von der Anzahl der Kinder ist. So kann als Richtwert eine Fläche von zwei bis drei Quadratmetern je Kind angesetzt werden. Dies bedeutet bei einer mittleren Gruppengröße von 20 bis 25 Kindern eine Gruppenraumgröße von 50 bis 75 Quadratmetern. Es sind noch weitere Nebenräume wie Werkräume (20 bis 25 Quadratmeter), Abstellräume, Teeküchen für das Personal, Verwaltungszimmer und sanitäre Anlagen einzuplanen. Eine besondere Rolle besitzen die Garderobe nahe dem Eingang und die Flure zu den Gruppenräumen. Aufgrund der hohen Nutzungsfrequenz müssen beide ausreichend dimensioniert sein. Die Breite sollte daher nicht unter 1,80 Metern liegen und die Planung von Treppen sollte weitestgehend vermieden werden. Die Anordnung der Räume kann vielfältig sein und ist besonders von der Ausrichtung und Beschaffenheit des Grundstücks abhängig. Es besteht die Möglichkeit, einen Spännertyp mit ein- oder beidseitig an den Flur geschalteten Räumen zu entwickeln. Dies wird zumeist auf langgezogenen Grundstücken angewendet. Ebenso ist die Realisierung eines konzentrierten und kompakten Typs möglich, der über eine zentrale Halle die angrenzenden Räume erschließt.

Die Außenfläche wird durch das Spiel und den Aufenthalt der Kinder bestimmt. Daher sollten Grundstücke ausgewählt werden, die eine möglichst interessante und abwechslungsreiche Umgebung besitzen. Versiegelte und unversiegelte Flächen, die verschiedenartig bespielt und befahren werden können, sowie ausreichende Nebengebäude zum Aufbewahren der Spielgeräte sind in der Planung zu berücksichtigen. Durch die hohe Intensität der Nutzung im Außenbereich spielt auch der Schutz vor direkter Sonneneinstrahlung eine große Rolle. Bäume können zum Teil als Schutz dienen, sind aber sinnvollerweise durch Sonnensegel oder andere technische Vorkehrungen zu ergänzen. Das gesamte Grundstück ist durch einen Zaun, der nicht als massive Wand wirkt, beispielsweise in Kombination mit Hecken oder Büschen, zu umfassen.

Bei der Neuplanung von Kindergärten sollte die langfristige Nutzung des Gebäudes beachtet werden. Durch den demografischen Wandel ist es denkbar, dass Kindergärten teilweise oder in Gänze nicht mehr benötigt werden. Andere soziale Einrichtungen, die im Wohngebiet notwendig sind, könnten dann im Gebäude untergebracht werden. Es ist daher bereits bei der Planung auf einen möglichst flexiblen Entwurf zu achten, der den Bedürfnissen eines Kindergartens gerecht wird, aber zukünftig noch Entwicklungen zulässt.

Schichten der Stadt

Schulen

Neben Kindergärten ist die Bereitstellung von Flächen für Grundschulen in Wohngebieten notwendig. Die Planung weiterführender Schulen wird eher selten auf Ebene eines Wohngebiets oder Quartiers realisiert.

Die Lage der Schule ist sowohl im Bezug auf das verfügbare Grundstück als auch auf die Erschließung insbesondere durch Fußgänger und Radfahrer von Bedeutung. Es ist davon auszugehen, dass die Schüler zunehmend selbstständig den Schulweg begehen oder befahren. Daher ist die Schule so zu positionieren, dass der Schulweg möglichst frei von stark befahrenen Kreuzungen und Wegen ist. Besonders im Fall von Überwegungen sollten diese so ausgewiesen werden, dass sie als Teil des Schulwegs deutlich erkennbar sind. Um den Schulweg nicht nur sicher, sondern auch attraktiv zu gestalten, können verschiedene Orientierungspunkte und kurzeitige Aufenthaltsorte eingeplant werden, die zur Verortung beitragen.

Die Grundschule ist in einzelnen Zügen organisiert, basierend auf vier Klassenstufen mit jeweils etwa 25 bis 30 Schülern. Je Klasse ist dabei ein Raum, mit einer Fläche von 60 bis 75 Quadratmetern und einer maximalen Tiefe von neun Metern notwendig, da darüber hinaus eine optimale Raumakustik nicht mehr gewährleistet ist. Zusätzlich sind Mehrzweckräume, nach Geschlechtern getrennte Sanitärräume, Räume für die Verwaltung sowie Hauswirtschafts- und Lagerräume einzuplanen. Innerhalb des Schulgebäudes sollte eine Mindestbreite der Flure von 2,50 Metern sichergestellt sein. Bei einer einzügigen Grundschule mit etwa 120 Schülern wird eine minimale Gebäudefläche von 500 Quadratmetern benötigt, bei zwei Zügen sind 1.000 Quadratmeter vorzusehen. Umgerechnet ergibt dies je Schüler einen Flächenbedarf von 4,0 bis 4,2 Quadratmetern. Wenn möglich, sollte die Freifläche der Schule zusammen mit einem Spielplatz oder einem Bolzplatz entwickelt werden, so dass der Außenraum auch außerhalb des Schulbetriebs genutzt werden kann. Die Bereitstellung von Stellplätzen für Autos und insbesondere Fahrräder ist nicht nur für den Schulbetrieb wichtig, sondern auch für die Durchführung von Abendveranstaltungen im Schulgebäude. Dabei kann von einem Autostellplatz je 30 Schülern und einem Radabstellplatz je drei Schüler ausgegangen werden. Ab einer gewissen Größe der Grundschule sind im Außenbereich auch Sportflächen und kleinere Spielfelder notwendig. Außerdem sollten im Freibereich außerhalb der Schule sowohl verschiedene Angebote bereitgestellt werden, die zum Spielen und Bewegen animieren, als auch überdachte und ruhigere Rückzugs- und Spielflächen angeboten werden. Auch sind hier zusätzliche Nutzungen und Einrichtungen, beispielsweise ein Schulgarten oder eine Teichanlage, möglich, die für den pädagogischen Lehralltag genutzt werden können. Pro Kind sollte im Außenbereich mit einer Fläche zwischen vier und sechs Quadratmetern gerechnet werden.

Ähnlich wie bei Kindergärten sollte auch bei Schulen bereits im Planungsprozess an eine Weiter- oder Umnutzung in der Zukunft gedacht werden. Besonders bei schulnahen Sporteinrichtungen ist gegenwärtig eine Doppelbelegung in den Abendstunden durch Sportvereine zu beobachten, um eine wirtschaftlich sinnvolle Auslastung der sich meist im städtischen Besitz befindlichen Anlagen zu erzielen.

Bürogebäude

Büro- und Verwaltungsgebäude machen besonders im Stadtzentrum einen Großteil der Bebauung aus. Sie können in öffentlich zugänglichen oder auch privaten Gebäuden untergebracht sein. Zu den öffentlichen Gebäuden gehören Rathäuser, Bürgerzentren oder andere Ämter. Bei privaten Gebäuden muss man zwischen der Nutzung mit täglichem Kundenverkehr unterscheiden, dies ist etwa bei Banken und Versicherungen der Fall, und den Büroräumen, die nur sehr wenig frequentiert werden, etwa Anwaltskanzleien oder Steuerberaterbüros.

Die Struktur der Büroflächen kann sehr unterschiedlich sein. Möglich sind kleinräumliche und großräumliche sowie flexible Büros. Dabei kann in unterschiedliche Organisationsformen unterschieden werden:

▶ Zellenbüros mit Flur und ein- oder zweibündiger Anlage
▶ Kombibüros mit einer offen gestalteten Zone
▶ Großraumbüros in Form einer meist offen gestalteten (Groß-)Struktur

Unabhängig von der Typologie und dem Kundenverkehr ist im optimalen Fall so zu planen, dass größere Bürostandorte in der Nähe von ÖPNV-Punkten liegen und nicht nur mit dem Auto erreichbar sind. Ob eine Anbindung an den öffentlichen Personennahverkehr sinnvoll ist, hängt im Wesentlichen von der Größe des Büros, der Anzahl der Mitarbeiter und auch den Besuchern ab. In der Vergangenheit haben sich hier Standorte von Büroclustern herausgebildet, die zwar außerhalb der Stadtzentren liegen, aber in der Regel eine günstige Verbindung zur Innenstadt per Bahn oder Bus besitzen. Der Grund dafür, dass

Bürozentren häufig außerhalb der Innenstadt errichtet werden, liegt vor allem in den hohen Grundstückspreisen, die dazu führen, dass etwa Banken ihre Hauptfiliale im Stadtbereich aufrechterhalten und die durch Besucher nicht frequentierten Backoffice-Bereiche außerhalb des Stadtzentrums verlegen.

Frequentierung und Anzahl der Besucher bestimmen im Wesentlichen die Gestaltung der Erdgeschosszone des Gebäudes. Diese sollte bei regelmäßigem Besucherverkehr prinzipiell offen und transparent gestaltet sein, für erstmalige Besucher sofort nachvollziehbar sein und über einen barrierefreien Zugang verfügen.

Eine Mischung verschiedener Funktionen, zum Beispiel eine Wohn- in Kombination mit einer Büronutzung, ist lediglich bei kleineren Einheiten zu finden. Ab einer gewissen Größe eines Bürokomplexes sind diese Funktionen getrennt in eigenständigen Gebäuden untergebracht. Eine etagenweise Mischung setzt einen dementsprechenden Grundriss des Gebäudes, der gleichzeitig Wohnen und Arbeiten möglich macht, voraus.

Der Vorteil einer Kombination von Wohnen und Arbeiten ist, dass es bei beiden Nutzungen aufgrund ihrer zeitlich versetzten Bedürfnisse zu wenigen Konfliktpunkten kommt und beispielsweise auch Stellplätze doppelt genutzt werden könnten. Die Problematik liegt hierbei allerdings in den speziellen Anforderungen der beiden Funktionen, die für den Bereich der Erschließung, die Einrichtung der sanitären Räume sowie die Orientierung hinsichtlich der Belichtung gelten.

Neben der Unterbringung der Funktionen und der damit verbundenen Entwicklung eines entsprechenden Grundrisses nimmt das für eine Büronutzung unabdingbare Parken einen hohen Stellenwert in der Planung ein. Die notwendige Stellplatzzahl ist abhängig davon, wie intensiv die Besucherfrequenz ist. Bei einem Büro mit hoher täglicher Bewegung sollte je 20 Quadratmeter Bürofläche ein Stellplatz eingeplant werden, bei einer niedrigen Frequenz oder keinem Kundenverkehr ist je 30 Quadratmeter ein Parkplatz einzuberechnen. Unterschieden werden muss hier zwischen ober- und unterirdischem Parken. Die Planung einer Tiefgarage ist im Wesentlichen abhängig von der Größe und vom Zuschnitt des Grundstücks. Hauptkriterium hierfür ist die zur Verfügung stehende Fläche, da neben den Zugängen, auch mögliche Anlieferungszonen, Abstellflächen für Fahrräder oder Container berücksichtigt werden müssen. Wenn nicht ausreichend Fläche zum oberirdischen Parken vorhanden ist, liegt die Lösung in einer Garage. Diese kann sich unter dem Gebäude befinden oder auch gestapelt auf dem Grundstück selbst. Die Größe der Garage ist abhängig von der benötigten Anzahl an Stellplätzen und dem verfügbaren Raum. Bei der Planung einer Tiefgarage ist die Einfahrt, wenn möglich, in das Gebäude zu integrieren und von der Straße aus kenntlich zu machen.

In beiden Fällen des ober- wie unterirdischen Parkens wirkt sich die Parklösung auf die Gestaltung des Grundstücks aus. Beim oberirdischen Parken werden die Oberflächen zumeist vollständig versiegelt. Wird die Garage unter dem Gebäude geplant, so hat dies häufig Auswirkungen auf die tragende Struktur und den Grundriss. Ein Vorteil liegt jedoch darin, dass die Räume direkt von der Tiefgarage aus, über Fahrstuhl oder Treppe erschlossen werden können.

Die Herstellung von Stellplätzen bei Verwaltungs- oder Bürogebäuden kann auch zu einer Entlastung des Parkens im privaten Wohnbereich beitragen. Anzustreben wäre in der Planung eine Mischung aus verschiedenen Nutzungen innerhalb des Gebäudes, um auch über den ganzen Tag verteilt, sowohl in der Nutzung des Gebäudes als auch beim Parken, eine hohe Auslastung der Kapazitäten zu erzielen.

In den meisten Städten besteht gegenwärtig ein Überangebot an Büroflächen. Dies ist zum einen auf die teilweise eingeschränkte Weiterentwicklung und Umnutzung von älteren Gebäuden und zum anderen auf den gewählten Investitionsschwerpunkt in Büroflächen zurückzuführen. Das Problem wird besonders in den monotonen Bürozentren der Großstädte deutlich, die in den Siebzigerjahren vielerorts realisiert wurden und sich nun in einem Umstrukturierungsprozess befinden.

Schichten der Stadt

Bürgerzentrum mit integrierten Gewerbeeinheiten

In die Bebauung integrierte Gewerbeeinheiten

Gewerbeeinheiten / Läden

Bei der Innenentwicklung von Städten ist sowohl bei Neuplanungen als auch bei Umnutzungen eine Ergänzung der Wohneinheiten durch Gewerbeflächen und Läden anzustreben. Die Mischung aus verschiedenen Nutzungen trägt nicht nur zur Attraktivitätssteigerung der Wohnstandorte bei, sondern führt auch dazu, dass alle notwendigen Wege in der Stadt minimiert und im Idealfall autounabhängig bewältigt werden können.

Besonders größere Lebensmittelmärkte tendieren häufig dazu, sich außerhalb des Stadtzentrums anzusiedeln, da dort das Bauland günstiger und ausreichend Fläche für das Parken und die ganztägige Anlieferung vorhanden ist. Beide Aspekte, das Parken und die Anlieferung, stellen in innerstädtischen Lagen eine Belastung für die Anwohner dar. Durch zeitliche Beschränkungen der Anlieferung, effiziente Planungen der Zufahrten zu den Parkflächen und durch eine strategische Einbindung in ein Geflecht aus verschiedenen Nutzungen kann ein Gewerbestandort auch in einer dichten städtischen Umgebung realisiert werden. Bei der Quartiersplanung erscheint die Integration eines Lebensmittelmarkts, der als Anziehungspunkt wirkt, sinnvoll. Dieser sollte durch andere Ladennutzungen wie einen Bäcker oder einen Kiosk sowie öffentliche Einrichtungen oder Verwaltungen ergänzt werden. Um die Nutzungsintensität zu steigern, sollte ein Standort so gewählt werden, dass dieser direkt mit einem ÖPNV-Knotenpunkt verbunden ist.

Für beide Nutzungen, Gewerbeeinheiten und Läden, gilt, dass diese auf Flächen untergebracht werden sollten, die zum Wohnen meist weniger geeignet sind, zum Beispiel entlang der straßenseitigen Erdgeschosszone eines Wohnhauses.

Bei der städtebaulichen Planung von gemischten Nutzungen ist ein flexibler Grundriss notwendige Bedingung. Dies bezieht sich sowohl auf die Organisation der Grundrisse der Gebäude als auch auf die des umgebenden Grundstücks. Gerade bei Projekten im Bereich der innerstädtischen Nachverdichtung ist es wichtig, frühzeitig die verschiedenen Bedürfnisse der Nutzer zu berücksichtigen und die Möglichkeiten der Nutzungserweiterung bereits in die Planung miteinzubeziehen.

Auf Ebene der Gesamtstadt ist im Hinblick auf die Vermeidung weiterer Funktionstrennungen eine kleinteilige Mischung der Nutzungen anzustreben. Neben der Reduzierung des Flächenverbrauchs außerhalb der Stadt sowie der Minimierung der Fahrwege bieten im Stadtgebiet integrierte Einzelhandelsbetriebe und Kleingewerbe den Vorteil der Belebung und Aktivierung des gesamten Stadtteils.

3.2.4 Städtebauliche Dichte

Die einzelnen Gebäudetypen und Bausteine in der Stadt unterscheiden sich nicht nur durch ihre Bauform und ihre Lage im Stadtgefüge voneinander, sondern auch durch ihre bauliche Dichte, die ein wesentliches Merkmal der verschiedenen Siedlungsstrukturen darstellt.

Der Begriff der Dichte wird sowohl im Hinblick auf die Bevölkerung als auch auf die Bebauung angewendet. Beide Dichtebegriffe sind notwendig, um den Status der Nutzungsintensität beziehungsweise das Maß der baulichen Nutzung zu ermitteln, was nicht nur für die Analyse des Bestands, sondern auch für zukünftige Planungen eine wichtige Rolle spielt.

Die Einwohnerdichte setzt die Anzahl der Einwohner (EW) in Relation zu der spezifischen Fläche. Man unterscheidet dabei zwischen Bevölkerungs-, Wohn- und Belegungsdichte:

Die **Bevölkerungsdichte** (EW / Quadratkilometer) wird aus der Berechnung der Anzahl der Bewohner je Quadratkilometer Fläche ersichtlich. Das Resultat der Berechnung gibt einen überschlägigen Gesamteindruck der Dichte. In die Berechnung der Bevölkerungsdichte werden auch alle öffentlichen Räume wie Parkanlagen oder Straßen einbezogen.

Die **Wohndichte** (EW / Hektar Bauland) ist der Dichtewert, der die Anzahl der Bewohner je Hektar Bauland widerspiegelt. Der berechnete Wert ist abhängig davon, ob als Berechnungsgrundlage das Brutto- oder das Nettowohnbauland herangezogen wird. Eine Unterscheidung in Brutto- und Nettowohnbauland ist notwendig, um die Fläche zu ermitteln, die für die reine Wohnnutzung zu Verfügung steht. Flächen für Misch- oder Gewerbenutzung sowie Flächen für nicht dem Wohnen dienende Sondernutzungen oder übergeordnete Infrastrukturen fließen hier nicht in die Berechnung mitein. Das Nettowohnbauland stellt die Summe aller Wohngrundstücke mitsamt Nebenflächen wie Garagen und private Grünanlagen dar. Allgemein zugängliche Erschließungsflächen beziehungsweise öffentliche Infrastrukturflächen für Straßen sowie Grünräume, aber auch spezifische Einrichtungen und Gemeinbedarfsflächen wie etwa Kindergärten oder Grundschulen bleiben bei der Berechnung unberücksichtigt.

Die **Belegungsdichte** (EW / WE) drückt das Verhältnis zwischen der Anzahl der Bewohner und der Wohneinheit (WE) aus. Tendenziell ist die Belegungsdichte im ländlichen Raum höher als im Stadtgebiet, was auf die unterschiedliche Zusammensetzung der Familien zurückzuführen ist.

Vergleichbar mit der Einteilung der Bevölkerungsdichte wird auch die Bebauung in mehrere Dichtewerte unterteilt, die planerisch festgelegt werden können. Diese Berechnungswerte bilden im Wesentlichen die Grundlage für die Gestaltung und Wirkung des Stadtraums:

Mit der **Grundflächenzahl** (GRZ) oder *ground space index* wird das Verhältnis zwischen bebautem und nicht bebautem Grund ausgedrückt. Meist bezieht sich der Wert auf ein spezifisches Grundstück oder einen Bestandteil einer Siedlungsstruktur.

Durch die **Geschossflächenzahl** (GFZ) oder *floor space index* kann die Geschossigkeit und die Höhenentwicklung der Gebäude auf dem Grundstück festgelegt werden.

Die wirkende Kubatur auf einem Grundstück wird auch durch die Angabe der **Baumassenzahl** (BMZ) ersichtlich. Diese gibt an, wie viel Kubikmeter Baumasse je Quadratmeter Grundstücksfläche zulässig sind. Die Wertangabe der BMZ wird eher nicht im Wohnungsbau verwendet, sondern bei Gewerbebauten, die durch ihre räumliche Kubatur stärkere Auswirkungen auf das Erscheinungsbild der Umgebung haben.

Ein weiteres Merkmal zur Differenzierung der baulichen Dichte ist die **Wohnungsdichte**, welche die Anzahl der Wohnungen in Bezug auf ein spezielles Gebiet ausdrückt. Bei der Neuentwicklung eines Wohngebiets kann man pauschal davon ausgehen, dass etwa zwei Drittel der Fläche in private Grundstücke übergehen und das übrige Drittel öffentliche Fläche bleibt. Dies ist lediglich ein Orientierungswert, der dazu dient, einen Eindruck über die Größe der zu beplanenden Fläche zu erhalten. Beim Entwurf kann sich dieser Wert abhängig von der Art der Bebauung, der Dichte oder des Infrastrukturangebots ändern.

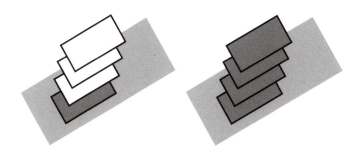

Grundflächenzahl (GRZ) Geschossflächenzahl (GFZ)

Schichten der Stadt

Art der baulichen Nutzung	Zahl der Vollgeschosse
WA	**II** TH = 7,00 m
Grundflächenzahl	Geschossflächenzahl
0,6	(1,2)
Bauweise	Zulässige Dachformen
o	**PD**
Zulässige Haustypen	Baumassenzahl
△ E,D	**BMZ**

Beispiel Nutzungsschablone

Art der baulichen Nutzung

gibt an, wie das Baugebiet (§§ 1–15 BauNVO) genutzt werden darf:

WS	Kleinsiedlungsgebiete
WR	reine Wohngebiete
WA	allgemeine Wohngebiete
WB	besondere Wohngebiete
MD	Dorfgebiete
MI	Mischgebiete
MK	Kerngebiete
GE	Gewerbegebiete
GI	Industriegebiete
SO	Sondergebiete

Maß der baulichen Nutzung

Zahl der Vollgeschosse
gibt an, wie viele Vollgeschosse errichtet werden dürfen.

Grundflächenzahl
(GRZ) gibt an, wie viel der Grundstücksfläche bebaut werden kann.

Geschossflächenzahl
(GFZ) gibt an, wie groß die Fläche aller Geschosse sein darf.

Bauweise
gibt an, wie die Häuser zueinander gestellt werden dürfen
(offen/geschlossen).

Dachform
gibt an, welche Form und welche Neigung oder Höhe das Dach haben darf.
Beispiele: Pultdach (PD), Satteldach (SD), Flachdach (FD), Walmdach (WD)

Baumassenzahl
(BMZ) gibt an, wie viel Kubikmeter Baumasse je Quadratmeter Fläche eines
Baugrundstücks zulässig oder vorhanden sind.

Höhe baulicher Anlagen
gibt an, wie hoch die bauliche Anlage sein darf; z.B. Angabe der
OK Traufhöhe oder OK Firsthöhe über NN.

Bebauungspläne (abgekürzt B-Pläne) werden von der Gemeinde als Satzung beschlossen und sind verbindliche Bauleitpläne, die aus dem FNP (Flächennutzungsplan) zu entwicklen sind. Sie enthalten die rechtsverbindlichen Festsetzungen für die städtebauliche Ordnung und regeln die Art und Weise der möglichen Bebauung und die Nutzung der in diesem Zusammenhang stehenden von einer Bebauung frei zu haltenden Flächen. Im Geltungsbereich eines Bebauungsplans ist ein Vorhaben nur zulässig, wenn es den Festsetzungen des Bebauungsplans nicht widerspricht. Vorhaben, die ihm widersprechen, können unter den Voraussetzungen des § 31 BauGB zugelassen, Vorhaben, die ihm nicht widersprechen, unter den Voraussetzungen des § 15 BauNVO unterbunden werden. Nach ihrem Inhalt werden die Bebauungspläne in qualifizierte, einfache und vorhabenbezogene Bebauungspläne eingeteilt. Neben der Planzeichnung enthält der B-Plan einen Textteil mit schriftlichen Festsetzungen, die die Planzeichnung inhaltlich ergänzen und die städtebaulichen Ziele begründen.

Verfügbares Bruttobauland

Abgezogen werden Flächen für den Verkehr
und sonstige Infrastruktur sowie für Misch-,
Gewerbe- und Sondergebiete.
Verfügbar ist nun das Bruttowohnbauland.

Abgezogen werden Flächen für den Gemeinbedarf,
zur inneren Erschließung sowie Flächen,
die innerhalb des Gebietes zur Erholung dienen
wie Grün- und Freiflächen.

Verfügbares Nettowohnbauland

Bebauungsplan I-209 des Bezirks Mitte zu Berlin (2004)

Schichten der Stadt

3.2.5 Exkurs: Nachhaltige Stadtplanung und Bebauung

Die Ausweitung des bebauten Raums zur Wohn-, Gewerbe- oder verkehrlichen Nutzung nimmt kontinuierlich zu. Dies ist aus ökologischer Sicht vor allem wegen der Versiegelung der Oberflächen bedenklich. Denn dadurch werden unversiegelte Grün- und Freiflächen stetig reduziert, was direkte Auswirkungen auf die Verinselung von Biotopen oder auf den Hitzestress in Städten hat. Und auch die Frage nach der Reduzierung des Energieverbrauchs und die damit verbundene Suche nach alternativen Energien stellt die Städte als einen der größten Energiekonsumenten vor eine Herausforderung.

Neben dem Umgang mit den Energieressourcen wie auch dem Grund und Boden sind im Sinne einer nachhaltigen Stadtplanung vor allem Faktoren wie der Verkehr und das städtebauliche Gerüst, die Bebauungsstruktur, genauer zu betrachten. Lösungsansätze und Anforderungen sollten integral sein und die einzelnen Aspekte miteinander verbinden.

Probleme bei der Umsetzung einer nachhaltigen Stadtplanung entstehen zumeist durch die vielschichtigen Interessenslagen und Zielsetzungen der Kommunen, Investoren und Nutzer. Dabei ist die Gefahr groß, dass die Nachhaltigkeitsaspekte zugunsten einseitiger und zu kurzfristig gedachter Prioritäten im Hinblick auf Rentabilität in den Hintergrund gedrängt oder ganz aufgegeben werden. Durch den zeitlich langen Planungsprozess, eingeteilt in verschiedene Planungsschritte, müssen die Nachhaltigkeitsforderungen von Anfang an in die Planung miteinbezogen und von Planungsstufe zu Planungsstufe weiter detailliert und wiederholt werden. So kann bereits im Vorfeld einer Planung durch die richtige Auswahl des Projektgebiets ein wichtiger Beitrag zu einer nachhaltigen Stadtplanung geleistet werden.

Grund und Boden

Der Boden stellt die Lebensgrundlage und den Lebensraum für Mensch, Flora und Fauna dar, ist aber auch die Basis für jegliche städtebauliche Entwicklung. Im Kontrast zu einer nachhaltigen Stadtplanung steht allerdings die Ausdehnung der Flächen, die für das städtische Wohnen, das Gewerbe und die Infrastruktur benötigt werden. Die Zunahme der Wohnflächen ist sowohl durch das Wachstum der persönlichen Flächenansprüche des Einzelnen (auf gegenwärtig annähernd 50 Quadratmeter) als auch die Zunahme der Weltbevölkerung insgesamt, zumindest global gesehen, begründet.

Auch die Abwanderung aus den Kernen der Städte in den sogenannten Speckgürtel hat den Trend der Flächenausdehnung weiter verstärkt und die Dichte der Bebauung insgesamt reduziert. Gerade im suburbanen oder ländlich geprägten Raum haben sich flachverdichtete Wohnformen wie frei stehende Einfamilienhäuser, Reihenhäuser und Doppelhäuser durchgesetzt. Dies hat nicht nur die Zersiedelung weiter verstärkt, sondern auch für einen erhöhten Bedarf an Infrastruktureinrichtungen gesorgt, der sich sowohl im Ausbau des Straßennetzes als auch in der Errichtung von notwendigen Einrichtungen im sozialen Bereich, zum Beispiel Schulen oder Kindergärten, bemerkbar macht.

Ähnliche Entwicklungen sind im gewerblichen Sektor zu verzeichnen. Vergleichbar mit der Wohnsituation wurden auch hier in der Vergangenheit vielfach höhere Flächen ausgewiesen und nur eine geringe städtebauliche Dichte erreicht. Das hängt vor allem damit zusammen, dass sich Erweiterungen bestehender Gewerbe – besonders für Vorratshaltung – horizontal ausdehnen, diese aber nicht vollständig genutzt werden. Und auch die verkehrlichen Erschließungen, die für die betrieblichen Erweiterungen notwendig sind, erzeugen wiederum eine Erhöhung des Flächenbedarfs.

Die zunehmende Flächeninanspruchnahme verursacht einen weiteren Anstieg der Versiegelung. Dies führt neben der Bodenverdichtung auch zu einer natürlichen Abnahme der Biotopvielfalt und häufig auch zu einer Absenkung des Grundwasserspiegels. Eine weitere Folge der Versiegelung ist die verstärkte Abführung des Regenwassers in die Kanalisation. Dies wirkt sich auf die Infrastruktur der Abwasseraufbereitung aus, die durch die Zunahme der Wassermenge an ihre Kapazitäts- und Verarbeitungsgrenzen stößt. Die mögliche Absenkung des Grundwasserspiegels kann überdies zu einer verminderten Neubildung des Grundwassers führen und auch Einfluss auf nicht tiefwurzelnde Pflanzen haben. So sollte bei allen Neuplanungen und – wenn möglich – auch bei Nachverdichtungen im Innenbereich das Regenwasser getrennt von der Kanalisation gesammelt werden und an der Oberfläche versickern.

Eine Alternative zur Bebauung bislang unversiegelter Flächen stellen ehemals industriell oder militärisch genutzte Areale im Stadtgebiet dar. Da Grund und Boden in diesen Fällen, bedingt durch die ehemalige Nutzung, einer starken Belastung unterliegen, muss bei Neuplanungen auf eine genaue Kartierung und Erfassung Wert gelegt werden, um einen behutsamen und mit der neuen Planung abgestimmten Umgang sicherzustellen.

Neben der Belastung durch kontaminiertes Material spielt die Sanierung und Entsorgung des Materials, vor allem in Anbetracht der Kosten, bei Umnutzungen entsprechender Flächen eine Rolle. Dies erfolgt in der Regel durch die Integration des Schuttmaterials in die Gestaltung der Frei- und Grünflächen.

Zusammenfassend sollte beim nachhaltigen Umgang mit dem Grund und Boden auf folgende Kriterien geachtet werden:

▶ flächensparende Planung der Bebauung und Erschließung
▶ Fokus auf Innenentwicklung, Umnutzung bestehender Brachen und eine mögliche Nachverdichtung
▶ Rückbau bereits versiegelter Flächen und Vermeidung von Versiegelungen bei Neuplanungen
▶ Schaffung von Flächen zur Regenwasserversickerung
▶ Sanierung bestehender Altlasten im Innenbereich der Stadt
▶ Erhalt und – soweit möglich – Erweiterung der bestehenden Grünstrukturen

Bebauungsstruktur

Ähnlich dem Grad der Versiegelung kann die für den Entwurf gewählte Bebauungsstruktur zu einer nachhaltigen städtebaulichen Entwicklung beitragen. Neben den genannten Faktoren zur Optimierung einer nachhaltigen Planung, der Reduzierung des Flächenbedarfs und der Anhebung der baulichen Dichte, entscheidet zunehmend auch der energetische Aspekt, ob ein Gebäude zukunftsfähig ist oder nicht. Durch eine kompakte Bebauung, die ein möglichst niedriges Verhältnis zwischen dem Anteil der Außenfläche und dem Volumen (A/V-Verhältnis) aufweist, ist eine energetisch günstige Siedlungsstruktur möglich. Daneben spielen Energieoptimierungen aus aktiven und vor allem aus passiven solaren Gewinnen eine Rolle bei der Planung. Aktive solare Gewinne können lediglich durch die technische Ausrüstung der Gebäude erreicht werden, wogegen passive Gewinne durch die Positionierung und die Vermeidung von Verschattung erzielt werden können. Prinzipiell sollte die Bebauung weitestgehend nach Süden ausgerichtet sein, um maximale solare Gewinne zu erzielen. Dies führt dazu, dass durch Nord-Süd-Orientierung energetisch optimiertere Bebauungen entstehen als beim Ost-West-Typ. In ähnlicher Weise kann sich die Verschattung durch Bäume und besonders durch höhere Gebäude negativ auf die solaren Gewinne auswirken. Die Topografie des Standorts und die Höhenentwicklung des Geländes sind aus diesem Grund besonders zu beachten.

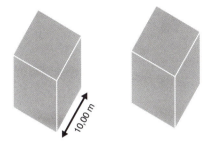

Volumen 10,00 m × 10,00 m × 6 = 600 m²
Fläche 10,00 m × 10,00 m × 10,00 m = 1.000 m²

$$\frac{A}{V} = \frac{600}{1.000} = 0,6$$

Volumen 20,00 m × 20,00 m × 6 = 2.400 m²
Fläche 20,00 m × 20,00 m × 20,00 m = 8.000 m²

$$\frac{A}{V} = \frac{2.400}{8.000} = 0,3$$

Berechnungsbeispiele des AV-Verhältnisses
(Oberfläche-zu-Volumen-Verhältnis)

Städtebauliches Spiel mit Licht und Schatten: Die gekrümmten Blöcke öffnen sich nach Süden.

Zu weit auseinander stehende Bebauung wirkt sich einerseits positiv auf die Vermeidung von Schattenwürfen aus, trägt andererseits aber auch zu einer geringeren baulichen Kompaktheit und Dichte bei. Daneben sind solche Strukturen besonders dem Wind ausgesetzt, was zu einer Abkühlung der Gebäude führen kann. Durch geschickte Bepflanzung mit Bäumen und Hecken kann diesem Problem entgegengewirkt werden.

Zusammenfassend sollte bei der Positionierung und Planung der Gebäude auf folgende Kriterien geachtet werden:

▸ kompakte und verdichtete Bauweise
▸ Reduzierung der versiegelten Flächen, nicht nur der Bebauung, sondern auch der Stellplätze etc.
▸ Ausrichtung der Bebauung nach Süden und mit einer windgeschützten Einfassung

3.2.6 Aktuelle Tendenzen und Zukunftsaufgaben der Bebauung

Nach jahrelangem Wachstum der Siedlungsfläche geschieht ein Umdenken in der Wohnungs- und Siedlungsentwicklung. Dies hat einerseits mit einem veränderten ökologischen Bewusstsein zu tun und ist andererseits aber auch rein wirtschaftlich begründet. Betrachtet man die demografischen Entwicklungen der vergangenen Jahre, so lässt sich vermuten, dass die Schrumpfung der Bevölkerung auch ein Grund für die gesunkene Flächenausdehnung ist. Da mit jedem (Flächen-)Wachstum höhere und vor allem langfristige Erschließungs- und Unterhaltskosten verbunden sind, wird von einer Flächenausdehnung in das Umland eher Abstand genommen.

Auf politischer Ebene hat sich das Ziel einer nachhaltigen Stadtplanung in mehreren Projekten und Programmen bereits durchgesetzt. Dabei wird in Deutschland die Reduzierung des täglichen Flächenbedarfs von gegenwärtig 100 Hektar auf zukünftig 30 Hektar angestrebt. Dieser Wert beinhaltet Bauten, Straßen, Grundstücke für Gewerbe oder soziale Einrichtungen, also alle insgesamt neu versiegelten Flächen.

Neben den politischen und wirtschaftlichen Entwicklungen ist die zunehmende Attraktivität der Städte für verschiedene Bevölkerungsgruppen ein Grund dafür, den ländlichen Raum zu verlassen. So zieht es ältere Bewohner zum Teil in die Stadt zurück, wenn die Kinder das Eigenheim verlassen haben und neben dem Überschuss an zu unterhaltender Fläche in Haus und Garten auch die Notwendigkeit nach einer anderen Versorgungsinfrastruktur wächst. Diese ist zumeist im dichteren und vielfältigeren Infrastrukturangebot der Städte zu finden. Singles und Familien suchen neben dem Infrastrukturangebot in der Stadt die Nähe zum Arbeitsplatz oder zum Kindergarten beziehungsweise zur Schule.

Auch frei werdende innerstädtische Flächen tragen das Potenzial zur Innenentwicklung und Nachverdichtung in sich. Ehemalige Hafengebiete oder bislang militärisch genutzte Areale lagen bisher als Inseln im Stadtgefüge. Aufgrund ihrer häufig günstigen Lage in der Stadt besitzen sie Potenziale für die Entwicklung von innerstädtischem Wohnraum. Dieser wird auf die zukünftigen Nutzer abgestimmt, um ein vielfältiges Angebot herzustellen. Weil sich tendenziell die Stadtplanung dahingehend verändert hat, dass gegenwärtig weniger die Flächen im Außenbereich entwickelt werden, sondern verstärkt der Fokus auf die bestehende Stadt mit ihren existierenden Einrichtungen und Infrastrukturen liegt, kann mit diesen frei gewordenen Flächen im Stadtinnern ressourcenschonendes Bauen und nachhaltige Stadtplanung entwickelt werden.

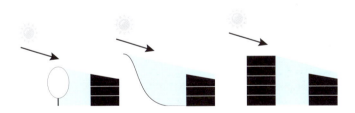

Auswirkungen der Verschattung und Positionierung der Bebauung

+ Eine optimale Orientierung ist die Ausrichtung des Gebäudes nach Süden.

– Eine ungünstige Ausrichtung des Gebäudes verringert die solaren Gewinne.

– Eine Verschattung durch Bäume verringert die solaren Gewinne und verschattet die Gebäude.

– Die Gebäude untereinander sollten sich bestenfalls nicht gegenseitig verschatten.

Öffentlicher Raum als Amalgam des Städtebaus: Die Platzfläche bietet Raum für Brunnenanlage, U-Bahnzugang und Straßenbahngleise.

3.3 Öffentlicher Raum

Einleitung

Der öffentliche Raum stellt die Verbindung zwischen den einzelnen Bebauungsformen und ihren Nutzungen innerhalb der Stadt sowie zu den Freiräumen in und außerhalb der Stadt her. Er ist die Grundlage für die Steuerung, Organisation und Lenkung des städtischen Lebens.

Öffentliche Räume definieren sich vor allem durch ihre verschiedenen Funktionen. Dazu gehören die Mobilität und der Transport von Menschen und Gütern. Der Stadtbewohner kann sich im öffentlichen Raum gehend beziehungsweise als Rad- oder Autofahrer durch die Stadt bewegen. Hinzu kommen Bereiche für gemeinsame Transportmöglichkeiten wie Busse oder Bahnen, die in Form eines Verkehrsnetzes flächendeckend die Stadt bedienen und die einzelnen Bereiche der Stadt miteinander verbinden, beispielsweise das Wohngebiet mit dem Stadtzentrum oder dem Bahnhof als Verkehrsknotenpunkt.

Freiräume in Form von Parks oder Grünanlagen besitzen im Gegensatz dazu die Aufgabe der Naherholung für die Stadtbewohner. Sie dienen jedoch auch, zumindest stadtregional gesehen, der Verknüpfung mit weiteren Naturräumen und Biotopen im Umland.

Eine weitere bedeutende Funktion der öffentlichen Räume liegt in ihrer historischen wie auch kulturellen Bedeutung. Meist bilden sie seit den Anfängen der Stadtentwicklung zusammen mit identitätsstiftenden Einzelgebäuden wie Kirchen oder Rathäusern ein gemeinsames Ensemble, das sich seit Jahrhunderten im Stadtbild verankert hat. Gerade diejenigen Flächen, die sich zentral in der Stadt befinden und aufgrund ihrer räumlichen Qualität besonders attraktiv sind, unterliegen jedoch einem hohen Nutzungsdruck. Dieser wird vor allem durch die intensive Nutzung der Gewerbetreibenden und die hohe Frequenz von Besuchern deutlich. Marktplätze in innerstädtischen Gebieten besitzen aus diesem Grund nicht nur die Funktion eines zentralen Begegnungsorts, sondern stehen meist auch in Bezug zu kommerziellen Aktivitäten rund um den Platz, wie diversen Läden oder der Gastronomie. Dies kann unter Umständen auch zu unerwünschten Nebeneffekten für Anwohner führen.

Öffentliche Räume sind prinzipiell immer in Zusammenhang mit der Nutzung der angrenzenden Gebäude und Flächen zu betrachten. Besonders Orte, die an öffentliche Nutzungen wie Bahnhöfe oder andere hochfrequentierte Standorte gebunden sind, unterliegen einem besonderen Nutzungsprofil.

Die Wahrnehmung des öffentlichen Raums erfolgt abhängig von der persönlichen Perspektive des Betrachters beziehungsweise des Nutzers. So kann eine Fläche eine rein funktionale Eigenschaft besitzen, die sich besonders auf die praktische Nutzbarkeit beschränkt. Beispielsweise liegt der Fokus bei der Planung von Verkehrsknotenpunkten auf der schnellen und logischen Organisation der Verkehrsabläufe und weniger auf der Gestaltung. Demgegenüber kann aber auch die Ästhetik einer Platzfläche im Vordergrund stehen und die Nutzung der Fläche bestimmen. Eine Synergie beider Planungsaspekte, der Ästhetik und der Funktion, ist das eigentliche Ziel eines Entwurfs, um einen funktional hochwertigen Platz zu schaffen, der zugleich eine interessante Gestaltung aufweist.

Eine wesentliche Aufgabe des öffentlichen Raums ist seine soziale Funktion als Plattform für soziale Kontakte. Solche Flächen sind für alle Altersgruppen zur Interaktion und Begegnung notwendig. Sie dienen dabei sowohl der aktiv geplanten als auch der passiven Begegnung.

Der öffentliche Raum kann hierarchisch und organisatorisch in die folgenden Bestandteile unterteilt werden:

- den Straßenraum, bestehend aus linearen Elementen wie Straßen und Wegen, aber auch Plätzen. Diese Elemente müssen stets in Verbindung mit der direkten baulichen Umgebung und den dazugehörigen Funktionen betrachtet werden. Dabei entstehen unterschiedliche Raumsequenzen, die für einen differenzierten öffentlichen Raum sorgen.
- den Freiraum, der sich vor allem durch Parkflächen und Grünanlagen in der Stadt manifestiert. Freiräume spielen auf der Ebene der Gesamtstadt eine ebenso große Rolle wie auf den Maßstabsebenen Quartier und Stadtteil.
- Wasserflächen, die sich von einem Flusslauf über Teiche und Seen bis hin zu rein ökologischen Funktionen wie temporäre wasserführende Mulden erstrecken. Die Bedeutung des Wassers hat in den vergangenen Jahren in der Stadt zunehmend an Bedeutung gewonnen.

Der Fokus innerhalb dieses Kapitels richtet sich besonders auf die Wirkung des öffentlichen Raums aus der Perspektive des nicht motorisierten Nutzers. Aufgezeigt wird damit, wie Fußgänger und Radfahrer die einzelnen Bestandteile der Stadt entsprechend nutzen und wahrnehmen.

Schichten der Stadt

3.3.1 Straßenraum

Die bedeutendste Funktion des öffentlichen Raums ist die des Transports beziehungsweise der Mobilität. Voraussetzung dafür ist die Verbindung und Vernetzung aller öffentlichen Funktionen der Stadt mit den privaten Haushalten. Das Straßen- und Wegenetz kann durch Schienen für die verschiedenen Arten von Bahnen ergänzt werden. Eine besondere Bedeutung im Stadtgefüge besitzen die Kreuzungs- und Knotenpunkte der verschiedenen Verkehrsarten, die durch ihre starke Frequentierung in den verschiedenen Lagen der Verkehrsarten wirken. Gerade bei Stadtplanungsprojekten, an deren Standorten sich verschiedene Arten von öffentlichen Transportwegen kreuzen, werden oft Nutzungen miteingeplant, welche für hoch frequentierte Bereiche besonders günstig sind, wie Einkaufsmöglichkeiten, Büro- oder Handelsflächen. Ein Problem dabei ist, dass die öffentliche Hand zunehmend keinen Einfluss mehr auf die Errichtung und Unterhaltung zugehöriger Wege- und Aufenthaltsflächen hat, da diese nun immer häufiger in Privatbesitz stehen und dahingehend kontrolliert und gesteuert werden. Dies bedeutet, dass die Nutzung zwar durch die Allgemeinheit erfolgt, aber durch die Privatisierung eine andere Rechtsposition vorliegt, die restriktiv angewendet werden kann. Besonders bei Bahnhofsbereichen und Einkaufszentren wird die öffentliche Funktion einer Einkaufsstraße in einen privaten Raum verlagert, wodurch sich die Nutzergruppen, die Gestaltung und die Wahrnehmung in der Stadt verändern.

Straßenräume sind lineare Orte in der Stadtstruktur, die vielfältige Gestaltungen, abhängig von der Nutzung, aufweisen. Sie dienen zur Aufnahme der verschiedenen Verkehrsarten, aber auch als Raum zur Begegnung und Kommunikation. Neben der direkten primären verkehrlichen Nutzung werden die Gestaltung und Dimensionierung durch die angrenzende Bebauung und Nutzung bestimmt. Die in ihrer Nutzung und Gestaltung unterschiedlichen Straßenräume können in Straße, Boulevard, Promenade und Passage differenziert werden.

Straße

Die Gestaltung und Dimensionierung der Straße werden sowohl durch die jeweilige Nutzung und Intensität bestimmt als auch durch den städtischen Kontext und die Funktion der Umgebung. So unterscheidet sich die Wohnstraße in einem Wohnquartier von einer Haupterschließungsstraße besonders durch die Dimensionierung im Hinblick auf die Breite, die gewählte

Materialisierung und die Einteilung und Organisation für die einzelnen Nutzer. Bei der Gestaltung von Querungsmöglichkeiten an stark frequentierten Straßen sind Lichtsignalanlagen (Ampeln) oder Fußgängerüberwege einzuplanen.

Neben Straßen sind auch Gassen oder Wege als lineare Verbindungselemente im Stadtgefüge relevant, auch wenn diese aufgrund der knappen Dimensionierung nicht unser heutiges automobiles Anforderungsprofil erfüllen. Wege sind zum Teil nur für Fußgänger oder Radfahrer benutzbar. Ähnlich einer Gasse besitzen sie nur eine begrenzte Dimensionierung und sind daher auch nur bedingt für motorisierten Verkehr geeignet.

Boulevard

Zurückzuführen sind Boulevards auf die Stadterweiterungen des Barocks. Besonders die Dimensionierung in Verbindung mit der straßenbegleitenden Begrünung durch Bäume verstärken den ursprünglich geplanten monumentalen Charakter. Im Zentrum des Boulevards liegt eine zumeist mehrspurige Autostraße, die beidseitig von einem breiten Fußweg begleitet wird. Abhängig von der angrenzenden Nutzung und Gestaltung kann an der Randbebauung noch eine Erschließungsstraße, häufig als Einbahnstraße ausgeführt, liegen. Abhängig von der Breite des begleitenden Fußwegs kann dieser sowohl von Fußgängern als auch von Radfahrern genutzt werden. An Boulevards sind meist auch zusätzliche Nutzungen wie kleine gestaltete Grünflächen, Kioske, Cafés oder Brunnen zu finden. Die Breite des Fußwegs beeinflusst auch die Art der Bepflanzung. Stets befindet sich beidseitig mindestens eine Baumreihe, häufig sogar zwei. Durch Hecken oder Buschwerk wird die Linearität und Zonierung der Boulevards zusätzlich betont.

Der Typus des Boulevards mit seiner großmaßstäblichen Geste und seiner großzügigen Dimensionierung wird in der Gegenwart oft als temporäre Veranstaltungsfläche, etwa für Demonstrationen oder Sportevents, genutzt.

Promenade

Promenaden dienen der Inszenierung einer räumlich exponierten Situation innerhalb der Stadt, sind aber auch in der offenen Landschaft zu finden. Mit dem Begriff wird ein öffentlich zugänglicher Bereich definiert, der auf die Nutzung durch Spaziergänger ausgerichtet ist und sich meist einseitig zu einem interessanten Aussichtspunkt orientiert, beispielsweise zu einer Wasserfläche in Form eines Flusses oder Sees. Hier trifft man sich zum Promenieren, Flanieren und Kommunizieren.

Boulevard *Avenida da Liberdade* in Lissabon

Promenade mit Aussichtsfunktion in der Hamburger *HafenCity*

Passagen

Passagen sind notwendige Verbindungselemente in den hoch verdichteten Stadtkernen. Der Typus entstand im 19. Jahrhundert als Vorstufe zu modernen Einkaufszentren beziehungsweise als Durchgang zwischen Häusern in einer Blockstruktur, häufig begleitet von Läden. Die Dimensionierung einer Passage entspricht der einer Straße, die zusätzlich überdacht ist und natürliches Licht erhält. Bekannte Beispiele für diese Form des öffentlichen Raums sind die Passagen rund um den Gänsemarkt

und das Hanseviertel in Hamburg oder die *Galeries Royales Saint Hubert* in Brüssel. Die heutigen Shoppingmalls machen sich das Prinzip des innen liegenden, wenn möglich, natürlich belichteten Mittelgangs mit angrenzenden Läden zunutze. Allerdings fügen sich die neuen Beispiele selten homogen in die bestehende Stadtstruktur ein. Ein weiteres Defizit gegenüber den Passagen im ursprünglichen Sinn stellen die geschlossenen Fassaden der Erdgeschosszonen dar, die dem Bezug auf die innen liegende Ladenstraße geschuldet sind und nicht die Wirkung der Baublockstruktur wiedergeben.

Shared Space

Der Begriff beinhaltet die gemeinsame Nutzung des öffentlichen Raums durch verschiedene Verkehrsteilnehmer, ohne dass dieser den einzelnen Verkehrsarten zugewiesen wird. Die Nutzung erfordert die Rücksichtnahme der Teilnehmer untereinander, da Verkehrsregeln hier durch soziale Kommunikation ersetzt werden.

Der Anspruch an einen durch verschiedene Verkehrsteilnehmer gemeinsam genutzten Raum stellt besondere Anforderungen an die Gestaltung. In der Regel ist die Wahl der Materialien ausschlaggebend dafür, inwieweit die gemeinsame Nutzung angenommen wird. Werden Fahr- sowie Fuß- und Radwege in einheitlichem Material ausgeführt und nur durch minimal erhöhte Bordsteine oder farblich differenzierte Bepflasterungen voneinander getrennt, kann dies zu Unsicherheiten oder sogar Beeinträchtigungen in der Nutzung führen. Die einheitliche Gestaltung stellt für schwächere Verkehrsteilnehmer wie ältere Menschen oder Kinder eine Gefahrenquelle dar. Um optimale Sichtbeziehungen zwischen den einzelnen Verkehrsteilnehmern herzustellen, gilt es darüber hinaus, die gemeinsame Verkehrsfläche von ruhendem Verkehr freizuhalten.

Eine *Shared Space*-Planung ist vor allem bei innerstädtischen Platzbereichen oder kürzeren Abschnitten, die eine städtebauliche Aufwertung erfahren sollen, sinnvoll. Gerade für Fußgänger und Radfahrer kann der öffentliche Raum dadurch attraktiver gestaltet und zugänglicher gemacht werden. Die Gestaltung bietet die Möglichkeit, trotz der Querungsproblematik, einen barrierefreien Übergang zu schaffen. *Shared Space* ist auch als Alternative zu stark befahrenen Straßen zu sehen, wenn diese in ihrer Geschwindigkeit und Dominanz reduziert werden sollen. Allerdings ist hier zu beachten, dass die Kapazitäten vor allem in Bezug auf die Anzahl der Verkehrsteilnehmer beschränkt sind.

Schichten der Stadt

3.3.2 **Gestaltung des öffentlichen Raums**

Bauliche Ausführung und Gestaltung von Straßen und anderen öffentlichen Räumen sind einerseits von der Nutzung und Frequentierung der Flächen und andererseits von der Interaktion der Flächen mit den angrenzenden Gebäuden abhängig. Für die Wahrnehmung des städtischen Raums spielt die Übergangszone zwischen öffentlichem Straßenraum und angrenzenden Gebäuden eine Schlüsselrolle. Die Gestaltung dieser Zone befindet sich an einer interdisziplinären Schnittstelle zwischen dem Gebäudeentwurf des Architekten, der Gestaltung des öffentlichen Raums durch den Landschaftsarchitekten und der Straßenplanung des Verkehrsplaners. Im Vordergrund der Betrachtungen steht dabei, wie und mit welcher Verkehrsart die Erschließung des Grundstücks erfolgt und wie der Zugang gestaltet sein soll. Doch darin liegt bereits das Grundproblem bei der Gestaltung der Zwischenzonen. Da der Fokus besonders auf den beiden Aspekten Erschließung und Verkehr liegt, wirkt sich dies auch auf die Anordnung der Stellplätze und die Dimensionierung des Straßenquerschnitts aus. Beides wird häufig größer als nötig dimensioniert, sodass sich der gestaltete Übergangsbereich nur unzureichend in die Bebauung einfügt. Meist hat die Stadtplanung hierauf aber nur wenig Einfluss.

Im Allgemeinen bestehen mehrere Möglichkeiten zur Gestaltung des öffentlichen Raums, wobei vor allem die Wahl des Oberflächenmaterials, der Einsatz von Möblierungselementen und die Bepflanzung eine wichtige Rolle spielen.

Wahl des Oberflächenmaterials

Bei der Wahl des geeigneten Materials gilt es, zwischen wasserdurchlässigen (zum Beispiel: Split oder Grasflächen) und wasserundurchlässigen (zum Beispiel: Natur- oder Betonpflaster, Asphalt) Materialien zu unterscheiden. So wird etwa Asphalt besonders bei Straßen mit einem hohen Autoverkehrsaufkommen und auch bei Busverkehr eingesetzt. Ein Vorteil des Asphalts liegt neben den geringeren Materialkosten und der damit verbundenen Möglichkeit zur flächigen Sanierung auch darin, dass bei der Verwendung von Asphalt das Lärmausmaß, beispielsweise gegenüber einem Steinbelag, herabgesenkt werden kann, was besonders durch den Einsatz von offenporigem Flüsterasphalt zu erzielen ist. Dagegen werden bei Wohnwegen, die der lokalen Erschließung innerhalb von Wohngebieten dienen, tendenziell eher Steinbeläge aus Beton- oder gelegentlich auch Naturstein eingesetzt. In ähnlicher Weise werden häufig auch die Fußwege vor Gebäuden ausgeführt. Der Grund dafür, dass hier keine harten Beläge verwendet werden, liegt darin, dass dort meist Versorgungsleitungen und Hausanschlüsse für Gas, Wasser, Elektro etc. untergebracht sind und diese leicht zugänglich für Wartungen oder Anpassungen sein sollen.

Insgesamt ist festzustellen, dass höherwertige Beläge zumeist bei fußgängerintensiven Zonen wie öffentlichen Plätzen oder Einkaufsstraßen eingesetzt werden, was nicht nur aus optischer Sicht attraktiver ist, sondern zumeist auch das Gesamtbild im Zusammenhang mit der Bebauung abrundet.

Wasserdurchlässige Beläge können bei Platzflächen eingesetzt werden, die nur von Fußgängern oder Radfahrern frequentiert werden. Diese Beläge, die auch einen Übergang zu Grün- und Freiflächen bilden können, sollten besonders dann gewählt werden, wenn eine Versickerung des Regenwassers beabsichtigt ist und die Fläche nur selten durch den motorisierten Verkehr genutzt wird.

Bei der Wahl der Beläge sind besonders Nutzergruppen wie ältere Menschen, Rollstuhlfahrer oder auch Kinder zu beachten, da sie ein erhöhtes Sicherheitsbedürfnis besitzen. Schwellen oder kleinere, nicht deutlich gekennzeichnete Erhöhungen sind in der Planung weitestgehend zu vermeiden. Auch sollte das Material so gewählt werden, dass die Oberfläche bei jeder Witterung gefahrlos zu nutzen und möglichst nicht zu glatt ist.

Möblierungselemente

Unter diesem Begriff sind alle Gegenstände zusammengefasst, die den Nutzwert des öffentlichen Raums erhöhen. Die Stadtmöbel, dazu zählen Bänke, Stühle und gelegentlich Tische wie auch Abfallbehälter oder Trinkbrunnen, dienen zum Sitzen und Verweilen. Die Planung erfolgt entweder direkt mit dem Entwurf des öffentlichen Raums oder es werden nachträglich – aufgrund eines im Laufe der Zeit entstandenen Bedarfs – Möblierungselemente hinzugefügt. Abhängig vom räumlichen und historischen Kontext erfolgt die Auswahl der Elemente dann im Besonderen nach ihrer Funktion oder ihrer Form. Zum Beispiel werden ein Bahnhofsumfeld und andere Umsteigepunkte mit zentralen, hoch frequentierten Bereichen eine große Anzahl an praktischen Sitz- und Wartemöglichkeiten benötigen, wohingegen bei einer historisch gewachsenen Innenstadt eine stärker abgestimmte Auswahl in Bezug auf Materialität und Formgebung nötig ist. In neu gestalteten Quartieren kann sowohl die Materialität als auch die Form des Mobiliars freier gewählt werden und damit zur Identitätsstiftung des Gebiets beitragen.

Eine besondere Rolle bei der Möblierung des Stadtraums nimmt die Beleuchtung ein. Sie sorgt für eine Zugänglichkeit des öffentlichen Raums in den Abend- und Nachtstunden und steht im Einklang mit der Gestaltung der Platzfläche. Gemeinsam mit den übrigen Möblierungselementen drückt die Beleuchtung die Intention des Raums oder seinen historischen Kontext aus. Die Auswahl an möglichen Elementen und Beleuchtungsarten ist enorm und sorgt für eine hohe Abwechslung in den Städten. Dies kann sowohl positiv, im Hinblick auf die Inszenierung von Räumen betrachtet werden, als auch negativ, angesichts des Sammelsuriums an verschiedenen Typen und Herstellern.

Die jeweilige Auswahl der Objekte beeinflusst langfristig auch die Kosten und den Aufwand der einzelnen Kommune im Hinblick auf die Wartung. Besonders in Kommunen mit einer Vielzahl verschiedener Möblierungstypen ist aufgrund der notwendigen Vorratshaltung, beispielsweise von spezifischen Lampen, Bänken oder anderen Ersatzteilen, eine hohe Kostenbelastung gegeben. Für eine nachhaltige Stadtplanung spielt daneben der dauerhafte Betrieb und Unterhalt des Mobiliars eine Rolle. So ist mittlerweile auch der Kostenfaktor im Hinblick auf die Energie zu beachten, weshalb zunehmend auf LED-Lampen zurückgegriffen wird.

Bepflanzung

Im öffentlichen Raum ist Bepflanzung in Form von Bäumen, Sträuchern, Hecken oder Rasenflächen zu finden. Die genannten Gestaltungselemente kommen in einer Vielzahl von Variationen und Kombinationen vor, besitzen aber vergleichbare Aufgaben und verfolgen prinzipiell das Ziel, die Stadt attraktiver zu machen. Der präzise Einsatz der Mittel ist dabei sehr unterschiedlich und vom räumlichen Kontext und den Anforderungen der Nutzer abhängig. Je nach Art der Bepflanzung fällt die Wahrnehmung im öffentlichen Raum unterschiedlich aus. Der Einsatz einer Baumreihe kann beispielsweise die Linearität eines Straßenzugs verdeutlichen, wohingegen eine Hecke oder ein Strauch als Sichtschutz wirken kann; eine Rasenfläche wiederum kann als Abgrenzung zu einem Gebäude oder einer anderen Fläche dienen.

Die positiven Auswirkungen des Grüns sind neben der Ästhetik auch im Bereich der Ökologie und des städtischen Klimas zu finden. Vielfältige Aufgaben des Schutzes gegen Regen, Wind oder Sonne sind hier genauso zu nennen wie die Wirkung auf das Klima in Form der Kohlendioxid-Minderung.

Großformatige Betonsteine mit gewissen Defiziten in der Kantenausbildung

Stadtmöbel für die Funktionen Sitzen und Wegwerfen (fest installiert)

Pflegeintensive Kübelbepflanzung in Holzoptik (mobil)

Schichten der Stadt

Bemessung Rampe

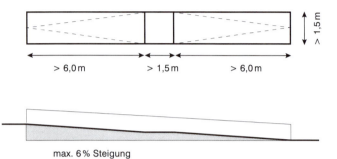

max. 6 % Steigung

Bemessung Über- und Unterführung für Radfahrer

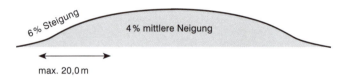

Unterführung

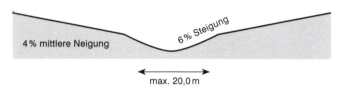

Fuß- und Radunterführung
in einem Wohngebiet

Überführung mithilfe einer
Schrägseil-Brücke

Technische Aspekte des öffentlichen Raums

Die Aufgabe des öffentlichen Raums besteht darin, jederzeit zugänglich und nutzbar für alle Bevölkerungsgruppen zu sein. Für Kinder, Ältere und Personen, die auf Hilfsmittel wie Rollator oder Rollstuhl angewiesen sind, stellt die Begehung des öffentlichen Raums allerdings häufig eine Herausforderung dar, gerade wenn Höhenunterschiede überwunden werden sollen. Besondere Aufmerksamkeit benötigt deshalb die Planung von Rampen und Treppen, wobei beide baulichen Elemente zur Überwindung von Höhen bei Gebäudezugängen und im öffentlichen Raum anwendbar sind. Bei Verkehrsknotenpunkten, die besonders hoch frequentiert sind, werden auch Über- und Unterführungen eingesetzt.

Treppenanlagen im Außenbereich

Treppen im öffentlichen Raum müssen für Nutzer weitestgehend ohne fremde Hilfe zugänglich sein, weshalb bei der Planung besonders auf Personen mit Geh- oder Sehbehinderung sowie ältere Menschen und Kinder Rücksicht zu nehmen ist. Zu beachten sind neben einer ausreichenden Breite des Treppenlaufs und der Aufenthaltsfläche auch ein geeignetes Steigungsverhältnis sowie die Oberflächenmaterialität der Stufen und des Handlaufs, so dass die Treppenanlage bei jeder Witterung leicht und gefahrlos begehbar ist.
Der Treppenlauf muss gerade sein und darf keine Wendel aufweisen. Beidseitig sind Handläufe mit einem Durchmesser von drei bis 4,5 Zentimetern in 85 Zentimetern Höhe anzubringen. Für Gehbehinderte ist es darüber hinaus notwendig, Anfang und Ende des Treppenlaufs durch taktile Kennzeichnungen der Handläufe rechtzeitig erkennbar zu machen. Dabei muss der äußere Handlauf 30 Zentimeter waagerecht über Anfang und Ende der Treppe hinausragen und der innere Handlauf darf nicht unterbrochen werden. Bei einem Niveauwechsel sind der Treppenantritt wie auch der Treppenaustritt durch Aufmerksamkeitsstreifen zu kennzeichnen. Die Streifen müssen beim Antritt direkt vor der untersten Setzstufe liegen und beim Austritt hinter der obersten Trittstufe beginnen. Diese Art von Kennzeichnung wird auch bei Fußgängerfurten und -überwegen verwendet wie bei Fahrtreppen und Aufzügen sowie Straßenbahn- und Bushaltestellen zum Auffinden des Einstiegs. Für die Treppenauf- und -abgänge sowie für die Auftrittsfläche ist eine Bewegungsfläche mit einer Mindestbreite von 150 Zentimetern vorzusehen.

Die Treppe sollte stets ein gleichmäßiges Steigungsverhältnis aufweisen und nicht variieren. Die Schrittmaßregel bestimmt das Steigungsverhältnis der Treppe und setzt sich aus zwei Höhenangaben zur Steigung und einer Längenangabe zum Auftritt zusammen (2 × Steigung + Auftritt = Schrittmaß). Als Schrittmaß wird die Schrittlänge definiert, also der Abstand von Fußhinterkante zu Fußhinterkante. Ein optimales Ergebnis beim Gehen eines normalgroßen Erwachsenen ist im Fall von 63 Zentimetern mit einem Spielraum zwischen 60 und 66 Zentimetern ergeben. Beim Treppensteigen wird die Schrittlänge um die doppelte Höhe verkürzt, wodurch ein Steigungsverhältnis von 18 / 27 als empfehlenswert anzusehen ist. Die Breite der Auftritte sollte nach DIN 18065 (*Gebäudetreppen – Definitionen, Maßregeln, Hauptmaße*) zwischen 23 und 37 Zentimetern liegen, die Höhe der Steigung zwischen 14 und 20 Zentimetern. Nach maximal 18 Stufen sollte ein Zwischenpodest geplant werden, das eine minimale Breite von 90 Zentimetern besitzt.

Rampen

Rampen im öffentlichen Bereich besitzen eine maximale Steigung von sechs Prozent und sind ohne Quergefälle zu planen. Rampen müssen geradlinig ohne Krümmung verlaufen. Am Anfang und Ende der Rampe muss wie bei der Treppe eine Bewegungsfläche von 150 × 150 Zentimetern vorhanden sein. Sollte die einfache Rampenlänge 600 Zentimeter übersteigen, muss auch dort ein Zwischenpodest von mindestens 150 Zentimetern eingefügt werden. Minimal sind als Breite der Rampe 120 Zentimeter gefordert, wobei ein Wenden des Rollstuhls oder eine Begegnung von zwei Rollstühlen in diesem Fall nicht möglich ist. Idealerweise sollte die Rampe mit 150 Zentimetern Breite ausgeführt werden. Beiderseits werden sowohl die Rampe als auch die Zwischenpodeste mit mindestens zehn Zentimeter hohen Radabweisern begleitet. Zur Nutzung sind beidseitig Handläufe mit einem Durchmesser von drei bis 4,5 Zentimetern in 85 Zentimetern Höhe anzubringen.

Die Rampe muss in einem Material ausgeführt werden, das bei allen Witterungen begeh- und befahrbar und dabei besonders rutschsicher ist. Der Zu- und Abgang der Rampe muss für Sehbehinderte kontrastierend mit einem Aufmerksamkeitsstreifen gekennzeichnet sein.

Mithilfe von Rampen können im öffentlichen Raum keine großen Höhenunterschiede überbrückt werden. Insgesamt kann mit einer Rampe von 16,50 Meter Länge – eine Kombination von drei Rampenläufen mit je sechs Metern und den nötigen Bewegungsflächen in Form von Zu- und Abgängen sowie einem Zwischenpodest – lediglich ein Höhenunterschied von 72 Zentimetern überwunden werden. Bei Höhenunterschieden über einem Meter sollte ein Aufzug zum Einsatz kommen.

Über- und Unterführungen

Als Ersatz zu ebenerdigen Übergängen, beispielsweise bei hoher Verkehrsfrequenz durch Straßen- oder Bahnverkehr, kann der Einsatz von Über- oder Unterführungen sinnvoll sein. Im günstigsten Fall werden Über- und Unterführungen in Bezug auf die Topografie der Landschaft gestaltet. Beide Lösungen müssen für Fußgänger eine lichte Breite von minimal 2,50 Metern aufweisen, bei einer gemeinsamen Nutzung mit Radfahrern erhöht sich dieser Wert auf mindestens vier Meter. In diesem Fall sollte durch Markierung und Kennzeichnung die gemeinsame Nutzung getrennt ausgewiesen werden.

Sowohl bei Über- als auch Unterführungen ist eine maximale Steigung von sechs Prozent und eine maximale Steigungslänge von 20 Metern zu berücksichtigen. Um einen gleichmäßigen Zu- und Übergang herzustellen, sollten zur besseren Nutzung der Beginn und das Ende der jeweiligen Steigung abgerundet ausgeführt sein. Sind größere Steigungen notwendig, kann die restliche Strecke mit vier Prozent Steigung entwickelt werden. Unterführungen sollten so entworfen werden, dass keine unbeleuchteten oder uneinsehbaren Stellen entstehen. Im günstigsten Fall ist eine Unterführung so kurz, dass die gegenüberliegende Seite einsehbar ist. Eine Ausführung mit Treppen kann abhängig von der räumlichen Situation notwendig sein, sollte aber möglichst vermieden werden. Im Sinne des barrierefreien Zugangs sollten, falls ausreichend Fläche verfügbar ist, Rampen als Abgang verwendet werden.

Bei Überführungen sollte beidseitig ein Geländer von mindestens 1,30 Metern angebracht werden, das auch dem sitzenden Radfahrer einen Schutz bietet. Eine Trennung in Radfahrer- und Fußgängerweg ist bei hoher Frequenz sinnvoll, wenn die Überführung stark frequentiert ist. Im günstigsten Fall kann diese Überführung in ein Gesamtkonzept des öffentlichen Raums eingepasst werden.

Auch Fahrstühle werden im öffentlichen Raum als Hilfsmittel zur Höhenüberwindung eingesetzt. Der Einbau von Aufzügen sollte jedoch lediglich bei der Bewältigung von großen Höhenunterschieden erfolgen, da neben den Herstellungskosten der Aufzüge langfristig gesehen auch die hohen Wartungskosten eine Belastung darstellen.

Schmuckplätze wie im barocken Städtebau: Trotz einfacher Architektur entstehen unverwechselbare Straßenräume.

3.3.4 Plätze in der Stadt

Viele bekannte Plätze sind zu einer Art Kennzeichen für die jeweilige Stadt geworden. Die Gestaltung und Nutzung kann dabei sehr unterschiedlich sein. So war beispielsweise der aus einem drei- bis fünfspurigen Kreisverkehr mit einer begrünten Mittelinsel bestehende Tahrir-Platz in Kairo bis zum Frühling 2011 international so gut wie unbekannt. Seitdem der Platz als Ort für Kundgebungen und Proteste genutzt wurde, besitzt er einen symbolischen Charakter. Der Verkehrsraum wurde zum Ausgangspunkt einer demokratischen Bewegung.

Dagegen besitzt der Petersplatz in Rom nicht nur eine religiöse Bedeutung aufgrund seiner sakralen Nutzung, sondern ist auch durch seine Gestaltung zu einem Wahrzeichen der Stadt geworden. Die den Platz umgebenden Kolonnaden bilden hier zudem eine Staatsgrenze zwischen Vatikanstadt und Italien.

Die Nutzung und Gestaltung der Plätze ist abhängig von der Lage und der Position in der Stadt. Das direkte Umfeld stellt hinsichtlich der verschiedenen Nutzungen (Wohnen, Arbeiten, Gewerbe, Handel etc.), aber auch durch die bestehende Gestaltung beziehungsweise die Form der Bebauung unterschiedliche Anforderungen an die einzelnen Plätze.

Durch den Faktor Zeit unterliegen öffentliche Räume einer kontinuierlichen Veränderung der Anforderungen. Dies hat zur Folge, dass sich die Nutzung, die Gestaltung und auch die Wahrnehmung der Flächen regelmäßig verändert. So wurden etwa einige historische Marktplätze in kleineren Städten während der Sechziger- und Siebzigerjahre des 20. Jahrhunderts häufig als Parkflächen genutzt, da diese Orte den damaligen Mobilitätswünschen genügen mussten. Im Laufe der Zeit haben sich diese wieder sukzessive zu einer autofreien Zone entwickelt, die nun vor allem mit einer kulturellen Nutzung in Verbindung steht oder in Bezug zu den umgebenden Handelsflächen des Platzes. In ähnlicher Art und Weise ist die Nutzung eines Platzes temporär modifizierbar. Ein Beispiel hierfür ist der Stuttgarter Schlossplatz, der trotz seiner historischen Bedeutung als ehemaliger Paradeplatz heutzutage für Open-Air-Veranstaltungen wie Konzerte, Stadtfeste oder als Ort des öffentlichen Fernsehens während Fußballgroßveranstaltungen genutzt wird. Dies bedeutet, dass Plätze im Wesentlichen einer kulturellen, gestalterischen und nutzungstechnischen Transformation ausgesetzt sind und dem Zeitgeist entsprechend angepasst werden. Eine Umgestaltung erfolgt jedoch meist durch Eingriffe, die reversibel sind.

Quartiersplatz innerhalb der Wohnbebauung *Kabelwerk*, Wien, Fertigstellung 2010 (Architektur: Hermann & Valentiny und Partner, Mascha & Seethaler, Schwalm-Theiss & Bresich, pool Architektur, Martin Wurnig mit Branimir Kljajic, Werkstatt Wien; Freiraumplanung: Heike Langenbach und Anna Detzlhofer)

Schichten der Stadt

Der Platz im Kontext der Stadt

Innerhalb der Stadtstruktur bilden Plätze im Zusammenspiel mit Straßenräumen einen Teil des öffentlichen Raums, der besonders durch Fußgänger und Radfahrer belebt und erlebt wird. Ähnlich den Straßen unterscheiden sich auch die Plätze im Hinblick auf ihre Bedeutung, Nutzung und Gestaltung. Die Unterteilung und Organisation der einzelnen Plätze ist vielfältig und lässt sich in folgende Typologien einteilen.

Bahnhofsplatz

Der Bahnhofsplatz ist für den Besucher einer Stadt meist der erste öffentliche Raum, den er betritt. Er dient als ein Startpunkt beziehungsweise Eingang in den übrigen öffentlichen Raum der Stadt. Der Bahnhofsplatz besitzt vor allem die Funktion eines infrastrukturellen Knoten- und Umsteigepunkts zwischen Fern- und Nahverkehr. Die Verbindung der verschiedenen Verkehrsarten kann dabei über mehrere bauliche Ebenen hinweg angelegt sein. Neben diesen Flächen für den öffentlichen Nah- und Fernverkehr sind auch zusätzliche Bereiche, etwa für Taxen oder andere wartende Fahrzeuge (Kiss & Ride, Lieferfahrzeuge etc.) bei der Planung zu berücksichtigen.

Einen funktionierenden Bahnhofsplatz macht somit nicht nur die ästhetische und funktionale Gestaltung aus, sondern vor allem auch die übersichtliche Orientierung und Organisation, die ein einfaches Umsteigen zwischen den Verkehrsarten fördert. Die Platzfläche steht dabei in direktem Zusammenspiel mit dem dazugehörigen Bahnhof und anderen angrenzenden Gebäuden. Möglichst vermieden werden sollten Kreuzungssituationen und Barrieren zwischen Fußgängern und dem Autoverkehr wie auch den Bahnen. Da Bahnhofsplätze im Stadtgefüge die Funktion eines Umsteigepunkts besitzen, sollte auch die Parkierung der Fahrräder sorgfältig miteingeplant werden, damit diese nicht zur Barriere für Fußgänger werden.

Verkehrsplätze

Verkehrsplätze sind diejenigen Orte in der Stadt, die in ihrer Nutzung und Gestaltung besonders auf den Gebrauch durch den Auto- und Bahnverkehr ausgerichtet sind. Häufig handelt es sich um Knotenpunkte im Stadtgefüge, die verschiedene Hauptverkehrsverbindungen kombinieren und sich besonders auf eine hohe Abwicklung des Verkehrs richten. Andere Verkehrgruppen wie Fußgänger oder Radfahrer spielen hier eine untergeordnete Rolle und sind mehr als ein funktionaler Faktor in Form eines zusätzlichen Verkehrsteilnehmers zu betrachten.

Aufgrund ihrer räumlichen Ausdehnung und der Position in der Stadt wirken Verkehrsplätze auch in Verbindung mit der umliegenden Bebauung als Eingangsportale und machen den Zugang zur Stadt deutlich. Durch die Dominanz des Verkehrs erscheinen die Plätze häufig als Inseln und formen entsprechende Barrieren in der Stadtstruktur. Ein Rückbau der Flächen in Verbindung mit Fußgängerüberwegen kann dieser Verinselung entgegenwirken.

Zentrale Plätze

Meist handelt es sich um Markt- oder Rathausplätze, die durch ihren historischen Kontext, die Bebauung und ihre Lage in der Stadt eine große Bedeutung und exponierte Funktion besitzen. Sie sind häufig Bestandteil einer Abfolge von verschiedenen öffentlichen Räumen in Form von Plätzen, Straßenzügen oder einer Fußgängerzone.

Zentrale Plätze sind häufig so dimensioniert, dass dort verschiedene Veranstaltungen wie regelmäßige Wochenmärkte, Stadtfeste oder Musikveranstaltungen stattfinden können. Ihre Flächen sind meist frei von jeglichen Aufbauten, es lassen sich aber gelegentlich solitäre Objekte wie Brunnen oder Denkmäler auf Platzflächen finden, die jedoch die Funktionalität wie auch die Nutzbarkeit des Platzes nur sehr bedingt einschränken, da sie sich meist außerhalb der zentralen Bereichs befinden.

Eine Neuplanung zentraler Plätze ist selten der Fall. Eine wichtige Planungsaufgabe liegt jedoch in der Abstimmung der verschiedenen Nutzungen mit dem Erscheinungsbild des Platzes. Die Plätze sollen trotz der Flexibilität in der Nutzung auch eine hohe Aufenthaltsqualität liefern, wenn dort keine Aktivitäten stattfinden. Sie unterliegen somit vielen verschiedenen Anforderungen und Ansprüchen. All diese gilt es, in Verbindung mit einer der Umgebung angepassten, aber für die Nutzungen geigneten Gestaltung in Einklang zu bringen.

Quartiersplätze

Quartiersplätze sind innerhalb einer kleineren städtischen Organisationseinheit zu finden. Ihre Gestaltung ist abhängig vom räumlichen Kontext, also davon, ob es sich um einen Platz handelt, der eine Versorgungsfunktion durch Ladengeschäfte hat, oder um einen Ort, der eher dem Spielen und dem Aufenthalt dient. So können die Plätze als zentrale Orte wirken, an denen teilweise Läden zur Nahversorgung oder auch Bushaltestellen zu finden sind. Abhängig von der Lage können Quartiersplätze eher städtisch wirken, beispielsweise durch ein Baumdach oder

Places des Archives in Lyon, Fertigstellung 2015
(Freiraumplanung: Michel Desvigne)

Quartiershof *Belval-Quest* (*LUX-Stahlhof*), Luxemburg,
Fertigstellung 2015 (Freiraumplanung: *AllesWirdGut* Architektur)

Platzfläche zwischen ehemaligen Industrie-
anlagen und Neubaubauten: *LUX-Stahlhof*

Schichten der Stadt

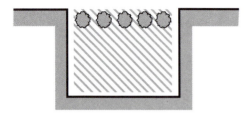

Einseitig geöffneter Platz

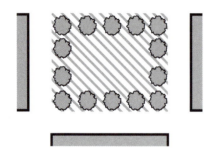

Von der Bebauung losgelöster Platz

Quartiersplatz *Le Medi*, Rotterdam, Fertigstellung 2008
(Architektur: Geurst & Schulze architecten, Korteknie Stuhlmacher;
Freiraumplanung: Geurst & Schulze architecten, DS + V)

eine Pergola mit einem Steinbelag, oder »ländlich« beziehungsweise mit stärkerem Bezug zum Grün, etwa in Form von Grasflächen oder einer wassergebundenen Decke.

Aufgrund ihrer Zentralität sind Quartiersplätze auch für die
soziale Kommunikation der Bewohner eines Stadtteils bedeutend. Bei der Gestaltung sollten dementsprechend viele Möglichkeiten für die Begegnung miteingeplant werden.

Monumentale Plätze

Diese sind zumeist in den Innenstädten zu finden und werden
häufig in ihrer Gestaltung durch den historischen Kontext bestimmt. Teilweise kann der Platz auf ein Einzelgebäude ausgerichtet sein oder ein Denkmal wirkt als zentraler Punkt auf der
Platzfläche. Zumeist sind die Flächen vollständig versiegelt und
als Steinbelag ausgeführt, teils werden noch wassergebundene
Decken (geringverdichteter Belag mit Split und Sand) genutzt.
Die Platzflächen sind in der Regel durch die umgebende Bebauung räumlich abgegrenzt. Dieser Effekt wird häufig durch
die Gestaltung der Grünanlagen und auch durch sekundäre
Architektur, wie beispielsweise Brunnen, verstärkt. Im Fall von
Einzelgebäuden wie einem Schloss ist die Gestaltung der Platz-
fläche als eine Einheit mit dem Gebäude geplant, was zu einer
Steigerung der Wahrnehmung und Dominanz dessen führt.

Platzgestaltung

Ein Platz wird als eine Fläche erfasst, die an mehreren Seiten
durch die Bebauung begrenzt ist. Man spricht dann von der
Platzfläche und den dazugehörigen Platzwänden. Anzahl und
Position der Wände um einen Platz können dabei variieren. So
ist es möglich, dass Straßenverläufe einen Platz einseitig öffnen, während die übrigen Wände die Platzfläche begrenzen.
Plätze können aber auch vollständig losgelöst von einer direkten Platzbebauung einen Außenraum bilden und stattdessen
von mehreren Straßen umgeben sein. In diesem Fall hat der
Platz zumeist weniger Bezug zur direkt angrenzenden Nutzung
der Bebauung, sondern ist vielmehr als eine Freifläche in der
Stadt anzusehen. Der Übergang zwischen Straße und Platz wird
dabei häufig durch eine Baumreihe oder ein anderes räumlich
linear begleitendes Element geschaffen. Beide Beispiele zeigen
auf, wie vielfältig eine Platzgestaltung sein kann.

Im Folgenden sollen nun die einzelnen Kriterien dargestellt
werden, die bei der Planung sowie für die Analyse eines Platzes notwendig sind, um dessen Wirkung und Funktion in der
Stadtstruktur verstehen zu können.

Räumliche Wirkung

Die Wirkung eines Stadtraums ist im Wesentlichen von der Art, der Höhe und der Materialität seiner Raumbegrenzungen oder seiner Raumkanten abhängig. Die Begrenzung der Platzfläche erfolgt in der Regel in Form von Gebäuden, kann aber auch durch eine Grünstruktur, beispielsweise durch eine umgebende Baumreihe gestaltet sein. Im Fall der Begrenzung durch Gebäude sind besonders die Gestaltung und die Nutzung der an den Platz angrenzenden Erdgeschosszonen von Bedeutung, da sich diese auch auf die Funktion des Platzes auswirken können. Dabei gilt es, zu klären, ob die im Erdgeschoss liegenden Zonen direkt vom öffentlichen Raum her zugänglich sind, oder eine Zwischenzone in Form eines Gartens oder eines abgetrennten Bereichs vorhanden ist. Man kann davon ausgehen, dass eine Zwischenzone im städtischen Bereich bei Plätzen eher selten vorhanden ist und vielmehr ein direkter Übergang zwischen Platz und Gebäude besteht.

Die räumliche Wirkung des Platzes ist wesentlich abhängig davon, inwieweit sich die Erdgeschosszone zum Platz hin öffnet und ihre Nutzungen dorthin verlagert, oder ob die angrenzenden Platzflächen für die Funktion des Gebäudes unberücksichtigt bleiben und damit nicht in das Nutzungskonzept integriert werden. Bei einem Café wird beispielsweise die vorhandene Platzfläche als Außenterrasse für Gäste genutzt, wogegen bei einer Büronutzung der Freiraum meist unangetastet bleibt.

Eine Wohnnutzung in der Erdgeschosszone ist im städtischen Kontext an Plätzen sehr selten zu finden und kommt gewissermaßen auch nur dann vor, wenn beispielsweise leer stehende Ladenlokale zu Wohnflächen umstrukturiert werden. Eine Wohnnutzung an einem Platz ist im Hinblick auf eine reduzierte Besucherfrequenz auch nicht sehr wünschenswert, weil diese wenig zur Belebung der Platzfläche beiträgt. Ob eine Platzfläche vor einem Wohngebäude sehr belebt ist oder wenig genutzt wird, hängt im Wesentlichen von der Orientierung der Wohnungen ab: Schotten sich die Wohnungen bewusst ab oder versuchen diese eine Art der Interaktion mit der Platzfläche?

Bei der Entwicklung von Plätzen ist es wichtig, Nutzungen einzuplanen, die für eine regelmäßige Frequentierung der Platzfläche im Tagesverlauf sorgen. Besonders in den Abendstunden oder am Wochenende ist aufgrund der Öffnungszeiten der Läden mit einer niedrigeren Nutzerfrequenz zu rechnen. Daher ist eine Mischung aus verschiedenen Nutzungsarten und Aktivitäten, wie etwa Spieleinrichtungen für Kinder, anzustreben, um eine möglichst breite Nutzergruppe anzuziehen.

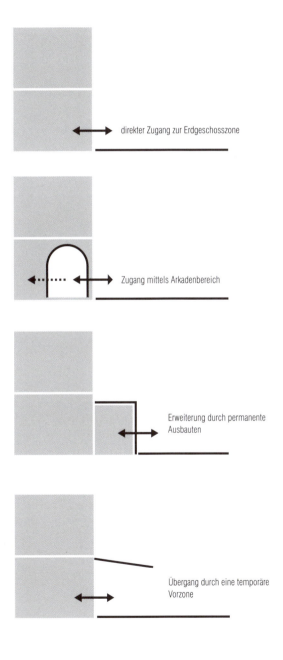

direkter Zugang zur Erdgeschosszone

Zugang mittels Arkadenbereich

Erweiterung durch permanente Ausbauten

Übergang durch eine temporäre Vorzone

Beispiele für den Übergang
von Plätzen zu Gebäuden im Schnitt

Schichten der Stadt

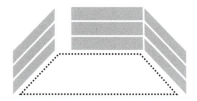

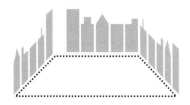

Verschiedene Arten von Platzwänden

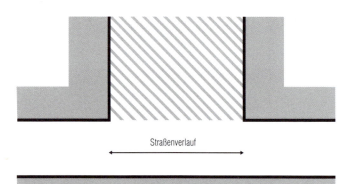

Straßenverlauf

Zur Straße geöffneter Platz

Fassadeneinteilung

Meist unterscheidet sich die Erdgeschosszone der Platzbebauung von den übrigen Geschossen hinsichtlich ihrer Materialität (Transparenz), ihrer Höhenentwicklung und der Abgrenzung zu den übrigen Geschossen durch Bauteile wie Dachvorsprünge oder Markisen. Zu differenzieren gilt es, ob es sich bei der Platzwand um ein zusammenhängendes Gebäude oder um viele aneinandergereihte Gebäude handelt. Beide Varianten sorgen für eine unterschiedliche Wahrnehmung: Ein zusammenhängendes Gebäude bietet vor allem den Vorteil einer eindeutigen Definition aufgrund der entstehenden Platzwand, was den räumlichen Ausdruck der Platzfläche verstärken kann. Im Gegensatz dazu kann ein Einzelgebäude durch die Diversität der Fassadengestaltung, des Materials und auch die unterschiedlichen Höhen interessanter wirken.

Eine historische Alternative zur Verbindung der Erdgeschosszone mit der Platzfläche ist in der Arkadenbebauung zu finden. Hierbei wird der Platz räumlich an das Gebäude herangeführt und dann funktional unter dieses hindurchgeführt. Der Vorteil dieser Art der Interaktion zwischen Platzfläche und Gebäude liegt in der Schaffung einer zusätzlichen Zone, die besonders gegen Witterungseinflüsse wie Regen oder Sonne Schutz bietet.

Platzöffnungen

Dabei gilt es, zwischen fehlenden Platzwänden und geplanten Zu- oder Eingängen zu unterscheiden. Fehlende Platzwände können durch die Öffnung eine Betonung der jeweiligen Seite erzeugen und deshalb gewollt sein. Beispiele hierfür sind etwa die Schaffung eines Zugangs zum Wasser oder die Herstellung einer Blickbeziehung zu einer eindrucksvollen Landschaft. In den meisten Fällen ist das Nichtvorhandensein von Platzwänden – als Ganzes oder in Teilen in Form von Baulücken – aber auf noch nicht ausgeführte Bebauungen zurückzuführen – ein unvollständiges Erscheinungsbild ist die Folge.

Die Zugänge befinden sich bei geplanten Baulücken häufig an Gebäudedurchgängen oder an Platzecken. Die Öffnungen korrespondieren mit dem übrigen Stadtgrundriss und stellen eine funktionale Überleitung zwischen den einzelnen öffentlichen Räumen dar. Sie dienen allerdings nicht allein funktionalen Bewegungsabläufen, sondern sind aus räumlicher Sicht so positioniert, dass der Blick des Betrachters auf einzelne Punkte gerichtet wird und damit die Wahrnehmung des Platzes verändert wird. Ein Zugang sollte so gewählt werden, dass ein markanter Punkt des Platzes in der genutzten Sichtachse liegt.

Sichtachsen

Eine Sichtachse ist eine bewusst angelegte und von allen störenden Objekten frei gehaltene lineare Öffnung. Sichtachsen können beispielsweise durch eine Straße gebildet oder durch eine Schneise in der Landschaft geformt werden.

Innerhalb der Stadtstruktur stellen Sichtachsen häufig zugleich eine Wegeverbindung dar. Darüber hinaus können sie als Orientierungshilfen zwischen den einzelnen räumlichen Abschnitten im Stadtgeflecht dienen und eine Verbindung zwischen diesen herstellen.

Sichtachsen richten den Blick des Betrachters eines Platzes auf ein bedeutendes Bauwerk, ein Objekt (Brunnen, Denkmal etc.) oder ein landschaftlich prägendes Element. Durch eine bewusste Planung der Zugänge zum Platz beziehungsweise eine entsprechende Anordnung der Bäume oder anderer räumlicher Elemente kann der Blick, beispielsweise auf einen Brunnen, fokussiert werden. Auch durch eine zentrale Positionierung eines Objekts in der Mitte einer Platzfläche kann der Blick von allen Seiten her darauf gerichtet werden.

Besonders in barocken Garten- und Schlossanlagen wurden Sichtachsen eingesetzt, um bedeutende Elemente in Szene zu setzen. Beim Englischen Garten, der als Weiterentwicklung beziehungsweise als Pendant zu den französisch geprägten Barockgärten entstand, besitzen die Sichtachsen nicht zwingend die Funktion der Wegeverbindung, sondern dienen lediglich der Betonung des einzelnen Bauwerks oder der Bepflanzung.

Höhenentwicklung der Oberflächen

Aufgrund der Topografie kann ein Platz bis zu einem Punkt notwendigerweise ansteigen oder abgesenkt werden. Der Einsatz von Treppen kann die vertikale Einteilung der Platzflächen betonen oder einzelne Platzteile hervorheben. Auch können einzelne Bereiche erhöht ausgeführt sein, um etwa der Platzmitte einen zusätzlichen Akzent zu verleihen. Werden die Höhenunterschiede mithilfe von Treppen überwunden, ist allerdings zu berücksichtigen, dass die wichtigste Funktion des Platzes möglicherweise eingeschränkt wird: die Nutzbarkeit für alle zu jeder Zeit. Fragen in den Bereichen der Barrierefreiheit und der ganzjährigen Zugänglichkeit unabhängig von der jeweiligen Witterung sind deshalb frühzeitig im Entwurf zu klären.

Die Errichtung eines notwendigen Gefälles, das für eine Entwässerung der Platzfläche sorgt, ist ein weiterer Grund für eine Höhenentwicklung der Oberflächen. Das Gefälle kann seitlich entlang der Gebäude oder mittig am Platz geplant sein.

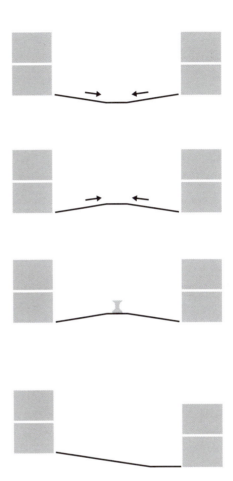

Varianten für die Höhenentwicklung eines Platzes

Schichten der Stadt

In die Mauer integriertes Sitzelement am *Belval-Quest* in Luxemburg, Fertigstellung 2015 (Freiraumplanung: *AllesWirdGut* Architektur)

Sitzgelegenheiten mit Aussichtsfunktion in Ljubljana, Fertigstellung 2011 (Freiraumplanung: Boris Podrecca, Atelier arhitekti u. a.)

In den Boden integrierte Sitz- und Spiellandschaft in München-Theresienhöhe, Fertigstellung 2010 (Freiraumplanung: Topotek 1)

Platzbepflanzung durch Bäume

Bäume können auf einen Platz vielfältige Wirkungen ausüben. Beispielsweise können sie dem Platz zu einem raumbildenden Charakter verhelfen, indem Baumreihen fehlende Platzwände ersetzen. Bäume definieren auch Zugänge und sorgen für eine Zonierung des Platzes. So können etwa einzelne Platzteile durch Baumdächer von anderen Teilen abgegrenzt werden und damit die geplante Nutzung zum Beispiel als Spielfläche erkennbar machen. In Verbindung mit Stadtmöbeln wie etwa Bänken markieren Bäume auch häufig Ruhezonen.

Der Einsatz von Bäumen ist linear zur Begrenzung einer Platzfläche, flächig als Baumdach oder auch singulär zur Betonung eines Einzelbaums möglich.

Nicht nur stadträumlich gesehen besitzen Bäume mehrere Funktionen, denn sie sorgen auch für eine Verbesserung des Kleinklimas, indem sie den entstehenden Staub binden, und bieten vor allem auch Schutz gegen Wind, Regen und Sonne.

Schatten

Wie im Fall einer Bepflanzung entstehen auch durch die Bebauung auf dem Platz unterschiedlich belichtete Zonen. Diese Zonen sind in ihrer Nutzung sowohl von der Jahres- als auch der Tageszeit abhängig. Dies führt auf einer Platzfläche zu eher besonnten und eher schattigen Flächen, was die Nutzung einzelner Gebäude, besonders im Erdgeschossbereich, beeinflusst. So werden etwa sonnige Zonen eher zu gastronomischen Zwecken genutzt als schattige. Die unterschiedliche Belichtung der einzelnen Platzflächen hat auch eine verschieden starke Frequentierung zur Folge, was sich wiederum auf die Erdgeschossnutzungen der den Platz begrenzenden Bebauung auswirkt.

Beläge

Durch den unterschiedlichen Einsatz von Bodenbelägen kann die jeweilige Nutzung der Platzfläche kenntlich gemacht werden und eine Differenzierung zwischen unterschiedlichen Aktivitäten und Bewegungen entstehen. Dabei ist nicht nur die Wahl des Materials entscheidend, sondern auch dessen gestalterische Ausführung. Beispielsweise kann ein Betonbelag so eingesetzt werden, dass er eine ruhige gleichmäßige Fläche darstellt, oder eine unruhige Zone ergibt, in der viel Bewegung herrscht. Die Spannweite der Materialität ist dabei sehr groß: Es werden verschiedene Steinformate, Beton- oder Naturstein sowie wassergebundene Decken angeboten. So können auch Kies, Sand oder zerhackte Holzteile Anwendung finden.

Der Einsatz der Beläge ist abhängig davon, ob es sich um die Gestaltung einer Fläche oder einer linearen Verbindung handelt. Auch die Anzahl der Nutzer und die damit verbundene Frequentierung der Flächen sind in Bezug auf die Materialwahl relevant. Für die Wahl der geeigneten Beläge sind im Hinblick auf die Analyse einige Fragen zu klären: Wird die Platzfläche nur von Fußgängern genutzt oder befindet sich hier auch noch eine regelmäßig genutzte Querung für Radfahrer? Gibt es Flächen, die der Ruhe oder der Freizeitnutzung dienen? Welche Art der Freizeitnutzung ist geplant? Soll beispielsweise die Nutzung für Skateboarder möglich sein oder sollen hier eher Flächen zum Bocciaspiel hergestellt werden? Dies ist nur eine Auswahl an Fragen, die bei der Analyse der zukünftigen Nutzer und der Planung eines Platzes gestellt werden sollten.

Platzmobiliar

Die Wahl der geeigneten Stadtmöbel trägt sowohl zur Art der Nutzbarkeit als auch zum Erscheinungsbild des gesamten Platzes bei. Neben der gewünschten Flexibilität in der Nutzung stehen bei der Planung des Platzmobiliars der räumliche Kontext und besonders die voraussichtlichen Nutzer im Vordergrund der Betrachtungen.

Geklärt werden muss bei der Analyse zunächst, ob es sich um einen modernen oder einen historischen Platz handelt und welche Nutzungen dieser Platz in Zukunft aufweisen soll: Wird der zu gestaltende Platz künftig von Skateboardern eingenommen oder soll er zum Kinderspiel genutzt werden? Auffällig ist bei diesem Beispiel, dass in der Vergangenheit besonders die Gruppe der Skater wenig bis gar nicht in die Planung der Plätze miteinbezogen wurde. Häufig wurden so auch einzelne Elemente nachträglich verändert und für Skater unzugänglich gemacht. Ausschlaggebend für die Planung des Mobiliars ist auch die Stellung des Platzes im Stadtgeflecht. Hier sollte man sich bereits im Zuge der Analyse die Frage stellen, ob es sich etwa um einen zentralen Ort wie einen Marktplatz handelt, auf dem in regelmäßigen Abständen Veranstaltungen stattfinden, oder um einen ortsbezogenen Quartiersplatz, der nur selten durch eine Sonderveranstaltung genutzt wird. Für die Wahl des Mobiliars ist aus diesem Grund auch wichtig, inwieweit sich zum Beispiel aufgestellte Bänke oder Tische und Ähnliches für eine Veranstaltung am Platz entfernen lassen und ob etwa eine geeignete Beleuchtung vorhanden ist. Der Faktor der Demontierbarkeit und die daraus resultierende Nutzbarkeit der Platzfläche beeinflussen die Entscheidung für das Mobiliar wesentlich.

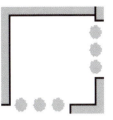

Schließung der fehlenden Raumkanten durch Bäume

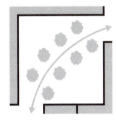

Betonung eines Platzübergangs durch Baumbepflanzung

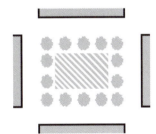

Durch Baumreihen wird der Platz von der Bebauung losgelöst.

Einsatz von Bäumen zur Strukturierung und Organisation eines Platzes

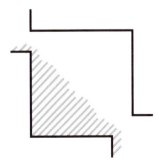

Verschattung eines Platzes

Durchlässige Stadtkante: Das kompakte Neubauquartier ist dank Grünstreifen mit der Nachbarschaft verzahnt.

3.3.5 Grün in der Stadt

In der historischen Entwicklung der Städte spielte das urbane Grün lange Zeit keine bedeutende Rolle. Die Stadt war kompakt und für sich abgeschlossen, was durch die Stadtmauer deutlich wurde, welche die Trennung zum Land darstellte. Dieser Gegensatz zwischen Stadt und Land ist im Laufe der vergangenen 200 Jahre, besonders seit Beginn der Industriellen Revolution, zunehmend verschwunden. Durch die flächenhafte Ausdehnung der Städte, bedingt durch die wachsenden Bedürfnisse für Wohnen, Arbeiten und besonders die Infrastruktur, ist eine klare Trennung zwischen Stadt und Land an vielen Stellen heute kaum mehr wahrnehmbar. Die Vermischung und Verflechtung beider Elemente hat eine Stadtlandschaft entstehen lassen, welche die Planung von zusätzlichem Grün in der Stadt erschwert, gerade wenn man sich den heutigen Nutzungsdruck durch die Flächenknappheit bewusst macht. Dieser Zustand der Verknappung der Grünräume, verbunden mit der historischen Entwicklung, erklärt ansatzweise, warum sich vor allem die Bevölkerung heutzutage für eine Begrünung der Städte einsetzt und um ihre bestehenden Grünräume kämpft.

Neben den Aspekten der Nutzung besitzt das Stadtgrün das Potenzial zur Repräsentation der Stadt. Große Stadtparks wie zum Beispiel der Englische Garten in München oder der *Hyde Park* in London sind Orte, die das kulturelle und gesellschaftliche Leben der Stadt widerspiegeln. Sie sind zu allen Jahreszeiten für die Bewohner wie auch Stadtbesucher von Bedeutung. In ähnlicher Weise können Grünanlagen, die in Verbindung mit einer verkehrlichen Infrastruktur stehen, wie die *Avenue des Champs-Élysées* in Paris, den Charakter und das Image einer Stadt prägen. Diese Ausformungen von Boulevards tragen zu einer optimierten Verkehrsabwicklung bei und bieten den Stadtbewohnern attraktive öffentliche Grünräume.

Struktur der Grün- und Freiflächen

Die Grün- und Freiflächen in der Stadt sind in einem hierarchischen System organisiert, das abhängig von der Bedeutung für die jeweilige Stadtebene, dem Nutzungsmuster sowie der Frequentierung der Bereiche ist. So sind Quartierparks wichtig für die tägliche Erholungs- und Spielgelegenheit, tragen aber aufgrund ihrer meist begrenzten Fläche nur bedingt zur Verknüpfung mit anderen Grünanlagen auf großräumlicher Ebene bei. Die spezifische Nutzung spielt bei der Gestaltung der Grünbereiche eine entscheidende Rolle. Dabei sind folgende Fragen zu klären, die Gegenstand einer Analyse sein können: Handelt es sich um einen stark frequentierten Stadtpark, der räumlich zentral im Stadtgefüge liegt und neben der Erholungsfunktion besonders für Sport- und Spielaktivitäten genutzt wird? Oder soll ein Grünzug entwickelt werden, der als Verbindungselement wirkt und einzelne städtische Grünräume mit den Freiräumen außerhalb der Stadt verknüpft? Die Variationsmöglichkeiten sind hierbei sehr groß, generell ist aber eine Unterscheidung in die folgenden Grundstrukturen möglich:

Parks

Parkflächen sind die bekannteste Form des innerstädtischen Grüns. Früher waren sie außerhalb der Städte als Tiergarten oder Schlosspark zu finden. Die nach verschiedensten Gestaltungskriterien entwickelten Anlagen – so wird etwa der französische Barockgarten durch die strenge Geometrie bestimmt, wohingegen der Englische Garten die ungeplanten Formen der Natur widerspiegelt – waren zumeist der Öffentlichkeit nicht oder nur eingeschränkt zugänglich. Erst mit Beginn der Industriellen Revolution veränderte sich die Zugänglichkeit für die Bevölkerung und es entstanden verschiedenartige Parkformen wie Volks- oder Stadtparks. Heute kann man diese noch in Form der klassischen Stadtparks oder der kleinräumlichen Pocket-Parks, auf Deutsch »Westentaschen-Park«, finden.

Pocket-Parks versuchen, auf geringer Freifläche im städtischen Kontext einen Freiraum herzustellen. Oft wurden diese Flächen zuvor gar nicht wahrgenommen und / oder lagen brach. Ihre Aufgaben sind abhängig von den umgebenden Nutzungen. Die kleinen Grünflächen schaffen entweder eine grüne Spiel- und Aufenthaltsumgebung für die Bewohner in der Umgebung oder stellen eine Fläche bereit, die bewirtschaftet werden kann. Pocket-Parks können auch als Potenzial in Stadterneuerungsgebieten dienen, wo etwa (zwischenzeitlich) nicht genutzte Flächen ähnlich umstrukturiert werden können, um so einen positiven Impuls an die Umgebung zu senden. Die Problematiken liegen hier unter anderem in der räumlichen Begrenzung und der dadurch eingeschränkten Nutzungsvielfalt. Demgegenüber steht jedoch der hohe Druck der verschiedenen Nutzer, der im städtischen Kontext entsteht, wenn die Wünsche und Bedürfnisse mehrerer Anwohner und Nutzergruppen zugleich realisiert werden sollen. Daneben spielen auch die Gestaltung des Übergangs zur angrenzenden Bebauung und die Frage, ob diese direkt an der Parkfläche liegt oder durch eine Straße abgegrenzt ist, eine wichtige Rolle in der Planung.

Schichten der Stadt

Rudolf-Bednar-Park, Wien, Fertigstellung 2008
(Freiraumplanung: Hager Partner AG)

Stadtparks bieten aufgrund des großzügigen Flächenangebots meist vielfältige Nutzungmöglichkeiten und Naturarten. Verschiedenste Spiel- und Sportmöglichkeiten sind hier ebenso zu finden wie Flächen zur Ruhe und zur Erholung. Häufig tritt das Element Wasser in Form eines Wasserlaufs, eines Sees oder einer Brunnenanlage zusammen mit landschaftlichen Zonen auf. Die Gestaltung der Parks ist zum Teil mit prachtvollen Architekturelementen wie Schlössern verbunden, auf welche die ursprüngliche Planung ausgerichtet war und mit denen die Grünflächen noch heutzutage eine funktionale Einheit formen. Darüber hinaus bilden die Stadtparks im Fall der Stadtschlösser mit ihren Gartenanlagen ein verbindendes Element zwischen Stadt und Landschaft im Außenbereich. Klassische Stadtparks stellen im 21. Jahrhundert nur noch selten eine eigene Planungs- und Entwurfsaufgabe dar. Die Entwicklung von Grün- und Freiflächen wird heute vielmehr in die Stadtentwicklungsplanung integriert.

Einen vor allem finanziell bedeutenden Einfluss auf die Entwicklung von Frei- und Grünflächen haben Gartenschauen. Der Charakter dieser Freiluftausstellungen zum Thema Gartenbau beziehungsweise Landschaftsarchitektur hat sich in den vergangenen 20 Jahren allerdings zunehmend verändert. Aktuell dienen diese Veranstaltungen weniger zur Ausstellung von Schloss- und Volksparks, sondern sie sind vielmehr als Entwicklungsmotoren für die Umwandlung von Brachen oder anderen defizitären städtischen Flächen anzusehen. Die dabei entstehenden Grünflächen dienen zur Nach- oder Neunutzung einer innerstädtischen Brache, wobei häufig bestehende Strukturen integriert werden und ein Grünkonzept entwickelt wird, das die einst brachliegenden Flächen mit der Stadt verbindet. Meist sind diese Strukturen bei ehemaligen Industrieflächen oder bei anderen Sondernutzungen wie beispielsweise Militärflächen, Flugplätzen oder Messegeländen zu finden, die mit neuen Funktionen wie Wohnen oder Arbeiten besetzt werden. Die Planungsherausforderung liegt hier zum einen im Umgang mit den bestehenden räumlichen Strukturen und zum anderen in der funktionalen Einpassung dieser in die Stadtstruktur. Häufig stellt die Belastung des Bodens eine Beschränkung der zukünftigen Nutzung dar, da das Erdreich entweder kostenintensiv gereinigt und abtransportiert oder in die Gesamtkonzeption integriert werden muss. Das Prinzip des Landschaftsparks ist ein wirkungsvolles Instrument, um brachliegende Flächen im Stadtgebiet, auf denen kein Entwicklungsdruck liegt, zu revitalisieren und als Freifläche den Bewohnern zugänglich zu machen. Nicht zu unterschätzen ist dabei der Imagegewinn, der durch die Umnutzung entstehen kann.

Park Spoor Noord, Antwerpen, Fertigstellung 2009 (Freiraumplanung: Studio 03)

Schichten der Stadt

Grüne Inseln oder Straßenbegleitgrün

Innerhalb des Stadtgefüges trifft man regelmäßig auf begrünte Zwischenstücke, die meist im Hinblick auf ihre Funktionalität wenig schlüssig in sich sind. Diese Flächen sind häufig nicht oder nur wenig zugänglich und besitzen kaum Aufenthaltsqualität. Es scheint, dass diese Flächen zumeist als Restflächen im Entwurfsprozess übrig geblieben sind und keine zugewiesene Bedeutung besitzen. Als nicht versiegelte Flächen wirken sie teilweise als Abstandhalter zwischen Bebauung und Verkehr. Durch die Art der Gestaltung und Bepflanzung erscheinen die Flächen als grüne Inseln, die nicht zugänglich sind. Häufig werden diese Flächen eingesetzt, um den Abstand zwischen Fußgänger und Radfahrer vom übrigen motorisierten Verkehr herzustellen. Durch die Insellage und die häufige Verkehrsbelastung tragen die Flächen nur bedingt zu einer Vernetzung der Grünflächen bei.

Grünzüge

Grünzüge sind lineare Elemente in Siedlungsstrukturen, welche die Aufgabe besitzen, die einzelnen Nutzungen zu gliedern und zu organisieren. Sie können die verschiedenen Grünflächen in der Stadt zu einem Gesamtnetz ergänzen und eine Verbindung zwischen Stadtinnerem und dem Außenbereich herstellen. Die Ziele sind dabei unterschiedlich: Zum einen sollen Grünzüge einen Übergang zwischen der Stadt und den Naturräumen außerhalb herzustellen. Zum anderen sollen sie die Anbindung der Wohngebiete an das städtische Grünsystem sicherstellen, so dass insgesamt ein Netzwerk verschiedener Aufenthalts- und Erholungsangebote entsteht. Desweiteren tragen die räumlichen Verbindungen untereinander zu einer Verbesserung der Biotope bei und sichern besonders stadtklimatisch wirksame Flächen, die auch notwendig für das Kleinklima sind.

Im Entwurf von größeren Wohngebieten sind häufig Grünzüge zu finden, die ähnliche Aufgaben besitzen. Sie verbinden auf Ebene des Wohngebiets einzelne Bereiche (Wohnung, Spielplatz, Schule etc.) verkehrssicher miteinander und tragen zur Vergrößerung des wohnungsnahen Freizeitangebots bei. In manchen Fällen besitzen die Grünzüge auch die Aufgabe, zumindest temporär als Flächen zur Regenwasserversickerung zu dienen. Über ein System von Mulden und Rigolen wird das anfallende Regenwasser im Wohngebiet in Abschnitten in die Grünzüge geführt, um dort zeitlich versetzt bei Starkregen zu versickern. Diese Flächen können in die übrigen Freiflächen, die für Spiel und Sport genutzt werden, integriert werden.

Regionalparks

Auf Ebene der Region gibt es besonders bei Großstädten und Stadtverbünden Bestrebungen und Planungen, die einzelnen kommunalen Grünflächen wie Parks und Grünzüge in einem übergeordneten Gesamtsystem zu verbinden. Ziele sind die großräumliche Vernetzung der Angebote im Bereich Erholung, Freizeit und Sport sowie die Sicherung und Verknüpfung aller ökologischen Potenziale.

Die Entwicklung von Regionalparks ist im weitesten Sinne keine entwerferische Aufgabe. Hier gilt es, die Planungen auf den behördlichen Ebenen miteinander abzustimmen und zu organisieren.

Die ausreichende Sicherung von Grün- und Freiflächen im Verbund kann dazu führen, dass die Stadtregion insgesamt positiv wahrgenommen wird. Der Standortfaktor trägt auch zu einem attraktiven Wohn- und Arbeitsumfeld bei.

Perspektiven des städtischen Grüns

Insgesamt wird durch die Reurbanisierungstendenz und die demografische Veränderung der Druck auf die Stadt zur Realisierung von Grünflächen steigen. Aufgrund einer sich immer weiter diversifizierenden Gesellschaft, die sich heute weniger klar in Gruppen einteilen lässt als in der Vergangenheit nehmen aber auch die Forderungen und Wünsche an Grün- und Freiflächen allgemein zu. Es ist längst nicht mehr ausreichend, die Aufmerksamkeit auf Kinder und die damit verbundenen Spielmöglichkeiten zu richten. Zur Wahrung aller Wünsche werden die Flächen noch stärker differenziert werden müssen: in aktive Zonen für Sport und Spiel und in passive, die der Ruhe und Erholung dienen. Im Bereich der Quartiere müssen künftig mehr Sport- und Spielangebote eingerichtet werden. Gegenwärtig ist hier bereits eine Zunahme zu verzeichnen, was auf die wachsende städtische Dichte und auf die vermehrte vereinslose und informelle Sportnutzung zurückzuführen ist.

Grün- und Freiflächen tragen in zunehmenden Maße zur Imagebildung einer Stadt bei. Das städtische Grün ist damit nicht nur für Bewohner wichtig, sondern auch für Besucher, potenzielle Neubürger und mögliche Investoren. Es beeinflusst die Wahrnehmung dieser Personengruppen ebenso wie etwa ein attraktives Freizeitangebot. Aktuelle Planungen für dicht bebaute Quartiere, bei denen hochwertige öffentliche (Grün-) Räume in Form von Plätzen, Parks und Promenaden einen Teil des städtebaulichen Grundgerüsts darstellen, zeigen welche Bedeutung dem Grünraum bereits heute zukommt.

Bei der Planung von Grünflächen sind neben den Herstellungskosten auch die langfristigen Unterhaltskosten zu berücksichtigen. Grün- und Freiräume können zwar einerseits einen positiven Standortfaktor bilden, andererseits werden durch die
steigenden Unterhaltskosten langfristig auch die Haushalte
belastet. Lösungsansätze werden hier in einer Teilprivatisie-
rung gesehen. Durch die möglichen Restriktionen könnte diese
aber einen nachteiligen Effekt für die Nutzer haben. Allerdings
kann eine Privatisierung auch auf Flächen stattfinden, die der
Bewohner ohnehin nicht nutzt, die ihm aber ein positives Ge-
fühl geben. Hier ist etwa Abstandsgrün zu nennen. Auch kann
durch die extensive Pflege des Grüns eine Reduzierung der Kosten erzielt werden. Für eine nachhaltige Planung gilt deshalb,
die Unterhaltskosten auf langfristige Sicht in die Planung einfließen zu lassen und die Grünflächen so zu entwickeln, dass
eine Anpassung an veränderte Bedürfnisse möglich ist.

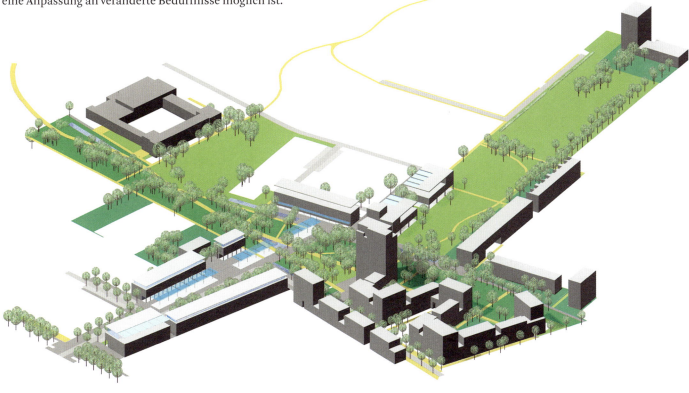

Isometrie des Ackermannbogens in München, Fertigstellung 2015
(Städtebau: Christian Vogel + Partner,
Freiraumplanung: Lex Kerfers Landschaftsarchitekten)

Wasser als städtebauliche Dominante: Die Konversionsfläche eines ehemaligen Gaswerks bietet heute eine attraktive Uferkante.

3.3.6 Wasser in der Stadt

Wasser gilt als ein weiterer Faktor im öffentlichen Raum, der das Erscheinungsbild und die Nutzung dessen erweitert. Es besitzt stets eine ökologische Komponente und trägt dazu bei, einzelne Naturräume und Biotope miteinander zu verbinden. Abhängig von der Größe und Form der Wasseranlage kann das Wasser auch positive Auswirkungen auf das Stadtklima haben. Prinzipiell besitzt das Wasser durch seine Bewegung eine belebende Wirkung: Es fördert eine Erweiterung der Wahrnehmung und bietet besonders für die menschlichen Sinne eine Bereicherung.

Die Funktion kann dabei sehr unterschiedlich sein und ist neben dem räumlichen Kontext auch von der Bedeutung für die Stadt abhängig. Für die Rolle des Wassers ist entscheidend, in welcher Form und mit welchem Einfluss das Element auf die Maßstabsebene wirkt. Daher ist es sinnvoll, eine Einteilung in drei Kategorien vorzunehmen:

▶ punktuell (als Brunnen, Quelle etc.)
▶ linear (als Bachlauf, Kanal, Fluss etc.)
▶ flächig (als See, Teich, künstliches Wasserbecken etc.)

Eine Hierarchie innerhalb der verschiedenen Arten erfolgt auf Basis der Funktion, der Nutzung und der Art des Vorkommens (künstliche oder natürliche Form).

Punktuelle Wasserstrukturen

Im städtischen Kontext sind punktuelle Wasserstrukturen zumeist als Brunnen in verschiedenen Formen und mit unterschiedlicher Wichtigkeit zu finden. Die Anlage kann beispielsweise durch ihre Vergangenheit eine besondere Bedeutung für die Stadt und ihre Bewohner besitzen, wie dies etwa bei einem geschichtsträchtigen Marktbrunnen der Fall ist, oder eine rein funktionale Aufgabe in Form eines Trinkbrunnens erfüllen. Häufig sind die Anlagen Bestandteil eines Platzes. Die Position der Brunnen auf dem Platz und deren Gestaltung werden durch den jeweiligen städtischen Kontext bestimmt. Bei Neuplanungen von linearen Anlagen ist zu beobachten, dass klassische Brunnen heute kaum noch von Bedeutung sind, sondern vielmehr das belebende Element des Wassers im Vordergrund steht. Punktuelle Wasserspiele, die als kurzweilige und spontane Ablenkung im öffentlichen Raum besonders für Kinder eine große Anziehung ausüben, sind dagegen häufiger zu finden.

Wasserbecken vor dem Flughafentower in der Messestadt Riem, Fertigstellung 2012 (Städtebau: Arge Frauenfeld und Partner; Freiraumplanung: Gilles Vexlard / Büro Rainer Schmidt)

Wasserspielplatz im *Park Spoor Noord*, Antwerpen, Fertigstellung 2009 (Entwurf: Studio 03)

Parque Rio in Madrid, Fertigstellung 2011
(Städtebau: Léon Wohlhage Wernik Architekten, Freiraumplanung:
Burgos & Garrido Arquitectos, Porras La Casta Arquitectos,
Rubio Álvarez-Sala Arquitectos, West 8)

Lineare Wasserstrukturen

Diese kommen im städtischen Raum vor allem in Form von Bächen, Flüssen oder Kanälen vor. Abhängig von der Dimensionierung erfüllen sie unterschiedliche Aufgaben. Die Ausformung des Höhenunterschieds zwischen Wasser und Uferzone als Böschung oder Ufermauer entscheidet wesentlich darüber, wie das Gewässer genutzt werden kann. Vorranging gilt, zwischen einer künstlichen Ufereinfassung und einer natürlichen zu unterschieden. Bei Flussläufen ist die Gestaltung der Uferzone von der Frequenz der Schifffahrt abhängig. Hoch frequentierte Gewässer sind in der Regel kanalisiert und haben kein natürliches Ufer, was den Zugang des Menschen zum Wasser entweder erschwert oder wenig attraktiv macht. Im ungünstigsten Fall liegen zwischen dem Uferweg, der auch ein überörtlicher Verbindungsweg für den Radverkehr sein kann, und der Wasseroberfläche mehrere Meter. Wesentlich attraktiver und ökologisch wertvoller ist somit eine naturnahe Gestaltung, die nicht nur den Kontakt mit Wasser möglich macht, sondern auch für Flora und Fauna mehr Möglichkeiten bietet.

Ein naturnaher Rückbau eines Wasserlaufs kann bei kleineren Wasserläufen oder Bächen beobachtet werden, die in den Siebzigerjahren häufig kanalisiert oder überdeckelt wurden und in jüngster Zeit wieder sichtbar gemacht beziehungsweise zurück in die Stadtstruktur geholt wurden. Solche Maßnahmen werden häufig im Rahmen von Renaturierungen durchgeführt und bringen nicht nur Vorteile für Flora und Fauna mit sich, sondern führen in der Regel auch zu einer Verbesserung des Ortsbilds. Problematisch ist hingegen der Mehrbedarf an Fläche, die erst von privaten Grundbesitzern erworben werden muss. Durch die Ausbildung einer Ufermauer und besonders auch den Höhenunterschied zwischen Wasseroberfläche und Ufer weisen Kanäle, die vor allem eine infrastrukturelle Bedeutung besitzen, häufig eine sehr harte und lineare Ufergestaltung auf. Ökologisch gesehen sind diese Wasserstrukturen weniger bedeutend. Eine naturnahe Gestaltung mit – zum Beispiel als Grasflächen – flach ausgebildeten Böschungen ist im Gegensatz dazu in der Nähe von Wohngebieten häufig zu finden. Die Funktionen dieser Kanäle liegen hier in der Strukturierung der Übergänge zwischen Verkehrs- und übrigem öffentlichen Raum und in der Regelung des Wasserhaushalts. Im Falle einer Regenwasserbewirtschaftung kann die Abführung und Versickerung von Oberflächenwasser auch in Form einer Mulde geschehen, die kleiner dimensioniert und meist völlig begrünt ist. In der Regel wird diese in Randbereichen von Wohngebieten eingesetzt.

Flächige Wasserstrukturen

Flächige Wasserstrukturen als Seen, Teiche oder Wasserbecken dienen zur Erholung der Stadtbewohner. Im Allgemeinen handelt es sich dabei um künstliche Gewässer, auch wenn ihre Ausformung teilweise ein sehr natürliches Erscheinungsbild besitzt. Nur in wenigen Ausnahmen besitzen Städte allerdings natürliche Vorkommen von flächigem Wasser. In diesen Fällen wirkt der See dann häufig als eine die Stadt umgebende Kulisse, die für eine attraktive Umgebung sorgt. Beispiele hierfür sind etwa die Städte Bregenz oder Zürich, deren Stadtbilder vor allem durch die Lage am See positiv beeinflusst werden. Größtenteils sind in städtischen Parkanlagen jedoch eher kleinere Teiche mit typischer Bepflanzung und Tierwelt sowie Wasserbecken zu finden. Letztere sind häufig in die Gestaltung des öffentlichen Raums eingebettet und wirken aufgrund ihrer steinernen Einfassung zumeist wenig natürlich. Dadurch und weil die Nutzung dieser Flächen in den meisten Fällen sehr stark eingeschränkt ist – im Allgemeinen dienen Wasserbecken im öffentlichen Raum nur der Betrachtung – gelten diese Flächen als wenig attraktiv.

Perspektiven der städtischen Wasserstrukturen

Wassermanagement spielt in der Stadtplanung eine zunehmend wichtigere Rolle. Ein Grund dafür ist das Bewusstsein dafür, dass das sinnliche Element zur positiven Wahrnehmung des öffentlichen Raums beiträgt.

Im Hinblick auf die Planung sind auch die ökologischen Vorteile relevant, so dass sich das Zurückhalten und verzögerte Abführen von Regenwasser heutzutage bereits zum festen Planungsbestandteil entwickelt hat. Zur Regelung des Wasserhaushalts gehört auch, Flächen in der Planung auszuweisen, die bei Starkregen oder Hochwasser als Zwischenspeicher genutzt werden und somit die Abwasserinfrastruktur entlasten.

Für eine nachhaltige Stadtplanung sind die Weiterentwicklung und Vernetzung der Biotope durch die Wasserflächen wie auch die positiven Auswirkungen auf das Stadtklima von Bedeutung. Durch die Planung von Wasserflächen und die Minimierung versiegelter Flächen auf Stadtebene kann in den Sommermonaten für Abkühlung gesorgt werden. Wasser kann daher nicht als eigenständiges Thema – aus Perspektive der Wasserwirtschaft oder der Stadtplanung – gesehen werden, sondern muss integral in die Planung einbezogen werden, damit die Verbindung eines attraktiven Stadtraums mit einer ökologisch wertvollen Wasserbewirtschaftung möglich ist.

Anhang

Mittelalterlicher Kern mit Stadtmauer (Nürnberg)

Wohnsiedlung der Nachkriegsmoderne in Zeilenbauweise (Lübeck)

Dorf mit mittelalterlicher Burg (Breitenlohe / Franken)

Städtebauliches Ensemble der Sechzigerjahre (Ost-Berlin)

Gründerzeitlicher Städtebau mit Schmuckplatz (Berlin)

Städtebauliches Ensemble der Sechzigerjahre (West-Berlin)

Großsiedlung am Stadtrand (Berlin-Hellersdorf)

Siedlung als städtebauliche Gesamtkomposition (Potsdam)

Revitalisierung eines ehemaligen Güterbahnhofs (Köln)

Einfamilienhaussiedlung in Stadtrandlage (bei Köln)

Stadtteilentwicklung auf ehemaliger Industriefläche (Köln)

Stadthaus-Ensemble in Innenstadtlage (Berlin)

Mittelalterlicher Kern mit Stadtmauer

Dorf mit mittelalterlicher Burg

Gründerzeitlicher Städtebau mit Schmuckplatz

Wohnsiedlung in Zeilenbauweise

Großsiedlung am Stadtrand

Stadtteilentwicklung auf ehemaliger Industriefläche

Siedlung als städtebauliche Gesamtkomposition

Einfamilienhaussiedlung in Stadtrandlage

Stadthaus-Ensemble in Innenstadtlage

Planzeichenverordnung 1990 (PlanzV 90)

5. Verordnung über die Ausarbeitung der Bauleitpläne
und die Darstellung des Planinhalts vom 18. Dezember 1990
(Inkrafttreten der letzten Änderung am 30. Juli 2011)

BGBL. 1991 I S. 58, BGBL. III 213-1-6

Planzeichen für Bauleitpläne

§ 1 Planunterlagen

(1) Als Unterlagen für Bauleitpläne sind Karten zu verwenden, die in Genauigkeit und Vollständigkeit den Zustand des Plangebiets in einem für den Planinhalt ausreichenden Grade erkennen lassen (Planunterlagen): Die Maßstäbe sind so zu verwenden, daß der Inhalt der Bauleitpläne eindeutig dargestellt oder festgesetzt werden kann.

(2) Aus den Planunterlagen für Bebauungspläne sollen sich die Flurstücke mit ihren Grenzen und Bezeichnungen in Übereinstimmung mit dem Liegenschaftskataster, die vorhandenen baulichen Anlagen, die Straßen, Wege und Plätze sowie die Geländehöhe ergeben. Von diesen Angaben kann insoweit abgesehen werden, als sie für die Festsetzungen nicht erforderlich sind. Der Stand der Planunterlagen (Monat, Jahr) soll angegeben werden.

§ 2 Planzeichen

(1) Als Planzeichen in den Bauleitplänen sollen die in der Anlage zu dieser Verordnung enthaltenen Planzeichen verwendet werden. Dies gilt auch insbesondere für Kennzeichnungen, nachrichtliche Übernahmen und Vermerke. Die Darstellungsarten können miteinander verbunden werden. Linien können auch in Farbe ausgeführt werden.
Kennzeichnungen, nachrichtliche Übernahmen und Vermerke sollen zusätzlich zu den Planzeichen als solche bezeichnet werden.

(2) Die in der Anlage enthaltenen Planzeichen können ergänzt werden, soweit dies zur eindeutigen Darstellung des Planinhalts erforderlich ist. Soweit Darstellungen des Planinhalts erforderlich sind, für die in der Anlage keine oder keine ausreichenden Planzeichen enthalten sind, können Planzeichen verwendet werden, die sinngemäß aus den angegebenen Planzeichen entwickelt worden sind.

(3) Die Planzeichen sollen in Farbton, Strichstärke und Dichte den Planunterlagen so angepaßt werden, daß deren Inhalt erkennbar bleibt.

(4) Die verwendeten Planzeichen sollen im Bauleitplan erklärt werden.

(5) Eine Verletzung von Vorschriften der Absätze 1 bis 4 ist unbeachtlich, wenn die Darstellung, Festsetzung, Kennzeichnung, nachrichtliche Übernahme oder der Vermerk hinreichend deutlich erkennbar ist.

§ 3 Überleitungsvorschrift

Die bis zum 31. Oktober 1981 sowie die bis zum Inkrafttreten dieser Verordnung geltenden Planzeichen können weiterhin verwendet werden für Änderungen oder Ergänzungen von Bauleitplänen, die bis zu diesem Zeitpunkt rechtswirksam geworden sind für Bauleitpläne, deren Aufstellung die Gemeinde bis zu diesen Zeitpunkten eingeleitet hat, wenn mit der Beteiligung der Träger öffentlicher Belange nach § 4 des Baugesetzbuchs oder vor Inkrafttreten des Baugesetzbuchs nach § 2 Abs. 5 des Bundesbaugesetzes begonnen worden ist sowie für Änderungen oder Ergänzungen dieser Bauleitpläne.

§ 4 Inkrafttreten

Diese Verordnung tritt am ersten Tage des auf die Verkündung folgenden dritten Kalendermonats in Kraft.

Art der baulichen Nutzung

§ 5 Abs. 2 Nr. 1, § 9 Abs. 1 Nr. 1 des Baugesetzbuchs (BauGB),
§§ 1 bis 11 der Baunutzungsverordnung (BauNVO)

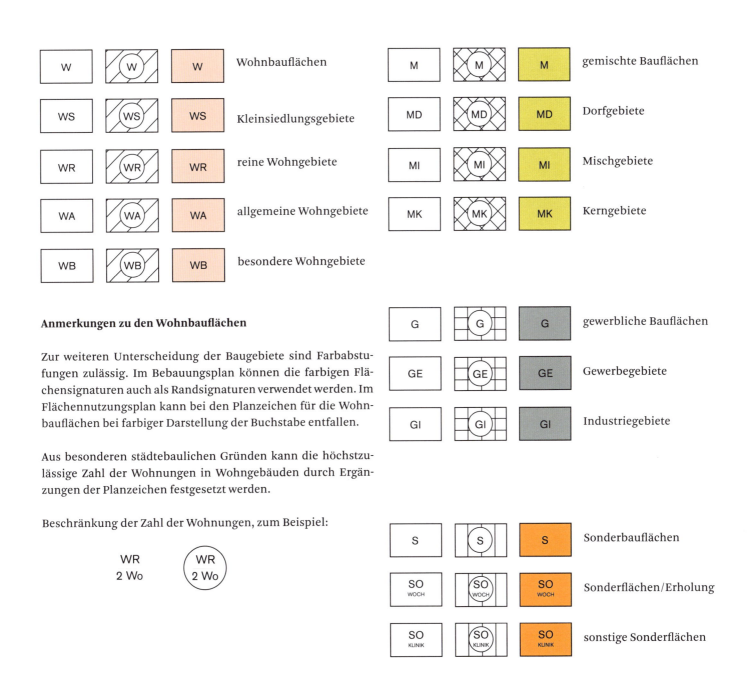

W	Wohnbauflächen	M	gemischte Bauflächen
WS	Kleinsiedlungsgebiete	MD	Dorfgebiete
WR	reine Wohngebiete	MI	Mischgebiete
WA	allgemeine Wohngebiete	MK	Kerngebiete
WB	besondere Wohngebiete		

Anmerkungen zu den Wohnbauflächen

Zur weiteren Unterscheidung der Baugebiete sind Farbabstufungen zulässig. Im Bebauungsplan können die farbigen Flächensignaturen auch als Randsignaturen verwendet werden. Im Flächennutzungsplan kann bei den Planzeichen für die Wohnbauflächen bei farbiger Darstellung der Buchstabe entfallen.

Aus besonderen städtebaulichen Gründen kann die höchstzulässige Zahl der Wohnungen in Wohngebäuden durch Ergänzungen der Planzeichen festgesetzt werden.

Beschränkung der Zahl der Wohnungen, zum Beispiel:

WR
2 Wo

WR
2 Wo

G	gewerbliche Bauflächen
GE	Gewerbegebiete
GI	Industriegebiete

S	Sonderbauflächen
SO WOCH	Sonderflächen/Erholung
SO KLINIK	sonstige Sonderflächen

Maß der baulichen Nutzung

§ 5 (2) Nr. 1, § 9 (1) Nr. 1 BauGB, § 16 BauNVO

GFZ Geschossflächenzahl
Dezimalzahl im Kreis als Höchstmaß bzw. als Mindest- und Höchstmaß

oder

GFZ 0,7
GFZ 0,5–0,7   **GFZ** mit Dezimalzahl als Höchstmaß bzw. Mindest- und Höchstmaß

GF 500 m²   **GF** Geschossfläche mit Flächenangabe als Höchstmaß bzw. Mindest- und Höchstmaß
GF 400 m² bis 500 m²

BMZ Baumassenzahl als Dezimalzahl im Rechteck
BMZ 3,0   oder **BMZ** mit Dezimalzahl

BM 4.000 m³   **BM** Baumasse mit Volumenangabe

0,4   **GRZ** Grundflächenzahl
GRZ 0,4   Dezimalzahl oder **GRZ** mit Dezimalzahl

GR 100 m²   **GR** Grundfläche mit Flächenangabe

III   Zahl der Vollgeschosse als Höchstmaß

III–IV   Zahl der Vollgeschosse als Mindest- und Höchstmaß

V   Zahl der Vollgeschosse zwingend

TH 12,4 m über Gehweg   Höhe baulicher Anlagen über einem Bezugspunkt als Höchstmaß in Meter,
FH 53,5 m über NN   **TH** Traufhöhe, **FH** Firsthöhe, **OK** Oberkante
OK 124,5 m über NN

OK 116 m–124,5 m   Mindest- und Höchstmaß der baulichen Anlage in Meter über einem Bezugspunkt,
über NN   **OK** Oberkante

OK 124,5 m über NN   zwingende Höhe der baulichen Anlage in Meter über einem Bezugspunkt,
                             OK Oberkante

Bauweise, Baulinie, Baugrenze

§ 9 (1) Nr. 2 BauGB, §§ 22 und 23 BauNVO

o   offene Bauweise

⟨E⟩   nur Einzelhäuser zulässig

⟨D⟩   nur Doppelhäuser zulässig

⟨H⟩   nur Hausgruppen zulässig

⟨ED⟩   nur Einzel- und Doppelhäuser zulässig

g   geschlossene Bauweise

Baulinie, farbig
Baulinie, schwarz/weiß

Baugrenze, farbig
Baulinie, schwarz/weiß

Blau dunkel			Rot
Blau mittel			Rot mittel
Blaugrün			Karminrot mittel
Grün dunkel			Violett dunkel
Grün mittel			Violett mittel
Permanentgrün			Orange mittel
Gelbgrün			Goldocker
Braun hell			Gelb hell
Braun mittel			Gelb dunkel
Braun dunkel			Grau mittel

Ausschnitt aus einem Bebauungsplan für ein Industriegebiet in Brackenheim, Verkleinerung aus 1:500

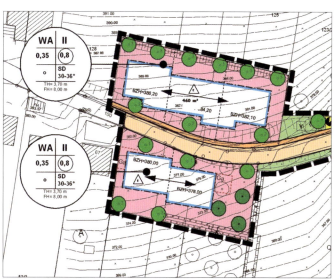

Ausschnitt aus einem Bebauungsplan für ein Wohngebiet in Spiegelberg, Verkleinerung aus 1:500

Öffentliche Bauten und Anlagen

§ 5 Abs. 2 Nr. 2 und Abs. 4,
§ 9 Abs. 1 Nr. 5 und Abs. 6 BauGB

Flächen für den Gemeinbedarf

Öffentliche Verwaltungen

Schule

Sakralbauten

Sozialbauten

Gesundheitsbauten

Kulturbauten

Sportbauten

Post

Schutzbauwerk

Feuerwehr

Flächen für Sport und Spiel

Sportanlagen

Spielanlagen

Anmerkungen zu den Einrichtungen und Anlagen

Im Bebauungsplan kann die farbige Flächensignatur auch als Randsignatur verwendet werden.

Die vorstehenden Zeichen können bei Bedarf durch Buchstaben ergänzt werden.

Im Flächennutzungsplan können die vorstehenden Zeichen zur Kennzeichnung der Lage auch ohne Flächendarstellung verwendet werden.

Verkehrsflächen

§ 9 (1) Nr. 2 BauGB, §§ 22 und 23 BauNVO,
§ 9 Abs. 1 Nr. 11 und Abs. 6 BauGB

Autobahnen	Straßenverkehrsflächen
Hauptverkehrsstraßen	Straßenbegrenzungslinie
ruhender Verkehr	Sonderverkehrsflächen
Bahnanlagen	öffentliche Parkfläche
Straßenbahnen	Fußgängerbereich
Seilbahnen	verkehrsberuhigte Zone
Hauptwanderwege	Einfahrt
Luftverkehrsflächen	Einfahrtsbereich
Flughafen/Landeplatz	Bereich ohne Zufahrt
Segelfluggelände	
Hubschrauberlandeplatz	

Anmerkungen zu den Verkehrsflächen

Die Straßenbegrenzungslinie entfällt, wenn sie mit
einer Baulinie oder Baugrenze zusammenfällt.

Ver- und Entsorgungsflächen

§ 5 Abs. 2 Nr. 4 und Abs. 4,
§ 9 Abs. 1 Nr. 12–14 und Abs. 6 BauGB

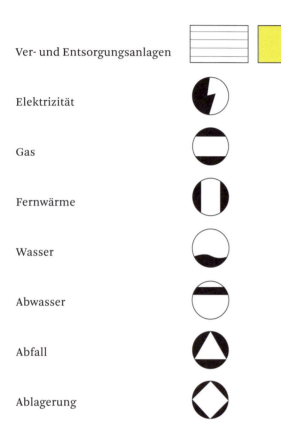

Ver- und Entsorgungsanlagen

Elektrizität

Gas

Fernwärme

Wasser

Abwasser

Abfall

Ablagerung

Hauptversorgungs- und Hauptabwasserleitungen

oberirdisch

unterirdisch

Anmerkungen

Im Bebauungsplan kann die farbige Flächensignatur auch als Randsignatur verwendet werden. Die auf diesen Seiten dargestellten Piktogramme können bei Bedarf durch Buchstaben ergänzt werden.

Im Flächennutzungsplan können die vorstehenden Zeichen zur Kennzeichnung der Lage auch ohne Flächendarstellung verwendet werden.

Bei den Hauptversorgungs- und Hauptabwasserleitungen soll die Art der Leitung näher bezeichnet werden. Im Bebauungsplan sind Grünflächen als öffentliche oder private Grünflächen besonders zu bezeichnen.

Ausschnitt aus einem Bebauungsplan für ein Wohngebiet in Neckarwestheim,
Verkleinerung aus 1:500

Ausschnitt aus einem Bebauungsplan für ein Wohngebiet in Weingarten,
Verkleinerung aus 1:500

Grünflächen

§ 5 Abs. 2 Nr. 5 und Abs. 4,
§ 9 Abs. 1 Nr. 15 und Abs. 6 BauGB

Grünflächen

Im Bebauungsplan sind Grünflächen als öffentliche
oder private Grünflächen besonders zu bezeichnen.

Im Bebauungsplan kann die Flächensignatur auch als
Randsignatur verwendet werden.

Parkanlage

Dauerkleingarten

Sportplatz

Badeplatz, Freibad

Spielplatz

Zeltplatz

Friedhof

Stadterhaltung und Denkmalschutz

§ 5 Abs. 2 Nr. 8 und Abs. 4, § 9 Abs. 1 Nr. 17 und Abs. 6 BauGB

Umgrenzung von Erhaltungsbereichen

Umgrenzung von Gesamtanlagen und Ensembles

Einzeldenkmäler

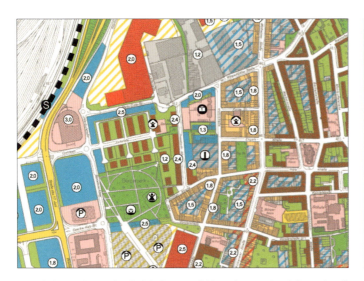

Ausschnitt aus dem Rechtsrheinischen Entwicklungskonzept (REK) der Stadt Köln,
Verkleinerung aus 1:1.000

Ausschnitt aus der Bereichsentwicklungsplanung (BEP) des Bezirks Mitte zu Berlin,
Verkleinerung aus 1:1.000

Flächen für Wasser und Wasserwirtschaft

§ 5 Abs. 2 Nr. 7 und Abs. 4, § 9 Abs. 1 Nr. 16 und Abs. 6 BauGB

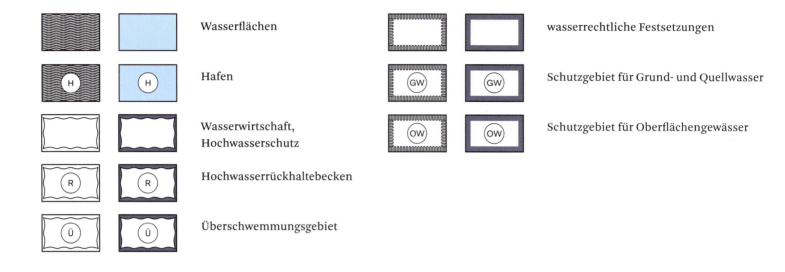

	Wasserflächen		wasserrechtliche Festsetzungen
H	Hafen	GW	Schutzgebiet für Grund- und Quellwasser
	Wasserwirtschaft, Hochwasserschutz	OW	Schutzgebiet für Oberflächengewässer
R	Hochwasserrückhaltebecken		
Ü	Überschwemmungsgebiet		

Flächen für Aufschüttungen und Abgrabungen

§ 5 Abs. 2 Nr. 8 und Abs. 4, § 9 Abs. 1 Nr. 17 und Abs. 6 BauGB

Flächen für Aufschüttungen

Flächen für Abgrabungen oder die Gewinnung von Bodenschätzen

Flächen für Land- und Forstwirtschaft

§ 5 Abs. 2 Nr. 9 und Abs. 4, § 9 Abs. 1 Nr. 18 und Abs. 6 BauGB

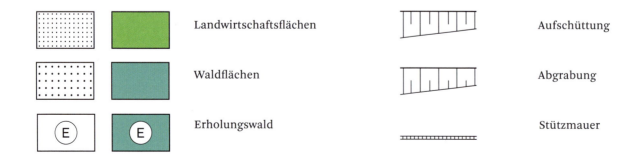

	Landwirtschaftsflächen		Aufschüttung
	Waldflächen		Abgrabung
E	Erholungswald		Stützmauer

Natur und Landschaft

§ 5 Abs. 2 Nr. 10 und Abs. 4, § 9 Abs. 1 Nr. 20, 25 und Abs. 6 BauGB

Schutz- und Pflegemaßnahmen für Natur und Landschaft

Anpflanzung		Erhaltung
Bäume		Bäume
Sträucher		Sträucher
sonstige Bepflanzungen		sonstige Bepflanzungen

Umgrenzung von Flächen zum Anpflanzen von Bäumen, Sträuchern und sonstigen Bepflanzungen

Umgrenzung von Flächen mit Bindungen und Erhaltungsvorgaben für Bepflanzungen und Gewässer

Umgrenzung von Schutzgebieten und Schutzobjekten im Sinne des Naturschutzrechtes

Schutzgebiete und Schutzobjekte

(N) Naturschutzgebiet

(NLP) Nationalpark

(L) Landschaftsschutzgebiet

(N) Naturpark

(ND) Naturdenkmal

(LB) geschützter Landschaftsbestandteil

Sonstige Planzeichen

Umgrenzung der Bauflächen, für die eine zentrale Abwasserbeseitigung nicht vorgesehen ist

Umgrenzung von Flächen für Nebenanlagen, Stellplätze, Garagen und Gemeinschaftsanlagen

St Stellplätze, **GSt** Gemeinschaftsstellplätze, **Ga** Garagen, **GGa** Gemeinschaftsgaragen

Spielplatz

besonderer Nutzungszweck, der durch besondere städtebauliche Gründe erforderlich wird

mit Geh-, Fahr- und Leitungsrechten zu belastende Flächen

bei schmalen Flächen

Schutzgebiete gegen schädliche Umwelteinwirkungen

Schutzgebiete gegen Luftverunreinigungen

Schutzgebiete gegen Bebauung aller Art

Schutzgebiete gegen Naturgewalten

kontaminierte Flächen

Grenze des räumlichen Geltungsbereichs des Bebauungsplans

Abgrenzung unterschiedlicher Nutzung, z.B. von Baugebieten, oder Abgrenzung des Maßes der Nutzung innerhalb eines Baugebiets

Ausschnitt aus dem Rechtsrheinischen Entwicklungskonzept
der Stadt Köln, Verkleinerung aus 1:1.000.
Quelle: Stadt Köln

Literatur

Planungstheorie

Alexander, Christopher:
A Pattern Language. Towns, Buildings,
Construction, Oxford 1971.
Deutsche Ausgabe: Eine Muster-Sprache:
Städte – Gebäude – Konstruktionen,
Wien 2011.

Cullen, Gordon: Townscape:
Das Vokabular der Stadt, Basel u.a. 1991.

Lynch, Kevin: Image of the city,
Cambridge / Massachusetts 1960.

Meyer, Han / Westrik, John / Hoekstra,
Maarten Jan: Stedenbouwkundige regels
voor het bouwen, Amsterdam 2008.

Städtebauliches Entwerfen

Curdes, Gerhard: Stadtstruktur und
Stadtgestaltung, Stuttgart / Berlin /
Köln 1993.

Curdes, Gerhard: Stadtstrukturelles
Entwerfen, Stuttgart / Berlin / Köln 1995.

Oswald, Franz / Baccini, Peter:
Netzstadt. Einführung in das Stadt-
entwerfen, Zürich 2003.

Prinz, Dieter: Städtebau. Bd. 1:
Städtebauliches Entwerfen,
Stuttgart / Berlin / Köln 1999.

Prinz, Dieter: Städtebau. Bd. 2:
Städtebauliches Gestalten,
Stuttgart / Berlin / Köln 1997.

Reinborn, Dietmar: Entwurfstraining
im Städtebau, Stuttgart / Berlin /
Köln 1992.

Schwalbach, Gerrit: Basics Stadt-
analyse, Basel u.a. 2009.

Steenbergen, Clemens: Composing
Landscapes, Basel 2008.

Grundlagen der Planung

Albers, Gerd: Stadtplanung.
Eine praxisorientierte Einführung,
Darmstadt 1992.

Albers, Gerd / Wékel, Julian:
Stadtplanung. Eine illustrierte
Einführung, Darmstadt 2008.

Braam, Werner: Stadtplanung,
Düsseldorf 1999.

Humpert, Klaus: Einführung in den
Städtebau, Stuttgart / Berlin / Köln 1997:

Korda, Martin: Städtebau.
Technische Grundlagen,
Stuttgart / Leipzig / Wiesbaden 2005.

Lammert, Ule (Autorenkollektiv):
Städtebau. Grundsätze, Methoden,
Beispiele, Richtwerte, Berlin 1979.

Meyer, Johannes 2003: Städtebau,
Stuttgart / Berlin / Köln 2003.

Peterek, Michael / Bürklin, Thorsten:
Basics Stadtbausteine, Basel /
Boston / Berlin 2007.

Verkehr

Forschungsgesellschaft für Straßen-
und Verkehrswesen: Richtlinien für
die Anlage von Stadtstraßen RASt 06,
Köln 2006.

Forschungsgesellschaft für Straßen- und
Verkehrswesen: Merkblatt für die Anlage
von Kreisverkehren, Köln 2006.

Forschungsgesellschaft für Straßen- und
Verkehrswesen: Empfehlungen für Radverkehrsanlagen ERA R2, Köln 2010.

Füsser, Klaus: Stadt, Straße und Verkehr.
Ein Einstieg in die Verkehrsplanung,
Wiesbaden 1997.

Holzapfel, Helmut: Urbanismus und
Verkehr. Bausteine für Architekten,
Stadt- und Verkehrsplaner,
Wiesbaden 2012.

Meyer, Johannes: Nachhaltige Stadt-
und Verkehrsplanung. Grundlagen und
Lösungsvorschläge, Wiesbaden 2012.

Veenenbos, Harm / Bosch, Jeroen:
Straten maken – Hoe ontwerp je een
goed straatprofiel?, Amsterdam 2011.

Bebauung

Bayerisches Staatsministerium des
Innern: Wohnmodelle Bayern.
Alternative Wohnformen, Stuttgart /
Zürich 1997.

Christiaanse, Kees / Hoeger, Kerstin (Hg.):
Campus and the City, Zürich 2007.

Dittmann, Elmar u.a.: Wohnmodelle
Bayern, 3. Kostengünstiger Wohnungsbau, München 1999.

Drexler, Hans / El Khouli, Sebastian:
Nachhaltige Wohnkonzepte.
Entwurfsmethoden und Prozesse,
München 2012.

Everding, Dagmar (Hg.): Solarer Städtebau, Stuttgart / Berlin / Köln 2007.

Götzen, Reiner: Wohnungsbau. Handbuch und Planungshilfe, Berlin 2011.

Haupt, Per / Berghauser Pont, Meta:
Spacematrix. Space, Density and Urban
Form, Rotterdam 2010.

Henninger, Sascha (Hg.): Stadtökologie,
Paderborn 2011.

Irmscher, Ilja: Parkhäuser und Tiefgaragen. Handbuch und Planungshilfe,
Berlin 2012.

Komosso, Susanne: De Atlas van het hollandse bouwblok, Bussum 2003.

Stimmann, Hans: Stadthäuser. Handbuch und Planungshilfe, Berlin 2011.

Wüstenrot Stiftung (Hg.): Schulen in Deutschland. Neubau und Revitalisierung, Stuttgart 2004.

ders./Jocher, Thomas/Loch, Sigrid/ Lederer, Arno/Pampe, Barbara u.a.: Raumpilot, Stuttgart 2010.

Öffentlicher Raum

Aminde, Hans-Joachim: Plätze in der Stadt, Ostfildern-Ruit 1994.

Gehl, Jan: Life between the buildings. Using public space, New York 1971.

ders.: Public Spaces, Public Life, Kopenhagen 2004.

ders.: New City Life, Kopenhagen 2006.

ders.: New City Spaces. Strategies and Projects, Kopenhagen 2008.

Geiger, Wolfgang F./Dreiseitl, Herbert: Neue Wege für das Regenwasser, München 2009.

Maier-Solgk, Frank/Greuter, Andreas: Europäische Stadtplätze. Mittelpunkte urbanen Lebens, München 2004.

Meyer, Hand/De Josselin de Jong, Frank/ Hoekstra, Maarten: Het ontwerp van de openbare ruimte, Amsterdam 2006.

Montag Stiftung Urbane Räume (Hg.): Stromlagen – Urbane Flusslandschaften gestalten, Basel u.a. 2008.

Prominski, Martin u.a.: Fluss, Raum, Entwerfen. Planungsstrategien für urbane Fließgewässer, Basel u.a. 2012.

Allgemein

Architektur & Wettbewerbe: AW 216 – Neuer Städtebau, Stuttgart 2008.

Becker, Heidede/Jessen, Johann/ Sander, Robert (Hg.): Ohne Leitbild? Städtebau in Deutschland und Europa, Stuttgart 1998.

Berlin Wasserstadt GmbH (Hg.): Wasser in der Stadt. Perspektiven einer neuen Urbanität, Berlin 2008.

Bijlsma, Like: De tussenmaat. The Intermediate Size, Amsterdam 2006.

Harlander, Tilman: Stadtwohnen. Geschichte – Städtebau – Perspektiven, München 2007.

Kostof, Spiro: Das Gesicht der Stadt. Geschichte städtischer Vielfalt, Frankfurt am Main/New York 1992.

ders.: Die Anatomie der Stadt. Geschichte städtischer Strukturen, Frankfurt am Main/New York 1993.

Oswalt, Philipp/Overmeyer, Klaus/ Misselwitz, Philipp: Urban Catalyst: Mit Zwischennutzung Stadt entwickeln, Berlin 2014.

Sitte, Camillo: Der Städtebau nach seinen künstlerischen Grundsätzen, Braunschweig/Wiesbaden 1983.

Wolfrum, Sophie/Nerdinger, Winfried: Multiple City. Stadtkonzepte 1908/2008, Berlin 2008.

Wettbewerbe Aktuell: Themenbuch 5. Städtebau, Freiburg 2007.

Westermann, Reto/Züst, Roman/ Joanelly, Tibor (Hg.): Waiting lands. Strategien für Industriebrachen, Sulgen/Zürich 2008.

Stadtbaugeschichte

Benevolo, Leonardo: Die Geschichte der Stadt, Frankfurt am Main u.a. 1984.

Bodenschatz, Harald: Städtebau in Berlin. Schreckbild und Vorbild für Europa, Berlin 2013.

Düesberg, Christoph: Megastrukturen. Architekturutopien zwischen 1955 und 1975, Berlin 2013.

Düwel, Jörn/Mönninger, Michael (Hg.): Zwischen Traum und Trauma. Stadtplanung der Nachkriegsmoderne, Berlin 2011.

Düwel, Jörn/Gutschow, Niels: A Blessing in Disguise. War and Town Planning in Europe 1940–1945, Berlin 2013.

Heeling, Jan/Meyer, Han/Westrik, John: Het ontwerp van de stadsplattegrond, Amsterdam 2002.

Hinse, Ton: The Morphology of the Times. European Cities and their Historical Growth, Berlin 2014.

Lampugnani, Vittorio Magnago: Die Stadt im 20. Jahrhundert. Visionen, Entwürfe, Gebautes, Berlin 2011.

Mumford, Lewis: Die Stadt. Geschichte und Ausblick. Bd. 1 und 2, München 1987.

Reinborn, Dietmar: Städtebau im 19. und 20. Jahrhundert, Stuttgart/Berlin/Köln 1996.

Schroeteler von Brandt, Hildegard: Stadtbau- und Stadtplanungsgeschichte, Stuttgart 2008.

Sonne, Wolfgang: Urbanität und Dichte im Städtebau des 20. Jahrhunderts, Berlin 2014.

Register

Die *Deutsche Nationalbibliothek* verzeichnet diese Publikation in der *Deutschen Nationalbibliografie*; detaillierte bibliografische Daten sind im Internet über *http://dnb.d-nb.de* abrufbar.

ISBN 978-3-86922-182-3 (**Hardcover**)
ISBN 978-3-86922-382-7 (**Softcover**)

© 2015 by DOM publishers, Berlin
www.dom-publishers.com

Lektorat
Stefanie Villgratter

Gestaltung
Atelier Kraut

Zeichnungen
Stefan Netsch

Druck
Tiger Printing (Hong Kong) Co., Ltd.
www.tigerprinting.hk

Fotonachweis
AG Stadsplaning: 127, 131; Alles wird gut (Foto: Roger Wagner): 117, 122; Architekten Martenson und Nagel Theissen: 79; Atelier arhitekti: 122; Atelier Quadrat: 85; Bittner, Wolfgang: 72: von Ballmoss Krucker Architekten: 89; Christian Vogel + Partner: 129; Forster, Stefan: 69, 75: Gehry Partners, LLP: 93; Hager Landschaftsarchitektur AG, Zürich: 126; Hermann & Valentiny und Partner: 115; Herbert Architekten: 91; Interbau GmbH: Die Stadt von morgen. Internationale Bauausstellung Berlin, Berlin 1957: 65; iStockphoto (Foto: Giuseppe Anello): 50; Meuser, Philipp: 14, 15, 16, 44, 47 (unten), 48, 52/53, 57, 62, 66, 73, 86, 87, 92, 94, 104, 106, 114, 124, 130, 134–159; Müller, Stefan: 118; Netsch, Stefan: 6, 7, 9, 13, 19, 24, 25, 28–30, 40–43, 47, 56, 59–61, 69, 71, 72, 74, 75, 78, 88, 98, 109, 111, 112, 127, 131; Onix Architects: 71, 91; Tegnestuen Vandkunsten: 81; Topotek 1: 122; Verband Region Stuttgart: 10; West 8: 132; Zita Cotti Architekten: 89.